AF611849

DICTIONNAIRE

UNIVERSEL

DE LA FRANCE.

TOME V.

DICTIONNAIRE
UNIVERSEL
DE LA FRANCE,

CONTENANT la Description Géographique & Historique des Provinces, Villes, Bourgs & Lieux remarquables du Royaume; l'Etat de sa Population actuelle, de son Clergé, de ses Troupes, de sa Marine, de ses Finances, de ses Tribunaux, & des autres parties du Gouvernement:

ENSEMBLE *l'Abrégé de l'Histoire de France, divisée sous les trois races de nos Rois; des Détails circonstanciés sur les Productions du sol, l'Industrie & le Commerce des Habitans; sur les Dignités & les grandes Charges de l'Etat; sur les Offices de Judicature & Emplois Militaires; ainsi que sur ceux de toutes les autres branches de l'Administration.*

AVEC un grand nombre de Tables qui rassemblent, sous un même coup d'œil, les divers districts ou arrondissemens du Gouvernement Ecclésiastique, Civil & Militaire.

Par M. ROBERT DE HESSELN, ci-devant Professeur en Langue Allemande & Inspecteur de MM. les Elèves de l'Ecole Royale Militaire.

TOME CINQUIEME.

A PARIS,

Chez DESAINT, Libraire, rue du Foin-saint-Jacques.

M. DCC. LXXI.

Avec Approbation & Privilége du Roi.

diocèse de cete ville, parlement de Paris, intendance de Soissons, élection de Crépy. On y compte environ 600 habitans. Il y a une abbaye de filles, ordre de Cîteaux, qui jouit de 12000 liv. de revenu. Elle a été fondée en 1205, par Eléonore, comtesse de Valois.

PARIS, capitale de l'Isle-de-France & de tout le royaume. Cette grande ville est située sur les bords de la Seine, qui la divise en deux parties à-peu-près égales, à environ quarante-cinq lieues de son embouchure, au 20 degré de longitude, & au 48 degré 50 minutes de latitude; à 280 lieues de Rome, 323 de Naples, 214 de Livourne, 230 de Venise, 182 de Gènes, 154 de Milan, 160 de Turin, 532 de Constantinople, 148 de Zurich, 100 de Bâle, 95 de Genève, 498 de Saint-Petersbourg, 600 de Moskow, 324 de Cracovie, 315 de Varsovie, 300 de Dantzick, 302 de Prague, 265 de Presbourg, 252 de Vienne, 214 de Berlin, 212 de Dresde, 200 de Leipsick, 174 de Ratisbonne, 110 de Francfort, 109 d'Utrecht, 95 d'Amsterdam, 75 de la Haye, 59 de Bruxelles, 305 de Stockolm, 240 de Coppenhague, 90 de Londres, 370 de Cadix, 350 de Lisbonne, & enfin à 250 de Madrid.

Idée générale de Paris.

Paris peut avoir deux lieues communes de diamètre dans sa plus grande longueur, & six de circonférence, en y comprenant les fauxbourgs. Cette ville est de figure ronde, & elle a pour enceinte des boulevards, plantés de plusieurs rangées d'arbres, qui forment autour une assez belle promenade. Soixante barrières, construites à la tête des fauxbourgs, presque toutes de planches & d'un aspect très-désagréable, ferment les entrées & issues de cette superbe capitale; il paroît, il est vrai, que l'on songe à substituer de nouvelles barrières aux anciennes : on en voit déja plusieurs construites en grillage de fer à quelques-unes des principales entrées de Paris.

Les aproches de cette ville sont très-charmans à quelque distance ; mais lorsque l'on commence à entrer dans quelques-uns des fauxbourgs, il semble que l'on aborde dans le plus affreux village, tant à cause de la malpropreté & l'étranglement des rues, que des maiſons mal bâties qui les forment & du peuple qui les habite. D'autres entrées ſont magnifiques & annoncent une capitale véritablement digne de la curioſité de l'étranger.

Au-deſſous de quatre des barrières dont nous avons parlé, on trouve, en entrant dans la ville, quatre portes ou grands arcs de triomphe, élevés à la gloire de Louis XIV.

La Seine forme pluſieurs îles dans l'enceinte de Paris. Il eſt diſtribué en vingt cantons, appellés *quartiers*, leſquels ne ſont pas tous également beaux, quoique dans preſque tous il y ait des objets dignes d'admiration.

Les quartiers qui ſont au centre de Paris, & quelques autres encore, ſont mal ſains à cauſe de l'humidité continuelle des rues, de leur étranglement & de l'élévation des maiſons. L'air y eſt continuellement infecté, & dans les rez-de-chauſſée d'un grand nombre de maiſons, on eſt comme dans des caves, & obligé de s'éclairer par des chandelles en plein midi. Mais il y a d'autres quartiers, tels que les fauxbourgs Saint-Germain, Saint-Honoré, Montmartre, Richelieu, Saint-Antoine, &c. où l'air eſt aſſez bon; les rues y ſont larges, droites, & la plupart compoſées de magnifiques maiſons & hôtels; auſſi le pavé y eſt-il ſec la plus grande partie de l'année.

Tous les quartiers & fauxbourgs de Paris comprennent enſemble environ 900 rues, un grand nombre de culs-de-ſac & de carrefours, 27 à 30 places, dont cinq ſont des places d'ornement. Les noms des rues ſont écrits au coin de chacune en caractère noir, & un grand nombre de ces noms ſont fort ridicules.

On compte dans la ville & ſes fauxbourgs, au moins 24000 maiſons, au nombre deſquelles il faut remarquer plus de 500 hôtels, dont environ 50 méritent une attention particulière, auſſi-bien que quelques châteaux & palais, comme le Louvre, les Tuileries, le Palais-Royal, le Palais-Bourbon, le palais où s'adminiſtre la juſtice, & le Luxembourg. On voit dans Paris quelques grands enclos & pluſieurs cloîtres.

Seize ponts, ſur la rivière de Seine, facilitent la communication des rues & des quartiers de la ville. Plus de la moitié de ces ponts ſont couverts de maiſons, leſquelles empêchent la libre circulation de l'air, & privent le public de la vue agréable que procureroit l'aspect des quais qui embellissent les deux rives de la Seine, & dont plusieurs sont décorés par des édifices superbes; elles exposent aussi les personnes qui les habitent à périr lors des débacles des glaces, si malheureusement un des ponts sur lesquels elles sont construites, venoit à être rompu : ce qui n'est pas sans exemple. L'hiver de 1767 à 68 avoit mis le public dans le cas de trembler qu'un pareil malheur n'arrivât; & M. le lieutenant-général de police, pour prévenir, autant qu'il étoit en lui, un si terrible accident, avoit fait déloger les particuliers qui habitoient sur les ponts pour lesquels il y avoit le plus à craindre. On peut juger de l'embarras & de la confusion d'un si grand nombre de déménagemens faits à la fois, avec précipitation, & dans une saison si rigoureuse. Ajoutez à cet inconvénient la gêne où se trouve le public de ne pouvoir passer alors que sur deux ou trois ponts : ce qui occasionne des engorgemens de voitures, qui mettent tout le monde en danger, en exposant la vie de ceux qui sont à pied, & même celle des personnes qui sont en voiture, qui en pareil cas sont quelquefois plus de deux heures avant de pouvoir sortir de la même place.

Une partie des bords de la rivière est couverte de maisons, qui en masquent la vue, & elles interrompent aussi celle des quais, qui sont continués à la suite de ces maisons.

La ville est pourvue de 45 à 50 halles ou marchés, dont quelques-uns infectent les quartiers où ils sont établis, & paroissent être mal placés, tant à cause de l'insuffisance de l'emplacement, que des embarras des voitures qu'ils occasionnent journellement, & de la corruption de l'air.

On a ménagé dix-huit ou vingt terreins pour des chantiers, dans lesquels on trouve des bois propres à tous les usages.

On peut décharger & débiter les denrées & marchandises qui viennent par eau, dans 24 ports; & les chevaux & autres bêtes de somme, peuvent être conduites à la rivière par environ trente endroits.

Une chose que l'on aura peine à croire, c'est qu'il n'y ait que soixante-cinq fontaines, ou environ, pour une aussi grande ville que Paris. Quelques-unes de ces fontaines sont très remarquables par leur beauté. Deux machines, ou pompes, construites sur la rivière de Seine, fournissent de l'eau au plus grand nombre : les autres sont fournies par les eaux que l'aqueduc d'Arcueil conduit à Paris. Le petit nombre de fontaines dont nous venons de parler, n'étant pas à beaucoup près suffisant, puisqu'il en faudroit bien dix fois davantage pour fournir d'eau tous les habitans ; environ quatorze ou quinze mille porteurs d'eau, chargés chacun de deux grands seaux, qu'ils vont remplir à la rivière ou aux fontaines, y suppléent en partie ; & le surplus est fourni par des voitures publiques nouvellement établies, & par un grand nombre d'autres, qui sont depuis long-temps dans l'usage de procurer de l'eau aux quartiers les plus éloignés de la rivière, & dans lesquels il y a le moins de fontaines. Les deux seaux contiennent une voie d'eau, que l'on paie communément *deux sols* : ainsi, en supposant que six mille habitans consomment seulement deux voies d'eau par mois, cela feroit la somme d'un million 440 milles livres dont le public se trouve imposé, sans compter l'inconvénient de 14 à 15000 hommes soustraits à l'agriculture ou aux autres occupations de la société.

La ville est assez bien pourvue d'égouts, ou d'aqueducs ; il y a même des chefs-d'œuvre de travaux en ce genre.

On voit dans l'intérieur de Paris quelques moulins seulement sur bateau, mais il y a un grand nombre de moulins à vent hors de l'enceinte.

Cinq cents quatre-vingts boulangers établis dans l'intérieur, & plus de 1700 boulangers des environs, fournissent de pain les différens marchés de la ville ; & quarante-six boucheries, composées chacune d'un assez grand nombre d'étaux, ou boutiques, y sont répandues à différentes distances : mais comme les boutiques, ou étaux, sont presque tous accompagnés de tueries, on voit sans cesse des ruisseaux de sang couler, non-seulement dans les rues où elles sont établies, mais encore dans celles qui les avoisinent ; & cela dans une étendue plus ou moins grande, selon l'éloignement de l'égout dans lequel se rendent ces ruisseaux, lesquels présentent journellement au public un spectacle dégoutant & qui fait horreur. La vue des viandes étalées dans les boutiques & celle du pavé de ces rues, toujours couvert de fumier, &c. le mauvais air qu'on y respire, ne sont pas moins désagréables. Il y a même des boucheries établies dans de petites rues sans issues, qui répandent en été une odeur cadavéreuse, capable d'empoisonner tout un quartier. Joignez à toutes ces barbaries, l'inconvénient du passage des bêtes à cornes dans Paris. Les bœufs y étant toujours conduits en troupeaux aux boucheries, ils arrêtent les voitures, entrent souvent dans les maisons & dans les boutiques, brisent les meubles & répandent la terreur & l'épouvante dans l'esprit de tout le monde. On a même vu des femmes enceintes accoucher sur l'heure & donner la mort à leur fruit, dans un trouble causé par des bœufs dispersés dans les rues, & aux coups desquels elles se sont trouvées exposées.

L'ouvrier trouve de grandes commodités pour la vie dans Paris, & plus de huit cents auberges & hôtels garnis y sont ouverts aux étrangers.

On allume la nuit dans cette capitale environ 6200 lanternes; mais au moment où nous écrivons ceci, les choses commencent à changer de face à cet égard. On diminue le nombre des lanternes dans Paris, & on substitue aux anciennes des reverbères, qui éclairent beaucoup mieux, & qui seront allumés pendant les chaleurs de l'été; ce qu'on ne peut faire avec des lanternes garnies de chandelles, qui fondent & s'affaissent par l'effet de la chaleur. Les frais des lanternes peuvent monter à 6 ou 700 livres pour une nuit, & par conséquent à environ 135000 livres par an. On prétend que la dépense des reverbères, dans lesquels on brûle de l'huile d'olive ou de bœuf, bien loin de surpasser cette somme, ne montera pas même si haut.

Le lieutenant-général de police est chargé de veiller & de pourvoir à la netteté & à la sureté des rues de Paris... à l'entretien de l'abondance des denrées nécessaires à la vie... à l'observation des statuts des marchands & artisans... à la réforme des abus qui peuvent se commettre dans le commerce... au retranchement des lieux de débauche & des jeux défendus, & d'empêcher les contraventions pour le fait d'imprimerie, &c. &c. Malgré toutes les difficultés qui doivent nécessairement se rencontrer dans cette partie de l'administration, à cause de la multiplicité des objets à suivre, & des abus sans nombre & toujours nouveaux que la foiblesse & l'injustice des hommes introduisent journellement dans le commerce de la société, la police de Paris est admirable, & un fripon mal adroit y est moins en sureté qu'ailleurs.

La garde de la ville pour la sureté des rues & des effets exposés en vente ou enmagasinés sur les ports & ailleurs, est composée de trois compagnies d'ordonnance à la solde du roi; savoir, une compagnie d'infanterie de 513 hommes; une compagnie de cavalerie de 105 hommes; une autre compagnie d'infanterie pour la garde des quais & boulevards. On nomme vulgairement *gardes de nuit* les 268 hommes qui composent cette dernière compagnie.

Dans cette troupe, qui forme la garde de la ville, nous ne comprenons pas la compagnie du guet de Paris, attachée au corps du Châtelet, & composée de 100 archers à pied & de 39 archers à cheval; la compagnie du prévôt général & maréchaussée de France, composée de 56 hommes; la compagnie du lieutenant-criminel de robe-courte au Châtelet de Paris, composée de 77 hommes; la compagnie du prévôt de l'Isle-de-France, composée de 62 hommes; celle du prévôt-général des monnoies, composée de 82 hommes; la compagnie du prévôt-général de la généralité de Paris, composée de 216 hommes; les trois compagnies des gardes de l'hôtel-de-ville de Paris, composées de 312 hommes.

La garde militaire est composée de six bataillons de Gardes-Françoises, aujourd'hui casernés à la proximité des barrières; de quatre bataillons de Gardes-Suisses, dont quatre compagnies seulement dans la ville; les autres logent aux environs, dans de beaux corps de casernes bâties pour eux. A ces troupes, on doit ajouter plusieurs compagnies d'invalides, les Mousquetaires gris & les Mousquetaires noirs.

Pour remédier aux incendies, sans que le public & les particuliers, dans la maison desquels le feu auroit pris, soient tenus de rien payer, il y a un nombre suffisant de pompes déposées dans les différens quartiers de la ville. M. de Sartine, lieutenant-général de police actuel, au patriotiſme vigilant & éclairé duquel on doit quelques autres établiſſemens de cette nature, vient de prendre de nouvelles précautions pour rendre plus ſurs & plus prompts les ſecours qu'on a droit d'attendre des pompes, en cas d'incendie. Ce magiſtrat a augmenté & porté à 110 hommes la compagnie des gardes-pompes, qui n'étoit ci-devant que de ſoixante. Il a auſſi établi douze corps-de-garde dans les différens quartiers de Paris, où l'on eſt ſûr de trouver jour & nuit les ſecours les plus prompts.

Il y a dans Paris un bureau de ſureté, pour découvrir & faire reſtituer, ſans frais, les vols qui auront été faits.

Les priſons deſtinées à ceux qui troublent l'harmonie générale de la ſociété, ſont au nombre de ſept, ſans compter les geoles particulières.

Les bourgeois ſont obligés d'entretenir journellement la propreté dans les rues de Paris, leſquelles ſont toutes pavées de grès d'une manière paſſablement ſolide & commode; mais avec un peu trop d'inégalité pour empêcher le ſéjour de l'eau & la corruption de l'air, & ils contribuent tous à l'entretien d'un nombre ſuffiſant de tombereaux pour enlever les immondices.

On a établi à Paris une poſte particulière pour la correſpondance des différens quartiers de la ville & de la banlieue. Il y a, non-compris les voitures bourgeoiſes & les cabriolets, environ 12500 caroſſes, beaucoup de brouettes & de chaiſes à porteurs, pour l'uſage du public dans l'intérieur de la ville; & l'on y trouve, pour ſa correſpondance avec tout le royaume, des diligences, des meſſageries royales, des coches, des caroſſes & des rouliers, qui partent certains jours de la ſemaine pour toutes les villes un peu importantes du royaume, & qui mènent juſqu'aux villes les plus voiſines des frontières, où l'on trouve d'autres voitures de communication & de correſpondance pour les pays étrangers. Outre ces voitures de toutes eſpèces, il y a dans cette capitale la poſte aux chevaux, qui eſt des mieux ſervie & part quant on veut; enſorte qu'il n'eſt peut-être point de ville au monde où les voyageurs trouvent plus de commodités qu'à Paris.

Il y a auſſi dans cette ville des commiſſionnaires également fidèles & exacts, qui ſe chargent de faire parvenir à leur destination non-seulement pour tous les lieux de la France, mais encore pour tous les pays de l'Europe les plus éloignés, les diverses marchandises & effets qu'on veut bien leur confier. Outre toutes ces facilités, on vient d'établir tout récemment un bureau de *correspondance-générale*, auquel les nationaux & les étrangers peuvent adresser toutes sortes d'affaires que l'on auroit à faire suivre à Paris ou dans les provinces : on est sûr d'y trouver des hommes intelligens qui s'en chargent à peu de frais.

Cent vingt corps & communautés d'arts & metiers, composés de plus de 50000 maîtres, plusieurs foires, un grand nombre de fabriques & manufactures, fournissent tout ce que l'on peut désirer relativement au logement, à la nourriture, au vêtement & aux autres commodités de la vie.

On trouve aussi dans cette ville tous les secours possibles pour l'éducation des enfans des deux sexes. Il y a sur-tout une célèbre université, la plus ancienne du monde, & honorée du titre de fille aînée de nos rois : elle est composée de quatre facultés ; celle de théologie, celle de droit, celle de médecine & celle des arts ; & elle est gouvernée par un recteur, tiré de la faculté des arts. Cette université renferme dix collèges de plein exercice, dans lesquels on enseigne *gratis* les humanités & la philosophie. Ces collèges sont le collège d'*Harcourt*, celui du *Cardinal-le-Moine*, celui de *Navarre*, celui de *Montaigu*, celui du *Plessis*, celui de *Lizieux*, celui de la *Marche*, celui des *Grassins*, celui de *Mazarin*, vulgairement appellé des *Quatre Nations* ; & celui de *Louis-le-Grand*, auquel celui de *Beauvais* a été incorporé depuis peu. C'est actuellement le chef-lieu de l'université. A ces maisons d'éducation, on peut ajouter le *college royal de la Flèche*, affilié à l'université de Paris ; & le *college royal de France*, indépendant de cette université. Dans le premier de ces deux collèges, on enseigne les humanités & la philosophie comme dans les autres, & les jeunes gens qui y font leurs études, jouissent des mêmes avantages que les étudians des collèges de l'université de Paris. Au collège royal de France, situé place Cambray, il y a des professeurs pour les langues hébraïque, grecque, arabique & syriaque ; il il y en a pour l'éloquence, la philosophie grecque & latine, le droit canon, les mathématiques, la médecine, la chirurgie, la pharmacie & la botanique : c'est au *jardin royal des Plantes* que l'on prend les leçons de ces quatre dernières sciences. Il s'y fait tous les ans des cours de botanique, de chymie & d'anatomie, où tout le monde est libre d'assister. Comptons au nombre des treize collèges ci-dessus, la maison de Sorbonne, qui est la principale des deux écoles de théologie de l'université. La seconde école de cette science, est établie au collège de Navarre, où il y a aussi une chaire de physique expérimentale, qui est unique en France. Le collège Mazarin a, outre les écoles ordinaires, une chaire de mathématiques.

Les autres collèges de Paris qui n'étoient pas de plein exercice, & dans lesquels un certain nombre de boursiers avoient le logement & la nourriture, ou en partie, sous l'inspection d'un principal & d'autres maîtres, viennent d'être réunis, à l'exception de quelques-uns, dans le collège de Louis-le-Grand.

Outre les écoles ordinaires pour les humanités & la philosophie, que l'on enseigne gratuitement dans les collèges dont nous venons de parler, & celles pour les autres sciences que l'on enseigne dans quelques-uns seulement, il y a dans cette capitale des écoles gratuites de médecine, de chirurgie, de l'un & l'autre droit : il y en a pour l'architecture, la peinture & la sculpture, pour le dessein & la gravure, pour la musique & la danse.

Dans le nombre de ces écoles gratuites, nous ne comprenons pas plus de 150 pensions & autres écoles particulières pour toutes sortes de sciences, dans lesquelles on paie à la vérité, mais dont les frais ne sont pas onéreux : ces dernières écoles, parmi lesquelles on doit compter l'*Ecole Royale Vétérinaire*, établie près de Charenton, se tiennent à Paris & dans les environs. Nous avons fait un article à part pour l'établissement de l'*Ecole Royale Militaire*.

Ces secours variés & de toutes espèces, qui offrent à la jeunesse & au public en général des moyens continuels d'acquérir toutes sortes de connoissances, ne sont cependant pas les seuls dont jouisse la capitale. Pour faciliter encore davantage les progrès de la littérature, des ſciences & des beaux arts, on y a établi ſept académies: ſavoir, l'académie Françoiſe, l'académie royale des Inſcriptions & Belles-Lettres, l'académie royale des Sciences, celle de Chirurgie, celle de Peinture, Sculpture & Gravure; celle d'Architecture, & l'académie royale de Muſique & de Danſe. A ces compagnies, on peut ajouter les académies d'Exercices, où l'on apprend à monter à cheval, &c. l'académie royale d'Ecriture & la ſociété royale d'Agriculture.

Sept bibliothèques publiques, un grand nombre de bibliothèques particulières, conſidérables & d'un facile accès, & les lumières que l'on peut attendre des ſavans en tous genres, préſentent aux gens de lettres les ſecours les plus précieux, les plus prompts & les plus abondans.

Pour ce qui concerne l'adminiſtration eccléſiaſtique, militaire, civile & des finances, Paris eſt le ſiège d'un archevêché, auquel eſt uni le titre de duché-pairie, avec la dénomination de *Saint-Cloud*; le chef-lieu d'une intendance & d'une généralité: c'eſt un gouvernement général militaire; le ſiège du grand conſeil, d'une cour de parlement, d'une chambre des comptes, d'une cour des aides, d'une cour des monnoies & d'une chambre ſouveraine du clergé; c'eſt le ſiège du tribunal des maréchaux de France, de la prévôté de la maréchauſſée générale de l'Iſle-de-France, de la prévôté de l'hôtel, de la prévôté-générale des monnoies, des trois ſièges généraux à la table de marbre, qui ſont la connétablie & maréchauſſée de France, l'amirauté & la grande maîtriſe des eaux & forêts; d'une maîtriſe particulière, d'un grenier à ſel, d'une élection & d'un hôtel des monnoies, dont les eſpèces ſont marquées de la lettre A. Il y a auſſi une juſtice conſulaire, un bureau de l'hôtel-de-ville, une juſtice ordinaire de la ville, prévôté & vicomté de Paris, ſous la dénomination de *Châtelet*, laquelle eſt compoſée d'un parc-civil, d'un préſidial, & des chambres civile, de police, criminelle, de robe-courte & des auditeurs. Les juriſdictions ſubalternes de l'enclos du Palais, dont nous n'avons point encore parlé, ſont les requêtes de l'hôtel, les deux chambres des requêtes du palais, les deux chambres du domaine, le bailliage du palais, la jurisdiction de la maçonnerie, la chambre de la marée, la bazoche, qui est la jurisdiction des clercs du parlement; le haut & le souverain empire de Galilée, qui est la jurisdiction des clercs de la chambre des comptes; & la chancellerie du palais.

Viennent ensuite les jurisdictions de l'archevêché; savoir, l'officialité métropolitaine & l'officialité diocésaine, le bailliage de la temporalité ou duché-pairie de l'archevêché, l'officialité du chapitre de la cathédrale, la jurisdiction de la barre du même chapitre, la jurisdiction de M. le grand chantre, & la chambre ecclésiastique du diocèse.

Il y a encore un grand nombre d'autres jurisdictions particulières qui ont leur siège à Paris; telles sont les deux capitaineries royales des chasses, sous les dénominations de *Varenne du Louvre* & *Varenne des Tuileries*; les bailliages de plusieurs enclos; savoir, le bailliage de l'artillerie de France, qui siège à l'Arsenal; le bailliage du Temple, celui de S. Jean-de-Latran; ceux des abbayes de Ste. Genevieve & de S. Germain-des-Prés, & le bailliage de l'enclos du prieuré de S. Martin-des-champs; la jurisdiction de la chambre royale & syndicale de la librairie & imprimerie, celle du tribunal du recteur de l'université & des bureaux nouvellement créés pour le gouvernement économique & de police du collège de Louis-le-Grand, relativement aux boursiers réunis; celle du grand bureau des pauvres, du bureau de l'Hôtel-Dieu & des Incurables, de l'hôpital des Petites-Maisons, de l'hôpital de la Trinité, de l'hôpital royal des Quinze-Vingts, & du bureau de l'Hôpital-général, &c. &c.

Pour ce qui concerne les grandes affaires relatives à l'administration générale du royaume, Paris est la résidence ordinaire du chancelier, des conseillers d'état, des maîtres des requêtes, des intendans des finances & du commerce, &c. &c. C'est dans cette capitale autant qu'à la cour, que siègent les commissions, tant ordinaires qu'extraordinaires; le conseil des prises, la commission établie par lettres-patentes de 1763. Les conseillers d'état y ont, sept bureaux pour la communication des instances de parties; il y a bureau pour l'examen des demandes en caſſation des jugemens de compétence rendus en faveur des maréchaux, ou des juges préſidiaux; bureau pour les affaires de chancellerie & de librairie, bureau des poſtes & meſſageries : viennent enſuite les bureaux de MM. les commiſſaires du conſeil pour les commiſſions ordinaires des finances; ſavoir, la grande & la petite direction des finances, le bureau concernant les affaires des domaines & aides, celui où l'on traite des affaires de gabelles, cinq groſſes-fermes, tailles & autres affaires des finances. Quant aux commiſſions extraordinaires du conſeil, elles ont quatorze bureaux dans cette capitale : le premier eſt relatif aux affaires du commerce; dans le ſecond, on traite de l'aliénation des domaines réunis; dans le troiſième, on juge les conteſtations au ſujet des penſions, d'oblats, &c. le quatrième eſt pour les économats, & les comptes des commis à la régie des biens des religionaires fugitifs, &c. le cinquième, pour la repréſentation & examen des titres de propriétaires des droits de péage, &c. le ſixième, pour les conteſtations concernant les paiemens en écritures, & comptes en banque, &c. le ſeptième, pour les affaires des vivres de terre & de marine, &c. le huitième, pour les conteſtations au ſujet des actions de la compagnie des Indes, &c. le neuvième, pour juger en dernier reſſort toutes les demandes & conteſtations dans leſquelles la même compagnie eſt partie, &c. le dixième, pour les liquidations des dettes des communautés, arts & métiers de Paris, &c. le onzième, pour la confection d'un terrier général des domaines de Verſailles, Marly, &c. le douzième, pour le ſoulagement des maiſons & communautés religieuſes, &c. le treizième, pour la liquidation des dettes du Canada; & le quatorzième enfin, pour la liquidation des offices ſur les cuirs, &c.

Outre ces bureaux qui forment autant de conſeils particuliers, & dans leſquels les affaires ſont examinées & rédigées à Paris chez le chef du bureau, avant d'être rapportées aux conſeils où préſide le chancelier, & qui s'aſſemblent ordinairement à la cour pour rendre leurs jugemens, il y a d'autres bureaux qui dépendent des cours ſouveraines; tels ſont le bureau de conſervation des hypothèques pour les oppoſitions au ſceau; le bureau des conſignations pour toutes les jurisdictions, à l'exception des requêtes du palais; celui du commissaire-receveur & contrôleur-général aux saisies-réelles, le bureau des consignations aux requêtes du palais, & celui de MM. les commissaires de la voierie, &c. &c.

La grande chancellerie tient les sceaux tant à Paris qu'à la cour. C'est enfin à Paris que les fermiers-généraux tiennent leurs assemblées pour la régie des fermes-unies, & que la ferme générale a son conseil. Les syndics & directeurs de la compagnie des Indes, ainsi que les députés du commerce des principales villes du royaume & des colonies, y tiennent aussi leurs assemblées : ils y ont leurs bureaux, ainsi que les intendans des finances & les intendans du commerce. Si nous voulions entrer dans le détail des dépôts des minutes & des autres bureaux particuliers qui sont à Paris, tels que ceux de la police de Paris, des postes, &c. des ponts & chaussées, des loteries, des receveurs généraux, des régies particulières, & d'un nombre infini d'établissemens de toutes espèces, nous ne finirions pas.

On compte à Paris près de 400 églises : outre le chapitre de la cathédrale, il y a dans la ville & ses fauxbourgs, 10 églises collégiales, environ 50 paroisses, non compris quelques annexes & églises particulières qui en ont le droit; près de 80 églises & chapelles non paroisses, trois abbayes d'hommes & sept de filles, plus de 40 couvens & communautés d'hommes, y compris les prieurés; avec environ 50 couvens & communautés de filles, & deux commanderies de l'ordre de Malthe, sans parler des séminaires & des collèges.

Le 21 mai 1765, il parut un arrêt du parlement qui, pour remédier aux inconvéniens de tout genre qui résultent de l'usage actuel d'enterrer dans l'intérieur de la ville, supprime les cimetières de son enceinte, & qui établit hors de Paris sept à huit cimetières communs à plusieurs paroisses d'un même arrondissement.

Cet arrêt, dont on devoit commencer à suivre les dispositions au commencement de janvier 1766, n'a point encore eu d'exécution, & l'on continue à suivre l'ancien usage, qui ne doit son origine qu'à l'agrandissement de cette capitale; aussi les exhalaisons des morts continuent-elles à y tuer les vivans dans les églises; & les charniers des

Innocens, ou de Saint-Innocent, y ſont encore un témoignage de barbarie qui nous met fort au-deſſous des Hottentots & des Nègres.

Pour les ſecours de certains citoyens en particulier, on compte dans cette capitale environ trente hôpitaux, dont quelques-uns ſont pour les hommes ſeulement, d'autres pour les femmes; pluſieurs pour les hommes & les femmes; quelques-uns pour des garçons; d'autres pour de jeunes filles, & pluſieurs enfin pour les enfans des deux ſexes également; auxquels il faut ajouter les maiſons de refuge, avec pluſieurs autres maiſons de ſecours & de charité.

Quant aux agrémens, Paris eſt peut-être la ville de l'univers où chacun peut ſe procurer plus aiſément ce qui le flatte. Il y a journellement trois ſpectacles, & quelques autres dans certains temps de l'année ſeulement; pluſieurs jardins publics, ſans compter les autres promenades, & preſqu'autant de jardins particuliers qu'il y a de beaux hôtels & maiſons religieuſes. Ajoutez à ces objets d'amuſement & de plaiſir, les ſpectacles particuliers, environ 400 cafés, les boulevards & les guinguettes.

Cette capitale renferme beaucoup de monumens remarquables en architecture, peinture, hiſtoire naturelle, &c. Elle eſt le ſéjour ordinaire des princes, des grands du royaume & des miniſtres des cours étrangères.

Ses environs, embellis à plus de dix lieues à la ronde par les maiſons de plaiſance du roi, celles des grands ſeigneurs & des riches particuliers, ſont charmans & enchantent la vue.

La ville eſt ſi peuplée, qu'on y conſomme, année commune, environ 12800 muids de bled, 77000 bœufs, 12000 veaux, 54000 moutons, 32000 porcs, 34000 morues, 33000 barils de harengs, 3000 tonnes de ſaumon ſalé, 1000 barils de maqueraux ſalés, &c. &c. On y boit environ 300000 muids de vin, ſans compter les eaux-de-vie, la bière & le cidre; en un mot, le nombre de ſes habitans va communément, ſelon l'opinion vulgaire, à ſept ou huit cents mille. Quelques-uns n'en comptent que ſix cents mille. Le calcul de ces derniers nous paroît le plus conforme à la vérité.

Les habitans de Paris ont les mœurs douces & faciles, & on les distingue facilement par leurs manières & par des graces qui ne sont données qu'à eux. Ceux qui ont pris naissance dans cette ville, ne sont pas en général des hommes bien robustes ni d'une bonne santé ; ils forment la partie des habitans la moins bien constituée, & on les verroit même dégénérer sensiblement, si l'espèce n'en étoit continuellement renouvelée par les émigrations des provinces & celle de quelques états voisins. La plus belle espèce d'hommes qui soit à Paris, est celle des domestiques.

Les étrangers, princes, seigneurs & autres, se rendent à l'envi dans cette capitale, non-seulement pour s'y perfectionner dans la langue Françoise, pour y acquérir la politesse, les manières nobles & distinguées, qui conviennent si bien aux personnes de condition ; mais encore pour s'y former dans les exercices du corps, & s'instruire dans une infinité d'arts que l'on enseigne mieux à Paris que dans les autres capitales. On peut dire que cette grande ville est aujourd'hui, à cet égard, ce qu'étoient autrefois Athènes & Rome, dans les temps florissans de la Grèce & de l'empire Romain : aussi est-elle regardée comme le centre des arts & des sciences ; & cette capitale l'emporte autant sur les autres villes par la magnificence de ses édifices & par tout ce qui peut contribuer aux commodités de la vie, que par les chefs-d'œuvre qu'y enfantent journellement le goût & les arts.

Nous croyons, avant de terminer notre précis, devoir rendre aux dames cet hommage, que leur société y est charmante, & qu'elle contribue beaucoup à former les jeunes gens & à leur donner des mœurs. Elles excellent tellement dans leur parure, leurs ajustemens y sont si recherchés & leur maintien si noble, qu'elles donnent non seulement le ton à toutes les villes du royaume, mais même aux capitales de tous les états de l'Europe.

Voilà, selon notre manière de voir, l'idée la plus exacte que l'on puisse donner de Paris, où l'on ne fait pas un pas sans trouver des beautés ; mais souvent au milieu des plus grandes horreurs. Tantôt on détourne les yeux du plus beau palais, pour porter la vue sur une affreuse boucherie, ou vous sortez d'un édifice superbe, pour entrer dans une rue dont l'air eſt infecté par la boue qui en couvre le pavé ; & nous ſommes fort de l'avis de feu *M. Piganiol de la Force*, qui dit, dans le neuvième volume de la deſcription de Paris, en parlant du chétif portail des Théatins, « que tant que l'on n'établira pas des architectes-aca» démiciens-contrôleurs des façades des édifices publics, » dont l'aſpect peut embellir ou deshonorer cette capitale, » tant qu'on laiſſera le goût pitoyable des moines & le » caprice des particuliers en poſſeſſion de ſe ſatisfaire à ce » ſujet, Paris ſera éternellement une très-grande ville, » mais riche en beautés déplacées, ſans nobleſſe & ſans » ſymmétrie dans ſes bâtimens, ni dans ſes rues, qui ne ſe» ront jamais ni alignées, ni élargies ; enfin un aſſemblage » monſtrueux de monumens admirables & d'édifices ridi» cules ».

Nous n'entreprendrons pas de faire ici l'énumération des grands hommes que cette capitale a produits, ils ſont en ſi grand nombre, qu'il faudroit des volumes pour ce ſeul objet.

Accroiſſemens de Paris.

Paris n'étoit qu'un bourg, peu connu du temps de Jules-César, & n'eſt devenu l'objet de la curioſité de tous les étrangers, que par divers accroiſſemens ſucceſſifs, dont on compte dix époques. On fixe la première au temps où César la préféra aux autres villes des Gaules à cauſe des avantages de ſa ſituation. Alors ſon enceinte ne s'étendoit pas encore au-delà de la *Cité*, & elle étoit enfermée entre les deux bras de la Seine. Ses maiſons, bâties de bois & de terre, étoient baſſes, rondes & mal conſtruites. Le conquérant des Gaules l'embellit, en y faiſant conſtruire de nouvelles maiſons, plus ſolides & plus commodes ; pour en faciliter la communication au ſeptentrion & au midi, il fit conſtruire deux ponts de bois dans les endroits où ſont aujourd'hui le *Petit-Pont* & le *Pont-au-Change*, & il renferma ces nouvelles augmentations dans la nouvelle muraille dont il entoura cette ville naiſſante, laquelle il fortifia de deux tours, placées où l'on voit aujourd'hui le *grand* & le *petit Châtelet*. C'eſt la ſeconde époque de ſon accroiſſement.

Devenue le siège des gouverneurs de la Gaule, elle s'embellit sous les régnes de *Valentinien*, de *Gratien*, de *Constantin* & de *Constance*, qui y séjournèrent. Son principal accroissement est rapporté au règne du célèbre *Julien*, surnommé l'*Apostat*, qui y passa plusieurs hivers. On bâtit alors, hors de la cité, vers le midi, un palais & des bains pour cet empereur, & l'on en voit encore quelques vestiges dans une maison sise rue de la Harpe.

Depuis l'établissement de la monarchie Françoise, chaque règne, pour ainsi dire, apporta quelques accroissemens à cette ville. Clovis, Childebert, & plusieurs des princes qui régnèrent ensuite, firent construire hors de ses murs des abbayes, qui, devenues considérables, furent bientôt environnées de maisons, lesquelles formèrent insensiblement de petits bourgs. Tels furent le *bourg Saint-Marcel*, le *Nouveau-Bourg*, auprès de S. Germain-l'Auxerrois, le *Bourg-l'Abbé*, ainsi nommé parcequ'il étoit dans la censive de l'abbaye de S. Martin-des-Champs; le *Beau-Bourg*, auprès du Temple, &c. C'est là où l'on fixe la troisième époque des accroissemens de Paris.

On rapporte la quatrième époque aux incursions des Normans. Les ravages qu'essuyoient alors ces petits bourgs sans défense, firent sentir la nécessité de les joindre à la ville par de nouvelles murailles. On les commença vers l'orient, à la place que l'on nomme aujourd'hui la *Place Baudets*, ou *Baudoyer*, puis tournant vers le cloître de S. Jean-en-Grève, elles tendoient à la *tour du Pet-au-Diable*, gagnant ensuite le lieu où l'on voit la rue des Deux-Portes : elles passoient de-là près l'*Archet* de S. Merry, & finissoient au bout du *Pont-au-Change*, dans le marché de l'*Apport-Paris*, ou Porte-Paris. Du côté du midi, cette clôture commençoit au *Petit-Pont*, renfermoit la place Maubert, & finissoit au bord de la rivière, vis-à-vis de l'endroit où est aujourd'hui la rue de *Bievre*; nom qu'elle tient de la petite rivière, que l'on nomme aujourd'hui communément *des Gobelins*. Elle venoit alors se jetter dans la Seine auprès de la place Maubert. Ce fut dans la suite que l'on en changea le cours.

On fixe la cinquième époque des accroissemeus de Paris au règne de *Philippe-Auguste*, qui donna des preuves de ſa bienveillance pour ſa capitale : il commença à la faire paver en 1184 ; & vers l'an 1190, on commença une nouvelle enceinte, qui fut achevée en 1211. Cette nouvelle clôture, beaucoup plus étendue que les précédentes, mettoit les bourgs dont nous avons parlé en état de réſiſter aux incurſions fréquentes des *Normands* & des *Anglois*.

Du côté du ſeptentrion, cette clôture commençoit au-deſſous de S. Germain-l'Auxerrois, vis-à-vis l'endroit où eſt aujourd'hui le Louvre, traverſoit le terrein qui forme à préſent les rues Saint-Honoré, Coquillère, des deux Ecus, Montmartre, Montorgueil, Françoiſe, Saint-Denis, Bourg-l'Abbé, Saint-Martin, Sainte-Anne : elle renfermoit les bourgs de Saint-Germain-de-l'Auxerrois, une partie du Bourg-l'Abbé, le Beau-Bourg, le Bourg-*Thibouſt*, qui tiroit ſon nom de Guillaume Thibouſt, prévôt des marchands de Paris. Cette enceinte s'avançoit où ſont l'Ave-Maria & la maiſon profeſſe que les Jéſuites viennent de quitter, & elle finiſſoit au *Pont-Marie*. Du côté du midi, elle commençoit à l'endroit où eſt le pont de la Tournelle, paſſoit derrière Sainte-Genevieve, l'égliſe de Saint-Jacques, où ſont aujourd'hui les Jacobins, & ſe terminoit au bord de la rivière, vers le lieu où nous voyons le collège des *Quatre-Nations*. Cette muraille étoit flanquée, d'eſpace en eſpace, de fortes tours, entre leſquelles on en diſtinguoit quatre principales. La *Tour de Neſle* & la *Tour de Bois*, ou du *Grand-Prévôt*, gardoient le bas de la rivière : la *Tour de la Tournelle* & la *Tour de Barbeau*, en défendoient le haut.

Il ne faut pas croire cependant que cette enceinte, qui paroît conſidérable pour ce temps-là, fût entièrement remplie de maiſons. On y voyoit (ce qui ſubſiſte encore aujourd'hui dans pluſieurs villes des Pays-bas) de grands clos enſemencés & des places vagues : on les déſignoit aſſez ordinairement par le nom de *Culture;* de-là ſe ſont formées les dénominations de *Culture-Sainte-Catherine*, *Culture-Saint-Gervais*, &c. Philippe-Auguſte fit conſtruire pluſieurs égliſes, élever la *groſſe tour* du Louvre & le *Château-du-Bois*, qui en étoit aſſez proche.

Le commerce que Paris faiſoit, principalement avec les villes qui ſont vers le nord, donna occaſion à la ſixième époque des accroiſſemens, qui furent plus conſidérables vers ce côté que vers le midi. On avoit conſtruit, pour faciliter le commerce, des maiſons qui formèrent des fauxbourgs; &, pour les garantir des incurſions des Anglois, on les entoura de foſſés & de murailles. C'eſt à peu près au règne de Charles V qu'il faut rapporter cette quatrième clôture : elle fut commencée vers 1367, & ne fut achevée qu'en 1383, ſous Charles VI. Elle commençoit du côté de l'orient, au bord de la rivière, vers l'Arſenal; continuoit le long des portes de Saint-Antoine, de Saint-Martin, de Saint-Denis; paſſoit dans les lieux où ſont aujourd'hui la place des Victoires, le Palais-Royal, les Quinze-Vingts, & ſe terminoit au bord de la rivière, vers la rue Saint-Nicaiſe. Quant au côté du midi, on creuſa des foſſés au pied des murs de l'ancienne clôture, & les fauxbourgs qui étoient au-delà, furent ruinés, pour empêcher les ennemis de s'enrichir de leurs dépouilles.

Paris ne s'agrandit que fort peu ſous les règnes de Charles VIII & de Louis XII, ſon ſucceſſeur, tous deux occupés par les guerres d'Italie. Ainſi, on peut rapporter la ſeptième époque de ſes accroiſſemens au règne de François I. C'eſt ce monarque qui fit abattre & rebâtir le Louvre avec plus de régularité ; il fit rebâtir avec plus de magnificence les hôtels des Urſins, de Bourgogne, d'Artois, de Flandres, de Feſcamp, & autres, qui tomboient en ruine. Un grand nombre de nouvelles rues facilitèrent, par ſes ſoins, la communication entre la ville & les fauxbourgs. Charles IX enferma depuis dans l'enceinte des nouvelles murailles, le château des Tuileries, que Catherine de Médicis avoit fait élever. Ce prince mit la première pierre aux fondemens de la *Porte-Neuve,* appellée la porte de la *Conférence* ſous le règne de Henri IV, & qui depuis a été abattue.

C'eſt au règne de ce roi bienfaiſant que nous fixons la huitième époque des accroiſſemens de Paris : c'eſt lui qui fit faire les changemens qui donnent tant de luſtre au quartier Saint-Antoine; il fit achever le *Pont-Neuf*, & donna au premier préſident du Harlay la partie occidentale de l'iſle du Palais pour y conſtruire des maiſons, en ſe réſervant ſeulement quelques cens. Il avoit le projet d'un embellissement pour le *Marais*, en y construisant une place, & en donnant à chacune des rues de ce quartier le nom de l'une des provinces du royaume : ce qui fut exécuté en partie sous le règne de Louis XIII. Ce prince suspendit ces travaux par arrêt du conseil du 15 janvier 1638 ; mais malgré cette défense & quelques autres qui n'eurent que peu d'effet, la ville s'agrandissoit toujours ; & c'est au règne long & glorieux de Louis XIV, qu'il faut fixer la neuvieme époque des accroissemens dont nous parlons. Ce prince donna, le 26 avril 1672, des lettres-patentes, par lesquelles il ordonna que de nouvelles bornes seroient plantées à l'extrémité des fauxbourgs ; &, pour en fixer les limites, ce monarque fit défense de bâtir au-delà. Une nouvelle ville parut alors s'élever sur les ruines de l'ancienne ; la clôture de l'université fut démolie, on joignit la ville aux fauxbourgs ; le Pont-au-Change, celui de la Tournelle, & le Pont-Rouge (aujourd'hui le Pont-Royal), qui n'étoient que de bois, furent construits en pierre. Au lieu des petites portes Saint-Denis & Saint-Martin, on y érigea de magnifiques arcs de triomphe. L'hôtel des Invalides, l'Observatoire, le bâtiment du Louvre, des pompes, des quais bordés de maisons, des places, & plusieurs autres édifices publics & particuliers, seront à jamais des témoignages de la magnificence de ce prince, & de son amour pour tout ce qui est véritablement grand.

Quoique les édifices & les différens accroissemens que l'on avoit ajoutés à la ville de Paris, sur la fin du règne de Louis XIV & pendant la minorité de Louis XV, aient donné occasion à en régler de nouveau les limites, en vertu d'une déclaration que rendit en conséquence le roi devenu majeur, la dixième & dernière époque des accroissemens de Paris semble ne devoir être rapportée qu'à la quarante-cinquième année du règne de ce prince ; parceque ce ne fut qu'alors que sous la deuxième prévôté de M. Camus de Pontcarré, chevalier, seigneur de Viarme, on établit, en 1762, un nouveau boulevard au couchant & au midi de Paris, pour la plus grande magnificence de la ville & la commodité du public. Cette nouvelle enceinte forme une fort belle promenade autour de la partie de la ville qui est sur la rive gauche de la Seine ; elle commence à la barrière de Grenelle, au quinconce des Invalides, au-dessous de laquelle plantation d'arbres la Seine sort de Paris, au couchant d'été, & se continue jusqu'à la barrière des Gobelins, ou de la rue Mouffetard, près de la Salpétrière, où la Seine entre dans Paris, au levant d'hiver. La promenade que ces nouveaux boulevards forment autour de cette moitié de la ville, est d'autant plus agréable pour le public, que l'on y respire un bon air, & que la vue s'étend sur la campagne.

Quant aux boulevards qui entourent l'autre partie de la ville, depuis la place de Louis XV, ou la rue Saint-Honoré, jusqu'à la porte Saint-Antoine, on y voit, à certaines heures du jour, tout le long de la chaîne d'hôtels & de jardins magnifiques dont ils sont revêtus, une affluence d'équipages où les plus riches habitans étalent tout ce que le goût & le luxe peuvent fournir de plus beau en ce genre. Que l'on parcoure les cafés & autres maisons qui bordent ces boulevards du côté de la campagne, quel mouvement, quelle gaité, quel spectacle ne s'offre pas aux yeux étonnés de l'étranger? Rien n'est plus propre à donner une idée juste de Paris que cette multitude de peuple & ce nombre prodigieux de carosses, qui y forment un tableau mouvant & unique.

Afin que les fauxbourgs n'accroissent pas d'avantage, & que le nombre des rues qui les forment ne s'augmente point, le roi a défendu, par une déclaration du 16 mai 1765, de construrire aucun bâtiment, en quelque manière & sous quelque prétexte que ce soit, au-delà des maisons qui sont actuellemeut construites à l'extrémité de chaque rüe des fauxbourgs de cette capitale, du côté de la campagne, de proche en proche, soit que ces maisons se trouvent sur les paroisses des fauxbourgs, soit sur celles de la campagne. Par la même ordonnance, sa majesté défend aussi d'ouvrir de nouvelles rues dans les fauxbourgs, & veut que celles qui y sont actuellement ouvertes, & qui ont moins de trente pieds de largeur, soient toutes portées à cette largeur de trente pieds, à mesure que les propriétaires des terreins voudront bâtir, ou réconstruire dessus, ou simplement les clore de maçonnerie.

Barrières de Paris.

A chacune des vingt-quatre principales barrières se trouvent un receveur & plusieurs contrôleurs sédentaires. Quelques-unes des autres sont occupées par des contrôleurs seulement, qui reçoivent également les droits.

Il y a aussi des *commis* avec un *brigadier*, ou sous-brigadier, qui veillent aux intérêts de *sa majesté*; & en conséquence toutes les voitures, & ceux qui sont chargés de denrées comprises dans les *tarifs*, doivent s'arrêter, souffrir la visite & payer les *entrées*; ceux qui menent les carrosses, berlines, chaises, & tous les particuliers, doivent s'arrêter de même, pour qu'on puisse examiner s'il n'y a point de *contrebande*, ou de *denrées* sujettes aux *droits*, cachées dans les porte-manteaux, valises & coffres, dont on doit représenter les clefs; les commis saisissent tout ce qui n'a point été déclaré, conformément aux ordonnances.

Les barrières par lesquelles il est permis aux marchands & voituriers de faire entrer les vins & autres boissons, ainsi que les marchandises & voitures mentionnées ci-dessus, pour les droits de *domaine*, barrage, poids-le-roi, & autres, sont, par terre, au nombre de dix-neuf, savoir:

Saint-Victor.	La Conférence.	Montmartre.
Saint-Marcel.	Les barrières de Chaillot.	Sainte-Anne.
L'Oursine.	Le Roulle.	Le Temple.
Saint-Jacques.	La Ville-l'Evêque.	La Croix-Faubin.
Saint-Michel.	Saint-Denis.	Picpus.
Les Carmes.	Saint-Martin.	Rambouillet.
Saint-Germain.		

Par eau, au nombre de trois, savoir:

La Rapée, le Port-Saint-Paul, le Port-Saint-Nicolas.

Sa majesté a déclaré *faux-passages* toutes les autres portes & barrières, à l'exception néanmoins de la barrière des *Chantiers*, pour les mêmes *denrées* qui sont apportées par les coches d'eau de Corbeil, Villeneuve-Saint-George, & coches-royaux.

C'est aux barrières que se paient les droits d'*entrées* pour le *vin* & autres *boissons*, le *pied-fourché*, le *foin*, la *paille*, les *bois*, les *charbons*, les *fruits cuits*, la *viande dépècée*, le *gibier*, la *volaille*, & presque tout ce qui est destiné pour la consommation de Paris.

Indépendamment du service des barrières, les *commis* sont tenus de conduire à la douane les voitures de marchandises qui sont obligées d'y aller, ainsi que les carosses, chaises, & autres chargées de coffres ou de malles, excepté celles qui sont avec acquit & plombées, ou sans clefs. Il y a pour veiller au bon ordre de ces barrières, trente-quatre *supérieurs*, savoir :

Deux inspecteurs.

Quatre ambulans, à cheval.

Douze contrôleurs ambulans, à pied, pour le jour & pour la nuit, à tour de rôle.

Douze brigadiers d'ordre, pour le service de la nuit seulement.

Et quatre brigadiers pour le service du jour seulement.

Portes, ou Arcs de triomphe.

Les quatre portes, ou *arcs de triomphe*, élevés à la gloire du souverain, que l'on rencontre immédiatement après certaines barrières, sont la porte Saint-Denis, monument dont M. *Blondel*, alors maître de mathématiques de feu monseigneur le Dauphin, donna le dessein.

La porte Saint-Martin, élevée par *Bullet*.

La porte Saint-Antoine, bâtie par *Mezeteau*, & augmentée par F. *Blondel*.

La porte Saint-Bernard. Blondel, chargé de la restaurer, s'assujettit à l'ancien pavillon.

Isles dans l'enceinte de Paris.

Les îles que la Seine forme dans Paris, sont l'Isle-Louvier, qui sert de chantier; l'île de Nôtre-Dame, qui fait la plus belle partie de la cité; elle est environnée d'un beau quai : les maisons qu'elle renferme sont toutes belles & bâties sur pilotis ; l'hôtel de Bretonvillier en fait le principal ornement.

On nomme Isle-du-Palais la troisième des îles que la Seine forme dans Paris ; c'est la plus grande & la plus remarquable des îles enfermées dans son enceinte. Il est certain qu'elle est habitée depuis plus de deux mille ans, & qu'elle a donné occasion, par sa situation avantageuse, aux accroissemens successifs qui ont rendu Paris une des plus grandes villes de l'univers. Elle en est le canton le plus peuplé & le plus mal sain, à cause de la hauteur des maisons & de l'étranglement des rues : il y en a où le soleil ne pénétre jamais. Cette île renferme une grande partie des plus beaux monumens & établissemens de Paris. Elle est le siège de l'archevêché : on y voit la métropole, une des plus belles & des plus riches églises du monde : le Palais, siège de la première & de la plus illustre cour du royaume ; la place Dauphine, la statue équestre de Henri IV, l'Hôtel-Dieu & l'hôpital des Enfans-Trouvés.

Quartiers de Paris.

Le centre de cette capitale renferme six quartiers, savoir :

La Cité.

Le quartier de la Grève.

Le quartier de Saint-Jacques-la-Boucherie.

Le quartier de Sainte-Opportune.

Le quartier des Halles.

Le quartier Saint-André-des-Arts.

Cinq forment l'étendue de la ville vers le couchant, savoir :

Le quartier du Louvre, ou S. Germain-de-l'Auxerrois.

Le quartier de Saint-Eustache.

Le quartier Montmartre.

Le quartier du Palais-Royal.

Le quartier Saint-Germain-des-Prés.

Il n'y en a que trois vers le midi, savoir :

Le quartier du Luxembourg.

Le quartier de Saint-Benoît, ou de l'Université, ou Fauxbourg Saint-Jacques.

Le quartier de la Place-Maubert, ou Fauxbourg Saint-Victor.

Victor. Le quartier de la place Maubert se nomme aussi communément *Fauxbourg Saint-Marcel.*

Deux forment la partie du levant, savoir :

Le quartier de Saint-Paul, ou de la Mortellerie.

Le quartier Saint-Antoine, ou fauxbourg Saint-Antoine.

La partie du couchant en comprend quatre, savoir :

Le quartier Saint-Avoie, ou de la Verrerie.

Le quartier du Temple, ou du Marais.

Le quartier Saint-Martin, ou du Fauxbourg-Saint-Martin.

Le quartier, ou Fauxbourg-Saint-Denis.

Places pour l'ornement de Paris.

Les places qui concourent à l'embellissement de la ville, sont au nombre de cinq : la *Place Royale,* ou de Louis XIII vers le levant, quartier de Saint-Antoine. Le centre de cette place est occupé par un grand préau, formé par quatre tapis de gazon, entourés d'une grille fort riche, qui a été faite, avec ses ornemens, sous le règne de Louis XIV, dont les médaillons sont sur les portes de ce préau. Au milieu est placée, sur un pied d'estal, la statue équestre de Louis XIII. Le cheval est un excellent ouvrage de Daniel *de Volterre ;* la proportion en est infiniment plus estimable que celle de la statue du roi. La principale des inscriptions des quatre faces du pied-d'estal, porte que :

Pour la glorieuse & immortelle mémoire du très-grand & invincible Louis le Juste, XIII du nom, roi de France & de Navarre, Armand, Cardinal de Richelieu, son principal ministre, a fait élever cette statue, pour marque éternelle de son zèle, de sa fidélité & de sa reconnoissance, 1639.

Les grands & magnifiques hôtels de Richelieu, de Boufflers, de Courcillon, de Rohan-Guémenée, de Chaulnes, de Nicolaï, & celui du baron de Breteuil, avec d'autres belles maisons, forment un grand quarré autour de la grille, seulement ouvert à l'angle qui regarde la rue Saint-Louis. Les pavillons de ces hôtels sont soutenus sur des piliers, par le moyen desquels on a ménagé une galerie qui règne tout autour de la place. Elle a été commencée en 1604, & achevée en 1612.

La *Place des Victoires* est située au nord-est, quartier de Montmartre. Elle est environnée de superbes hôtels, qui forment autour un ovale de quarante toises de diametre, où aboutissent six grandes rues, qui laissent voir de loin la magnificence & l'éclat de la statue placée au milieu; elle est de bronze doré, de treize pieds de hauteur, & représente Louis XIV debout, pour mieux exprimer cet air de majesté & de grandeur qui lui étoit si naturel : il est revêtu des habits de son sacre, parceque cet habillement est particulier aux rois de France, & les distingue des autres souverains. Il y a un Cerbère sous ses pieds, qui marque la triple alliance dont ce prince a si glorieusement triomphé; on lit au bas ces mots: *viro immortali*, qui donnent en abrégé une haute idée du monarque pour qui ce monument est érigé; monarque dont la gloire passera à la postérité la plus reculée. Derrière la statue du roi, est une victoire, de même hauteur & même métal, aussi doré; elle a un pied posé sur un globe, & tout le reste du corps élevé; elle met d'une main une couronne sur la tête de sa majesté, & tient des palmes de l'autre. Les figures du roi & de la victoire, avec le cerbère & le globe, font un groupe de seize pieds de hauteur : il y a un bouclier, un faisceau d'armes, une masse d'Hercule, & une peau de lion derrière les deux figures. Le groupe, & tout ce qui l'accompagne, a été fondu d'un seul jet, & il pese plus de trente milliers. Le pied-d'estal de marbre blanc veiné, sur lequel ce groupe est élevé, a vingt deux pieds de hauteur: il est orné de bas-reliefs de bronze, avec des corps avancés en bas, aux quatre coins desquels sont quatre captifs, ou esclaves, aussi en bronze: ils ont douze pieds de proportion chacun, & sont accompagnés d'un grand nombre de trophées. Les quatre principaux bas-reliefs représentent la préséance de la France sur l'Espagne, le passage du Rhin, la conquête de la Franche-Comté, & la paix de Nimègue; les deux autres, l'extirpation de l'héréfie & l'abolition des duels: des inscriptions en expliquent les sujets. Tout l'espace autour du pied-d'estal, jusqu'à neuf pieds de distance des marches d'en bas, est pavé de marbre, & fermé par une grille de hauteur d'appui. *Desjardins*, qui a exécuté ce bel ouvrage, a, sans contredit, égalé ce que l'antiquité a de plus parfait, & surpassé tous ceux qui ont travaillé en bronze; on n'avoit pas encore fondu d'un seul jet un ouvrage si grand, si rempli en même-temps de sujets & d'attitudes différentes. Ce monument, le plus superbe que jamais sujet ait élevé à la gloire de son prince, fut érigé à la gloire de Louis le Grand, en 1686, en partie par le maréchal de la Feuillade, qui l'avoit fait commencer deux ans auparavant.

La *place de Vendôme*, ou de Louis le Grand, fait l'embellissement du fauxbourg Saint-Honoré, quartier du Palais-Royal. De beaux bâtimens, dont les façades sont d'ordre Corinthien, forment autour un octogone irrégulier, deux cotés étant beaucoup plus grands que les autres. Sa longueur est de soixante-quinze toises, & sa largeur de soixante-dix. La statue équestre de Louis le Grand est le monument que l'on a érigé dans le centre de cette place à la gloire de ce grand monarque; elle est de bronze, fondue par Baltazar *Keller*, sur les desseins de François *Girardon*. Le roi y est vêtu à l'antique; mais coëffé d'une grosse perruque, telle qu'on les portoit sur la fin de son règne. La statue & le cheval ont vingt pieds deux pouces de haut, & ont été fondus d'un seul jet; elle pese quatre-vingts milliers: son pied-d'estal est de marbre blanc & fort élevé. Elle a été posée aux acclamations du peuple & par ordre du magistrat, en 1699.

Dans le même quartier, à l'entrée du Cours-la-Reine, les Tuileries & les beaux hôtels qui bordent la rivière à gauche, sont très-bien accompagnés par la *place de Louis XV*.

Cette place est située entre le fossé qui termine le jardin des Tuileries, l'ancienne porte & fauxbourg Saint-Honoré, les allées des Champs-Elysées, celles du Cours-la-Reine, & le quai qui borde la rivière de Seine; elle est formée par un quarré de cent vingt-cinq toises de longueur, sur quatre-vingt-sept de largeur, entre les balustrades intérieures. Les quatre angles du grand quarré, forment quatre pans coupés, de vingt-deux toises de longueur chacun, & sont terminés par des guerites, ou gros socles, ornés de frontons, & surmontés d'un acrotère, décoré par des guirlandes de feuilles de chêne, & destinés à porter des groupes de figures de marbre, analogues au ſujet & à la place.

Deux de ces pans, coupés du côté des Champs-Elyſées, ſont ouverts, & conduiſent à deux avenues diagonales, dont l'une eſt appellée *le Cours-la-Reine;* du même côté, à la tête des Champs-Elyſées, ſont quatre pavillons décorés de boſſages, à l'uſage des fontainiers, gardes & portiers des Champs-Elyſées & Cours-la-Reine.

La façade des deux pavillons les plus proches de la grande allée des Champs-Elyſées, détermine la naiſſance de la nouvelle plantation.

On arrive à cette place, qui fait la réunion du jardin des Tuileries avec les Champs-Elyſées, par ſix entrées, dont les deux principales ont chacune vingt-cinq toiſes de largeur.

Le ſol de cette place, donné à la ville par ſa majeſté, ſous la condition de ne pas fermer les vues de ſon palais & jardin des Tuileries, & de s'aſſujettir au foſſé qui les ferme, les a déterminés à renfermer cette place par des foſſés de onze à douze toiſes de largeur, & de quatorze pieds de profondeur, qui ſe communiquent les uns aux autres, du côté des Champs-Elyſées, par ſept ponts de pierre avec archivoltes, & ſont fermés pas des baluſtrades.

Les murs de l'intérieur des foſſés, tous revêtus en pierre, ſont décorés de chaînes de refends à l'aplomb des piédeſtaux des baluſtrades, de tables ſaillantes entre-deux; les murs ſont couronnés par un cordon portant les baluſtrades. Le ſol des foſſés doit être ſemé de gazon, entouré de larges chemins ſablés.

Les paſſages des ponts s'annoncent par de grandes portions circulaires, fermées pas des baluſtrades, qui ſe raccordent à celles de l'intérieur de la place, à ſeize gros piédeſtaux deſtinés à porter des lions & ſphinx en bronze, ſont qu'on apperçoit moins l'inégalité qui ſe trouve entre les baluſtrades de l'intérieur de la place & celles de l'extérieur.

Celles de l'intérieur poſées ſur un ſocle, au-deſſus du cordon dans tout le pourtour de la place, ont donné lieu à une banquette, ou trottoir, élevé au-deſſus du ſol, d'où l'on monte par des dégrés à tous les paſſages des ponts & entrées, & en face des huit guerites.

Au centre de la place, en face de l'allée du milieu du jardin des Tuileries, s'élève, à la hauteur de vingt-un pieds, un piédeſtal de marbre blanc veiné, de quatorze pieds & demi de long ſur huit pieds & demi de large, ſur lequel eſt poſée la ſtatue équeſtre du roi, en bronze, de quatorze pieds de proportion, fondue d'un ſeul jet le 6 mai 1758, ſur les deſſeins & ſous la conduite de feu M. *Bouchardon*, ſculpteur ordinaire de ſa majeſté.

Aux quatres angles du piédeſtal, paroiſſent debout, & poſées ſur un ſocle de quatre pieds de hauteur & de deux pieds de ſaillie au-delà du nud du piédeſtal, quatres figures de bronze, de dix pieds de hauteur, repréſentant des vertus, caractériſées par leurs attributs; elles ſoutiennent dans des attitudes variées, la corniche du piédeſtal, de vingt-deux pouces de hauteur, ſur un pied & demi de ſaillie.

Le devant du piédeſtal, en face du jardin des Tuileries, fait voir deux vertus; celle qui eſt à la droite, repréſente la Force, & celle de la gauche, repréſente la Paix; entre ces deux figures, eſt une table de marbre renfoncée, de cinq pieds quarrés, enrichie de deux branches de laurier, en bronze doré d'or moulu, & portant cette inſcription:

LUDOVICO XV.
OPTIMO PRINCIPI
QUOD
AD SCALDIM, MOSAM, RHENUM,
VICTOR
PACEM ARMIS
PACE
ET SUORUM ET EUROPÆ FELICITATEM
QUÆSIVIT.

A l'autre bout du piédeſtal, & du côté des Champs-Elyſées, paroiſſent les deux autres vertus: on voit à la droite la Prudence, & à la gauche la Juſtice; entre les deux eſt une pareille table, portant cette autre inſcription latine :

HOC
PIETATIS PUBLICÆ
MONUMENTUM
PRÆFECTUS
ET
ÆDILES
DECREVERUNT ANNO
M. DCC. XLVIII.
POSUERUNT ANNO
M. DCC. LXIII.

Dans les deux grandes faces du piédeſtal, ſont renfermés deux bas-reliefs en bronze, de ſept pieds & demi de long ſur cinq pieds de hauteur : celui du côté de la rivière repréſente le roi dans un char couronné par la Victoire, & conduit par la Renommée, à des peuples qui ſe proſternent; l'autre faiſant face aux grands bâtimens, repréſente le roi aſſis ſur un trophée, donnant la paix à ſes peuples; la Renommée qui la publie, tient une trompette de la main gauche, & une palme de la main droite.

Vers le bas, & au milieu de ces deux bas-reliefs, ſont poſés ſur le ſocle deux grands trophées, compoſés de boucliers, caſques, épées & piques antiques, jettés en bronze.

La corniche eſt ſurmontée d'un piédouche, ou amortiſſement, orné par quatre muffles de lions aux angles, auxquels ſont atachées des guirlandes de feuilles de lauriers, qui ſe groupent avec des cornets d'abondance verſant différens fruits : au milieu, du côté des Tuileries, ſont placées les armes du roi, & du côté des Champs-Elyſées, les armes de la ville de Paris; le tout en bronze.

Le piédeſtal eſt poſé ſur deux grandes marches de marbre blanc veiné, que l'on ſe propoſe d'entourer d'une baluſtrade, auſſi de marbre, & d'un foſſé en dedans.

On ſe propoſe auſſi d'exécuter par la ſuite, & de poſer à trente-deux toiſes de diſtance du centre & de chaque côté du piédestal, dans l'alignement des deux allées diagonales, deux grandes fontaines, ou bassins de marbre, ornés de groupes & sujets différens, tant pour l'embellissement & la décoration de cette place, que pour l'utilité publique.

Le fond de la place, du côté du fauxbourg Saint-Honoré, en face de la rivière, est terminé par deux grandes façades de bâtiment, de quarante-huit toises de longueur, sur soixante quinze pieds de hauteur, construites & placées à seize toises de distance de la balustrade extérieure des fossés.

Ces bâtimens forment chacun un péristile d'ordre Corinthien, composé de douze colonnes de trois pieds de diametre, posées sur un soubassement de vingt-quatre pieds de hauteur, ouvert en portique formant des galeries.

Au-dessus de la corniche du soubassement, règne une balustrade de trois pieds de hauteur.

Les chapiteaux & entablemens de cet ordre, sont sculptés & enrichis de tous les ornemens qui leur sont propres, ainsi que les plates-bandes de l'architrave, & les plafonds dans les péristiles.

Les extrémités de chacune desdites façades, sont composées d'un grand avant-corps couronné d'un fronton, dans le tympan duquel est sculpté un sujet allégorique.

Les arrière-corps sont ornés de niches, de médaillons & de tables saillantes, & couronnés par de gros socles, sur lesquels sont posés des trophées.

Les retours des extrémités de chaque façade, annoncent la même ordonnance & la même richesse.

Ces deux grandes façades sont séparées par une rue de 15 toises de largeur, dont la décoration symmétrique en quatre-vingt-dix toises de longueur, se termine par des pavillons formant un carrefour sur la rue Saint-Honoré.

Elle sera prolongée sur le même alignement jusqu'à la rencontre du rempart, & terminée par la nouvelle église de la paroisse de la Magdelaine de la Ville-l'Evêque, dont le portail fera face au centre de la place.

Deux autres bâtimens, d'une ordonnance moins riche que celle des grandes façades, de trente toises de longueur chacun & séparés desdites façades par des rues de quarante pieds de large, termineront en arrière-corps le fond de cette place, & iront aboutir, l'un au jardin des Tuile-

H iv

ries, & l'autre aux Champs-Elyſées. Le premier eſt deſtiné pour le garde-meuble de la couronne; l'autre pour être l'hôtel des Mouſquetaires gris.

Le front du jardin des Tuileries ſur la place, qui a été retréci & gêné juſqu'à préſent par les anciens baſtions, il ſera agrandi, préſentera une façade de toute la longueur de la place, & de toute la largeur du jardin.

On ſe diſpoſe à l'exécution de ce projet, qui ne peut que contribuer à augmenter la magnificence du jardin des Tuileries, en formant une terraſſe baſſe de droite & de gauche du Pont-Tournant, fermée ſur le devant par une baluſtrade poſée ſur le cordon du mur du foſſé.

Cette terraſſe, élevée de trois à quatre marches au-deſſus du ſol du jardin entre les deux renommées, ſera prolongée dans toute l'étendue de la largeur du jardin, & communiquera aux terraſſes ſupérieures par deux grands eſcaliers d'une forme elliptique, placés au milieu d'un avant-corps, en face du centre des deux fontaines dont il a été parlé ci-devant.

Le mur qui ſera conſtruit pour ſoutenir cette terraſſe ſupérieure, ſera décoré de refends, boſſages, tables & autres ornemens, & ſera terminé par une baluſtrade. Les deux renommées du Pont-Tournant ſeront conſervées ſur de gros piédeſtaux, & on en poſera deux nouvelles ſur d'autres piédeſtaux pareils, placés à l'extrémité des avant-corps.

Au-delà de ces avant-corps, ſeront prolongés les murs de terraſſes, juſqu'aux deux corps-de-garde placés en ponts coupés ſous leſdites terraſſes; l'un faiſant décoration par ſon entrée ſur le quai de la Conférence, & l'autre du côté de la terraſſe des Feuillans.

Ces corps-de-garde ſe raccorderont aux murs de face des Tuileries, & à ceux des deux côtés du même jardin par d'autres piédeſtaux deſtinés à porter des figures de marbre.

En face de la place & dans toute ſa longueur, ſera conſtruit un mur de quai, avec un grand avant-corps dans le milieu, décoré & orné de boſſages, tables, inſcriptions, conſolles & baluſtrades, apparentes du côté de la rivière, qui formeront le parapet du côté du quai.

On pratiquera ſur cet avant-corps deux piédeſtaux pour

recevoir deux figures de bronze représentant la Seine & la Marne, & les arrière-corps seront terminés par des descentes ou degrés, pour aller à la rivière.

Cette décoration pourroit être accompagnée d'un pont sur la rivière, qui seroit décoré dans un goût analogue à la place, & le projet est ainsi proposé.

L'exécution & les projets de cette place, sont d'après les desseins & sous la conduite de M. Gabriel, écuyer & premier architecte du roi.

Il est certain que l'ensemble que formera cette place avec le jardin des Tuileries, son palais, la grande galerie du Louvre, le beau canal de la Seine, & tous les beaux bâtimens qui la bordent sur la rive gauche, depuis le Pont-Neuf jusqu'à l'hôtel de Brancas, fera un coup d'œil unique pour ceux qui arriveront à Paris par cette entrée de la ville; sur-tout si l'on substitue aux barraques qui suivent le bureau des voitures de la cour, en face de la terrasse des Tuileries, & aux emplacemens qui servent de chantiers, lesquels on pourroit établir dans l'île des signes, des hôtels qui accompagnent plus dignement la Seine & la terrasse des Tuileries, qui est vis-à-vis ces objets désagréables à la vue, de l'autre côté de la rivière.

La place Dauphine est la cinquième place dont nous ayons à parler. Elle est située, à peu près, dans le centre de la ville, à l'occident de la cité, & a été construite en 1608. C'est dans cette place que les peintres qui ne font que commencer, exposent leurs tableaux le jour de la petite fête-Dieu, pour se faire connoître du public. Elle est de figure triangulaire, composée de trois rangs de maisons, qui sont toutes de pareille structure & symmétrie, élevées de trois étages, excepté quelques-unes qui ont été plus élevées depuis : elles sont bâties de brique & de pierre de taille, avec les cordons & les entablemens en pierres de taille. Toutes ces maisons, qui ont double corps de logis, sont tellement jointes ensemble, qu'elles ne laissent que deux ouvertures; l'une dans le milieu du petit côté, pour faciliter une entrée au Palais, & l'autre, à l'angle le plus aigu, vis-à-vis la statue équestre de Henri IV, dans le milieu du Pont-Neuf. Cette statue fait le plus bel ornement de ce pont. Son piédestal est de marbre, embelli de bas-reliefs qui représentent les principales actions du prince. Aux quatre angles du piédestal, sur un embrasement de marbre turquin, sont autant d'esclaves attachés, foulant à leurs pieds des armes antiques de différentes espèces. Ces figures ont été dessinées & jettées en fonte par *Francheville*, originaire de Cambray : le cheval a été fait à Florence ; il est de *Jean Boulogne*, né à Douay. Les connoisseurs prétendent qu'il est d'une forme trop massive & trop épaisse pour représenter un cheval de bataille. La figure du roi est de *Dupré*. Cosme II, grand duc de Toscane, fit présent du cheval à Marie de Médicis, pendant qu'elle étoit régente. Il fut présenté à Louis XIII & à sa mère par le chevalier Pecholin, agent extraordinaire du grand duc ; le vaisseau dans lequel cette figure fut embarquée, fit naufrage, & l'on eut beaucoup de peine à la tirer de la mer. Louis XIII mit la première pierre aux fondations du piédestal. Il y a, dans le ventre du cheval, une inscription dont les premiers mots sont :

A LA GLORIEUSE ET IMMORTELLE
MÉMOIRE
DU TRES-AUGUSTE ET TRES-INVINCIBLE
HENRI LE GRAND,
QUATRIEME DU NOM,
ROI DE FRANCE ET DE NAVARRE, &c. &c.

Le reste de l'inscription porte le nom de celui qui en a fait don à Marie de Médicis, l'époque de cette donation, les noms du souverain régnant, & des magistrats alors en charge. La statue fut érigée le 23 d'août 1614.

Places simples.

Les vingt-deux autres places, situées dans les différens quartiers de Paris, n'ont été ménagées que pour l'utilité publique. Ce sont les places de la Bastille, Baudoyers, ou Baudet ; Cambray, du Carousel, ou des Tuileries ; aux Chats, du Chevalier du Guet, de Fourci, Sainte-Genevieve, de la Grève, de l'hôtel de Soissons, du Louvre, Maubert, Saint-

Michel, Moffir, ou Mofirs, c'eſt maintenant le quai des Ormes; du Parvis-Notre-Dame, du Palais-Royal, du Pont-Saint-Michel, de la Porte-Paris, de Sorbonne, de Saint-Sulpice, du Temple, la Place-aux-Veaux. Quelques-unes de ces places ſont employées pour marchés, comme on le verra à leur article.

Hôtels les plus remarquables.

Parmi le grand nombre d'hôtels qui ornent Paris, on peut remarquer les ſuivans :

L'Hôtel-de-Ville.
L'hôtel des Fermes.
L'hôtel de Soubiſe.
L'hôtel de Conti.
L'hôtel de Monaco.
L'hôtel de Biron.
L'hôtel de Richelieu.
L'hôtel de Belle-Iſle, aujourd'hui de Choiſeul-Praſlin.
L'hôtel de Condé.
L'hôtel d'Uzès.
L'hôtel d'Elbeuf.
L'hôtel de Villars-Brancas, autrement dit l'hôtel *de Laſſé*.
L'hôtel de Chevreuſe.
L'hôtel de Bouillon.
L'hôtel de Noailles.
L'hôtel Molé.
L'hôtel de Grammont.
L'hôtel de Rochechouart.
L'hôtel d'Aumont.
L'hôtel d'Augny.
L'hôtel de Choiſeul.
L'hôtel de Toulouſe.
L'hôtel Lambert.
L'hôtel de Bretonvilliers.
L'hôtel des Ambaſſadeurs extraordinaires, autrement dit, l'hôtel d'Evreux, &c. &c. &c.

Châteaux.

Les châteaux renfermés dans l'enceinte de Paris, ſont

le *Grand-Châtelet*, le *Petit-Châtelet*, la *Bastille* & l'*Arsenal*; auxquels il convient d'ajouter le château des *Porcherons* & l'*Observatoire*, tous deux attenans à la ville, l'un au septentrion & l'autre au midi.

Ce dernier ne sert pas aux usages ordinaires des forteresses. Bâti par Louis XIV en 1667, sous la direction de Jean-Baptiste Colbert, contrôleur-général des finances, & surintendant des bâtimens, sur les desseins de Claude Perault, de l'académie des Sciences & premier architecte du roi, il fut destiné par sa majesté à servir de logement aux mathématiciens qu'elle y entretient pour faire des observations & perfectionner l'astronomie.

Cet édifice est singulier, non-seulement par sa construction & sa solidité, mais aussi parcequ'il peut, sans le secours d'aucun instrument de mathématique, servir, par la forme qui lui a été donnée, à la plupart des observations astronomiques; à quoi en effet il sert très-utilement.

Quant au château des Porcherons, ce n'est qu'une maison de plaisance.

L'Arsenal fut bâti par les ordres de Charles V, dit le Sage. On y a fondu long-temps l'artillerie du royaume; il en sort encore des mortiers, des bombes, des boulets, & quelques canons. On y a établi, en 1758, une manufacture d'indienne, qui prend tous les jours plus de consistance & peut devenir un jour fort célèbre. Ce château est la résidence du grand-maître de l'artillerie de France. Il y a un grand sallon peint par Mignard à son retour de Rome; il a choisi pour sujet la France triomphante. Son jardin est public; l'air y est bon & la vue belle. Les Suisses du roi font la garde de cette maison. Il y a un lieutenant provincial, un directeur, un commissaire, & plusieurs autres officiers militaires. La jurisdiction de l'enclos est un bailliage royal: elle connoît des fontes des canons, des poudres & de leur façon.

La bastille est un ancien château, où l'on tient les prisonniers d'état. Charles V le fit bâtir pour défendre la ville de ce côté-là contre les incursions des Anglois. Ses murs sont flanqués de huit grosses tours & d'un bastion, qui regarde le fauxbourg Saint-Antoine. En 1634 on y ajouta un rempart & on l'entoura de fossés. Il y a un gouverneur, un état-major, un médecin, un chirurgien, un chapelain & plusieurs servans. Une compagnie d'invalides en fait la garde.

Le Grand-Châtelet, siège de la jurisdiction ordinaire de la ville, prévôté & vicomté de Paris, est le plus ancien monument de cette capitale. Il y a encore des tours & une chambre qui subsistent, dit-on, depuis le temps de César; le reste a été rebâti en 1684. C'est le plus ancien siège de justice de la ville; elle y étoit rendue du temps des Romains, par un préfet. Nos premiers rois la faisoient rendre en ce lieu par un comte, & ensuite par un prévôt, que S. Louis érigea en titre d'office en 1254; & la justice s'y rend aujourd'hui au nom du prévôt de Paris. Le procureur-général du parlement a le même droit lorsque le siège est vacant.

Le Petit-châtelet, aussi un des plus anciens monumens de Paris, a été rebâti sous le règne de Charles V, sur les ruines d'une forteresse qui étoit l'ouvrage des Romains. Il sert aujourd'hui d'aide de prison au Grand Châtelet.

La *Samaritaine* a aussi titre de château & un gouverneur; on trouvera sa description à l'article des *machines*,

Palais.

On compte à Paris six Palais; le Louvre, qui a été bâti à plusieurs reprises sous différens règnes; le palais, ou château des Tuileries; le Palais-Royal, le Palais-Bourbon, le Palais, proprement dit; & le Luxembourg.

Le sol qui sert d'emplacement au Louvre, a été destiné depuis plus de cinq cens ans à la construction d'un palais pour nos rois. Philippe-Auguste fit bâtir, en 1214, un Louvre dans le même emplacement, qui avoit déja servi d'assise aux châteaux de quelques rois de la première race. Il le nomma *Château-du-Bois*, parcequ'il étoit élevé au milieu d'un bois qui s'y trouvoit alors.

Chales V fit augmenter ce palais en 1371; mais François I le fit abattre, en 1528, pour commencer le Louvre d'aujourd'hui, que Henri II fit continuer après la mort de son père, comme on le voit par l'inscription qui est au-dessus de la porte de la salle des cent-Suisses.

Henricus II, christianissimus vetustate collapsum refici, cœptum à patre Francisco I, rege christianissimo, mortui sanctissimi parentis memor, patientissimus filius absolvit. Anno à salute Christi. M. D. XXXVIII.

On suivit les desseins du fameux *abbé de Clagny*, excellent architecte, & on rejetta ceux de *Serlio*, quoiqu'habile dans cet art; & quant aux ornemens de sculpture, qui sont d'une beauté inestimable, ils furent exécutés par l'illustre Jean *Gougeon*. Ce premier morceau du Louvre compose un des quatre angles du bâtiment. Après la mort de Henri II, Charles IX fit commencer la grande galerie, qui joint le Louvre au palais des Tuileries, & Henri IV la termina, à quelques ornemens près. Ce prince fit encore construire l'appartement, dit *de la Reine*, où est la galerie d'Apollon, qui prend de l'appartement du roi, & donne sur le petit jardin, du côté de la rivière. Cet appartement a été brûlé en 1661, & rebâti depuis.

Après Henri IV, Louis XIII fit élever, par Jacques *le Mercier*, le gros pavillon couvert en dôme quarré, qui est au-dessus de la porte du pont-levis. Sous ce pavillon on pratiqua un grand vestibule, soutenu de deux rangs de colonnes, chacune d'une seule pièce, couplées & canelées d'ordre Ionique. Ce péristile sert d'entrée au Louvre, par un pont qui est sur le fossé, du côté qui fait face aux Tuileries. Ce pavillon renferme une chapelle dédiée à S. Louis.

Louis XIII fit continuer le bâtiment du Louvre, & ce qui fut bâti sous son règne, outre le grand pavillon, forme l'angle de la gauche, parallèle à celui de Henri II. Tout le reste de l'édifice moderne qui compose le Louvre, a été achevé par les ordres de Louis XIV, & par les soins de M. Colbert, qui pour cet effet fit venir en France les plus habiles artistes & les plus fameux architectes. Le cavalier *Bernin*, à qui on assigna une pension, fut de ce nombre, & il en jetta les fondemens en 1665; mais ses desseins, comme beaucoup d'autres, n'ayant pas été goûtés ni suivis, le roi se servit de Louis *le Vau*, premier architecte, depuis 1667 jusqu'en 1670, & ensuite de François d'*Orbai*, son élève. Ces deux architectes conduisirent l'édifice & le mirent en l'état où il étoit lorsque M. de Marigny, par ordre de Louis XV, y fit travailler de nouveau.

Le plan de tout l'édifice du Louvre, eſt un quarré, au milieu duquel eſt une cour de ſoixante trois toiſes, auſſi en quarré. La façade extérieure, qui regarde Saint-Germain-l'Auxerrois, eſt décorée d'une colonnade, qui égale le plus bel antique, & qui fut élevée ſur les deſſeins du célèbre *Perrault*. C'eſt dans le Louvre que ſe tiennent les aſſemblées de l'académie Françoiſe, de celle des Belles-Lettres, de celle des Sciences, & de l'académie d'Architecture. Il y a auſſi un dépôt des tableaux du roi, au nombre deſquels on en compte cent cinquante des plus beaux que ſa majeſté poſsède, & qui ont été faits par les plus grands maîtres de l'Italie, de la France & de Flandre. Il y a une ſalle où ſont renfermés des modèles de vaiſſeaux de toutes eſpèces garnis de leurs voiles.

Dans la galerie qui règne le long de la Seine juſqu'au palais des Tuileries, ſe trouvent les plans en relief, ou modèles de toutes les places & fortereſſes de France, & autres villes conſidérables de l'Europe, faits par les plus habiles ingénieurs du royaume, avec une ſi grande exactitude, que par eux l'on connoît le fort & le foible des places qu'ils repréſentent. Dans une autre partie de cette galerie on expoſe tous les deux ans les nouveaux ouvrages de peinture & ſculpture des académiciens, pour faire connoître au public les progrès continuels que fait cette académie.

Les appartemens de deſſous cette galerie, ont été deſtinés & donnés, depuis Henri IV, aux artiſtes qui excellent dans leur profeſſion, pour les diſtinguer & les encourager par cette marque d'honneur.

L'*imprimerie royale*, établie en 1640, en occupe une partie. La *monnoie des médailles* du roi eſt au-deſſous, dans le milieu. C'eſt dans cette monnoie que l'on frappe les médailles & les jettons d'or, d'argent & de cuivre. La grande écurie du roi occupe le reſte.

Dans un des appartemens, vis-à-vis la rue S. Thomas-du-Louvre, eſt le bureau d'Adreſſe, où l'on diſtribue les gazettes de France, qui ſuccédèrent au Mercure François, & commencèrent en 1631, par les ſoins de Théophraſte Renaudot, qui dédia les premières au roi Louis XIII.

Au bout de cette galerie, qui a deux cents vingt-ſept

toises de longueur, sur quatre toises & cinq pieds de largeur, commence le palais des *Tuileries.*

Ce magnifique palais fut commencé au mois de mai 1564, par la reine Catherine de Médicis, alors veuve de Henri II. Elle se servit pour l'exécution de ce bâtiment, de Philibert *de Lorme* & de Jean *Bullau*, fameux architectes François. Philibert de Lorme rapporte dans ses ouvrages imprimés, que cette princesse en fut elle-même le principal architecte & qu'elle lui en donna les desseins, ne lui ayant confié que ce qui regardoit l'ordre & la beauté de l'architecture & la convenance des ornemens.

Henri IV fit achever le bâtiment en 1600, & en 1664 Louis le Grand lui a donné l'état de perfection pour le dedans, sur les desseins de Louis *le Vau*, qui furent exécutés par François d'*Orbai.* On peut le regarder comme un des beaux palais de l'univers. Il est composé de quatre pavillons, entrelacés de quatre corps de-logis, avec un autre gros pavillon en forme de dôme quarré, sous lequel est le vestibule en péristile, qui conduit aux appartemens.

Le plan de cet édifice forme une ligne droite d'environ cent soixante-dix toises, sur dix-sept ou dix-huit toises de large. Nous n'entrerons point dans le détail de la distribution des corps-de-logis, ni des choses curieuses qu'il y a à considérer; nous nous contenterons de dire qu'elles sont dignes d'admiration; que la salle des Machines, dans une partie de laquelle on a pratiqué nouvellement une salle d'opéra, a été construite par *Vigarini*, & que les appartemens ont été décorés sur les desseins de *Lebrun.*

Nous nous arrêterons un peu à la description du jardin des Tuileries; il est un des plus beaux & des plus réguliers du l'Europe. Il fut commencé en 1600, sous Henri IV, & achevé sous Louis XIV, en 1660.

La grande terrasse, qui règne le long de ce palais, est ornée de six statues & de deux grands vases de marbre blanc, l'un de *Robert* & l'autre de *le Gros*; les trois statues du côté de la rivière, sont de *Coustou* l'*aîné;* la première représente un chasseur qui se repose; les deux autres, sont deux chasseurs assis en différentes attitudes. Les trois du côte opposé, sont de *Coisevox;* la première représente un Faune

Faune assis, jouant de la flute traversière; la seconde, une Hamadriade; elle a les pieds chaussés d'écorces d'arbres: & la troisième, est une Flore. Les deux vases posés sur la même ligne, sont deux chef-d'œuvres.

Le grand parterre, qui est à l'entrée du jardin, est formé de plusieurs compartimens, où l'on renouvelle les fleurs dans les différentes saisons de l'année, & on y voit trois bassins, dans chacun desquels il y a un jet d'eau.

L'autre partie du jardin est plantée d'arbres qui forment différentes allées. Avant l'entrée de la grande allée, près du grand bassin du parterre, sont quatre groupes de marbre blanc: le premier des deux qui sont à droite représente *Arie* qui, après s'être percé le sein, présente le poignard à son mari *Pœtus*, en lui disant: *Il ne fait point de mal.* Ce morceau est de *Théodon.* Le second représente le ravissement d'Orithie par Borée; il est de *Flaman.* Le premier des deux qui sont à l'opposite, représente Enée portant son père Anchise, tenant par la main son fils Ascagne; ce groupe est de *le Pautre.* Le second représente le Temps qui enlève la Beauté; il est de *Regnaudin.*

A l'autre bout de la même allée, se trouve un grand bassin de figure octogone, qui répond à celui-ci; il est précédé par un arc de cercle que forment huit statues, dont les deux premières de chaque côté représentent Scipion, ou Jules-César, premier empereur Romain, & Annibal; la première est de *Coustou*, & l'autre de Sebastien *Stolz.* Les deux qui suivent de chaque côté, représentent les génies des quatre saisons, en forme de thermes; aux deux autres extrémités sont deux prêtresses vêtues à l'antique: ce sont des chefs-d'œuvres pour la perfection de leur draperie. A l'autre côté du bassin, sont quatre grands piédestaux de marbre blanc, sur lesquels on a placé des statues de fleuves, faites à Rome par des pensionnaires du roi; on dit que ce sont Coustou & Vanclève. Les deux piédestaux qui sont au bas de la descente de chaque terrasse, portent l'un le Nil & l'autre le Tibre, chacun avec les attributs qui les distinguent: les deux autres portent chacun un groupe, dont l'un représente le Rhin & la Seine; & l'autre, le Rhône & la Loire.

Ce jardin est accompagné de chaque côté d'une terrasse plantée d'arbres. Elles commencent l'une & l'autre par une pente douce, & finissent de même du côté de la place de Louis XV; elles doivent être par la suite environnées de balustrades. Il y a peu de situations aussi avantageuses pour la vue que celle de la terrasse qui donne sur la rivière.

La sortie du jardin par le Pont-Tournant, imaginé par Frère *Bourgeois*, connu par le pont de batteaux de Rouen, est accompagnée de deux statues équestres de marbre blanc. On les regarde comme deux chefs-d'œuvres en ce genre. L'une représente la Renommée avec une trompette, & l'autre un Mercure qui annonce la victoire. Elles sont de *Coysevox*.

Ce jardin a été fait d'après les desseins du célèbre *le Nostre*. Il est, au jugement des connoisseurs, le plus beau de l'univers par son exposition, sa régularité & la richesse des statues qui le décorent. La rivière lui sert de canal: les maisons, hôtels & palais qui la bordent sur la rive gauche, & la place de Louis XV, lui servent de perspective.

Le *Palais-Royal*, dont l'entrée est dans la place du château-d'eau, vient d'être reconstruit en grande partie; il est estimable par la distribution des logemens, qui sont fort commodes, ornés de tableaux & de plafonds dignes de la curiosité des connoisseurs. La galerie d'entrée est de *Coypel*: le plafond du nouvel appartement, de *Pierre*. La collection des tableaux qui décorent ce palais, est une des plus riches qu'il y ait en Europe.

Ce palais est composé de deux bâtimens quarrés, qui forment deux principales cours.

Il fut commencé par le cardinal de Richelieu, en 1629, sous la direction de Jacques *le Mercier*, un des grands architectes de son temps, & fut achevé en 1636. On le nommoit alors le *Palais Cardinal*: il a conservé ce nom jusqu'en 1643; mais alors Louis le Grand & la reine régente, sa mère, y étant venus loger après la mort de Louis XIII, il fut appellé le *Palais-Royal*. Il a été donné au duc d'Orléans, en échange du *Palais-d'Orléans*, ou *Luxembourg*.

Le jardin qui l'accompagne est quarré & environné de maisons. Il est toujours fort fréquenté, parcequ'il est au milieu d'un quartier presque tout peuplé de personnes de distinction. On y admire la grande allée, qui est, sans contredit, une des plus belles de l'Europe. C'est dans ce palais que se trouve la salle de l'opera, que l'on reconstruit actuellement à neuf.

Le *Palais*, proprement dit, est situé à peu près au centre de Paris. C'est là que siègent le parlement & toutes ses chambres, la cour des Aides, les jurisdictions de la Table-de-Marbre, la chambre des Comptes, la cour des Enquêtes & les chambres des Requêtes, &c.

Ce fut Philippe le Bel qui, pour rendre le parlement sédentaire à Paris, l'abandonna aux officiers de justice, après qu'il eut été long-temps la demeure de nos rois. Pour donner plus d'étendue à cet édifice, il fit bâtir la plupart des chambres, & tout l'ouvrage fut achevé en 1313.

Les principaux ouvrages de ce palais sont de S. Louis, qui y avoit fait un plus long séjour que tous les autres rois. La grande salle a été construite par *de Brosse*.

La Sainte-Chapelle, bâtiment d'une délicatesse surprenante, est aussi de S. Louis. L'élevation & la hardiesse de cet édifice gothique, sont remarquables. Ceux qui se connoissent en peinture sur verre, y trouvent sur les vitraux des morceaux dignes de leur curiosité; ils sont comptés au nombre des plus beaux ouvrages en ce genre. Les sujets sont l'histoire du nouveau testament. Elle fut achevée en 1247, & la dédicace en fut faite en 1248, par un légat du pape.

Au-dessous il y a une autre église, dont la dédicace fut faite le même jour & en même temps que celle de la Sainte-Chapelle, par l'archevêque de Bourges; on y faisoit les fonctions curiales pour toute la maison du roi, & cette chapelle basse sert encore aujourd'hui de paroisse à ceux qui demeurent dans l'enclos du Palais. La chapelle supérieure, qui est la Sainte-Chapelle, est desservie par un chapitre, dont on verra la description à son article.

Le trésor de la Sainte-Chapelle est fort riche. Dans la Sacristie il y a trois grandes armoires, dans lesquelles on voit des vases sacrés très-précieux; des reliquaires enrichis d'or & de pierreries très-estimées; des morceaux de la vraie croix, &c.

C'eſt dans la Sainte-Chapelle que fut baptiſé & enterré le fameux Boileau Deſpréaux, de l'académie Françoiſe, ſi généralement eſtimé par ſes poéſies.

Le *Luxembourg*, ſitué au fauxbourg Saint-Germain, paſſe, après le Louvre & le château de Verſaillles, pour un des plus beaux palais de tout le royaume. Il n'y en a point de mieux bâti, ni de plus régulier. Commencé en 1615, il fut conſtruit en ſix ans, ſous la direction de Jacques *de Broſſè*, le plus fameux architecte de ſon temps, par les ordres de Marie de Médicis, veuve de Henri IV.

La façade de ce palais eſt compoſée de deux terraſſes, avec deux pavillons quarrés aux deux extrémités, un portique au milieu, comblé de deux ſallons l'un ſur l'autre, & un donjon d'une ſtructure admirable : ſous ce portique ſe trouve la grande porte, par laquelle on entre dans une cour quarrée, au fond de laquelle on voit une belle terraſſe, bordée d'une baluſtrade de marbre ; des deux côtés de cette cour ſont deux galeries, plus baſſes que le reſte du bâtiment, ſoutenues chacune par neuf arcades, qui forment des galeries baſſes, ou allées couvertes. Ce qui mérite le plus la curioſité du public dans ce palais, ſont les tableaux du cabinet du roi, qu'on voit tous les mercredis & ſamedis, depuis dix heures du matin juſqu'à une heure, depuis le mois d'octobre juſqu'au mois de janvier, & le reſte de l'année, depuis quatre heures juſqu'à ſept ; & la galerie de *Rubens*, ornée de neuf grands tableaux, qui repréſentent l'hiſtoire de la reine Marie de Médicis, depuis la naiſſance de cette princeſſe juſqu'à ſa réconciliation avec Louis XIII : d'autres repréſentent ſon fils ſous des figures allégoriques. Ils ſont tous du fameux Rubens d'Anvers, dont cette galerie porte encore le nom. On y voit auſſi les portraits de François, grand duc de Toſcane, père de la reine Marie de Mécicis, & de Jeanne archiducheſſe, ſa mère. La chapelle de cet appartement, le ſallon des Muſes, ſont les autres objets les plus remarquables. On admire beaucoup l'architecture de la façade qui donne ſur le jardin, dans lequel on ne remarque rien d'extraordinaire, ſi ce n'eſt la baluſtrade de marbre blanc qui borde une partie de la droite du parterre, & qui n'a pas été continuée. On pourroit encore conſidérer ſa grandeur, &

une espèce de désordre qui le rend champêtre & plus agréable que des jardins plus symmétrisés.

Le *Palais-Bourbon*, bâti à la Romaine, doit les beautés de son architecture à *Girardini*, à *Lassurance*, & à plusieurs autres : il vient d'être acquis par M. le prince de Condé, qui y fait faire des augmentations considérables, lesquelles ayant occasionné quelques changemens dans l'ancien édifice, nous n'entrerons dans aucun détail sur la distribution & les beautés qui pourroient y être remarquées, si le tout étoit achevé au moment où nous écrivons ceci.

L'ancien édifice fut commencé en 1722, & les bâtimens neufs sont commencés depuis 1766.

Enclos.

On compte six grands enclos dans Paris ; savoir, celui de l'abbaye Saint-Germain-des-Prés, celui de Saint-Denis de-la-Chartre, celui des Enfans de la Trinité, celui de Saint-Jean-de-Latran, celui de S. Martin-des-Champs, & celui du Temple : ils sont tous des lieux de franchise.

Cloîtres.

Le nombre des cloîtres renfermés dans l'enceinte de Paris, se monte à environ vingt-deux : savoir, les cloîtres Saint-Benoît, ou de l'Abbaye, fauxbourg Saint-Germain ; des Bernardins, près la place Maubert ; du Saint-Esprit ; de S. Etienne-des-Grès ; de S. Germain-l'Auxerrois ; de Saint-Honoré ; des Jacobins ; de S. Jacques-de-la-Boucherie ; de S. Jacques-l'Hôpital ; de S. Jean-en-Grève ; de S. Julien-le-Pauvre ; de Saint-Louis, ou S. Thomas-du-Louvre ; de Saint-Magloire ; de Saint-Marcel ; de Saint-Martin-des-Champs ; de Saint-Merry ; de S. Nicolas-des-Champs ; de S. Nicolas-du-Louvre ; de Notre-Dame ; de Sainte-Opportune. Plusieurs de ces cloîtres sont lieux de franchise.

Ponts.

Quoique l'on compte ordinairement trente ponts à Paris,

il n'y en a cependant que douze sur la rivière de Seine : savoir, le pont de l'île Louvier, ou pont de Grammont ; le Pont-Marie ; le pont de la Tournelle ; le Pont-de-Bois, ou Pont-Rouge ; le Pont-aux-Doubles ; le pont de l'Hôtel-Dieu ; le Petit-Pont ; le pont Saint-Michel ; le Pont-Notre-Dame ; le Pont-au-Change ; le Pont-Neuf & le Pont-Royal. Les autres sont trop peu considérables pour mériter une attention particulière : ils sont sur des égouts sur la rivière des Gobelins, ou sur quelques ruisseaux.

Le Petit-Pont & le Pont-au-Change sont les plus anciens des grands ponts, dont deux seulement sont construits en bois ; savoir, le Pont-de-Grammont & le Pont-Rouge.

Le Pont-de-Grammont est le premier de tous en suivant le fil de l'eau. Il communique du quai des Celestins à l'île Louvier. Le Pont-Marie se trouve immédiatement au-dessous. Il est à moitié couvert de maisons, les autres ayant été brûlées. Vis-à-vis, sur un autre bras de la Seine, est le pont de la Tournelle, un des plus beaux de Paris. Ses arches sont très-hautes, &, n'étant point embarrassé de maisons, il présente une belle vue de tous côtés : il a été construit en 1656. Suit immédiatement après le Pont-de-Bois, ou le Pont-Rouge ; il joint le cloître Notre-Dame à l'île Notre-Dame, & a été construit à peu-près dans le même temps que les deux premiers. C'est à ce pont que se joignent les deux bras de la Seine qui forment cette belle île. Le Pont-aux-Doubles n'est que pour les gens de pied, à cause de son peu de largeur. Il soutient, du côté qui est couvert, la salle Saint-Côme, l'un des bâtimens de l'Hôtel-Dieu ; & il communique du Parvis-Notre-Dame au quartier de l'Université : il fut construit en 1636 par les administrateurs de l'Hôtel-Dieu. Un peu plus bas se trouve le pont de l'Hôtel-Dieu, autrement appellé le *Pont-Saint-Charles* ; il sert de promenade aux convalescens, & joint les salles de cet hôpital, séparées par ce bras de la Seine. Vient enfin le Petit-Pont, que l'on croit le plus ancien de Paris, ayant été construit pour la première fois long-temps avant César. Il étoit autrefois couvert de maisons, mais elles ont été consumées par le terrible incendie de 1718.

Le Pont-Notre-Dame est construit au-dessous du Pont-Marie : il est chargé, des deux côtés, de maisons d'égale hauteur & grandeur, & dont les faces sont ornées de figures en termes, à demi-corps, plus grosses que le naturel, se donnant toutes la main, & portant sur la tête des corbeilles de fleurs & de fruits. Elle sont, de plus, entrelacées de médaillons, qui représentent nos rois; avec une inscription à chacun. Ce pont, qui étoit dabord de bois, fut reconstruit en 1507, sous la direction de Joconde, cordelier, natif de Véronne en Italie. C'est sous ce pont que l'on a pratiqué une machine qui fournit de l'eau dans plus de la moitié de Paris. Immédiatement au-dessous, se trouve le Pont-au-Change, chargé de même de maisons des deux côtés. Il fut bâti sous le règne de Louis XIII, & achevé en 1647.

Le Pont-Saint-Michel est vis-à-vis de ce dernier, sur l'autre bras de la Seine. Il est couvert de maisons. Ayant été construit pour la première fois en 1383, il a été rebâti en 1616.

Le Pont-Neuf peut être regardé comme le plus beau de Paris, à cause de ses ornemens & de la vue charmante qu'il offre à ceux qui le traversent : il fut commencé, en 1614, sous le règne de Henri IV, & fini en 1635, par les ordres de Louis XIII. Il est le plus commode de tous par sa largeur, qui est de douze toises. C'est aussi le plus fréquenté, se trouvant à peu près au centre de la ville. Ses plus beaux ornemens sont la statue de Henri IV & la Samaritaine.

Le Pont-Royal, bâti en 1683, est le dernier des grands ponts construits sur la Seine; il facilite la communication du quartier du Louvre & des Tuileries avec le fauxbourg Saint-Germain. Il a cinq arches, dont les deux qui sont aux extrémités méritent l'admiration des connoisseurs, par l'art qu'il a fallu mettre dans leur construction. Il a des trotoirs comme le Pont-neuf, le Petit-Pont, & le pont de la Tournelle. La vue qu'il offre est encore plus agréable & plus étendue que celle du Pont-Neuf.

Quais.

Vingt-ſix quais bordent la rivière de Seine, depuis le premier pont juſqu'au dernier. Nous nous contenterons de donner leurs dénominations en ſuivant le courant de la Seine à droite, & en remontant à la gauche.

Le quai des Celeſtins eſt le premier.

Suivent le quai Beaufils, ou des Ormes.

Le quai de la Grève.

Le quai Neuf, ou quai Pelletier, conſtruit par Bullet: il ne porte que ſur une vouſſure, coupée dans ſon ceintre en quart de cercle.

Le quai de Gêvres.

Le quai de la Ferraille, ou de la Mégiſſerie, ou de la Vallée-de-Misère.

Le quai de l'Ecole.

Le quai de Bourbon.

Le quai du Louvre, autrement dit, Terraſſe-du-Louvre.

Le quai des galeries du Louvre.

Le quai des Tuileries.

Le quai de la Conférence, qui eſt le dernier en deſcendant la rivière à droite.

En remontant la Seine, à gauche.

Le quai de la Grenouillière ſe rencontre le premier, mais il n'eſt pas encore achevé. On trouve enſuite le quai d'Orſai.

Le quai Malaquet, ou des Théatins.

Le quai des Quatre-Nations.

Le quai de Conti.

Le quai des auguſtins, ou de la Volaille, autrement dit, la Vallée.

Le quai de la Tournelle, ou des Miramionnes.

Ils ſont tous fort bien conſtruits & ne contribuent pas peu à l'ornement de la ville.

Halles & Marchés.

On compte vingt-quatre marchés qui ſont les plus ordinaires; ſavoir, la place Maubert, la place du Temple, la place aux Veaux, la place du Palais-Royal, la place du Carousel & la place Saint-Michel.

Les marchés qui conservent leurs noms, sont: le marché à la Poirée, le Marché-Neuf, le Cimetière-Saint-Jean, les Quinze-vingts, l'Apport, ou la Porte-Paris, le marché du Marais, devant le Temple; celui de Saint-Martin, dans l'enclos du même nom; le marché du fauxbourg Saint-Germain, près l'abbaye; le quai des Augustins, qui est le marché ordinaire de la volaille; il se nomme aussi *la Nouvelle-Vallée*: c'est-là que les poulaillers & coquetiers sont obligés d'étaler leurs volailles & gibiers, après avoir auparavant conduit au bureau tout ce qu'ils apportent, & payé les droits ordonnés. Le Marché-aux-Chevaux, les Grandes-Halles, les halles de la Tonnellerie, les halles du fauxbourg Saint-Germain, la rue Saint-Antoine, vis-à-vis la maison qu'occupoient autrefois les Jésuites; le marché d'Aguesseau, la rue Saint-Honoré, devant l'hôtellerie des Bâtons-Royaux; la rue de la Ferronnerie, avec le commencement de la rue Saint-Honoré jusqu'aux piliers des Halles; c'est un marché où il vient, tous les jours *non fêtés*, toute sorte de légumes, que les jardiniers des environs de Paris y apportent: ce dernier marché a été transféré en partie à l'ancien marché au bled, près les halles. La plus grande partie des fruitières vont y acheter tout ce dont elles ont besoin pour leur approvisionnement, parceque c'est le seul endroit où les jardiniers des environs amènent sur des voitures tout ce qui concerne le jardinage. En été ce marché ouvre à deux heures, & finit à sept du matin; en hiver à cinq heures, & finit à huit du matin. Dans les autres marchés où l'on étale des légumes, il n'est permis de les apporter que par hôtées. C'est dans la plus grande partie de ces marchés, ou places, que les boulangers, tant de la ville que du dehors, étalent le pain les mercredis & samedis de chaque semaine. Le nombre en est ordonné dans chaque place ou marché, pour assurer d'autant plus dans cette ville immense l'approvisionnement de la chose la plus nécessaire à la subsistance de ses habitans. On connoît les boulangers du dehors sous les noms de *boulangers de Gonesse*, de *Saint-Germain-en-Laye*; de *Corbeil*

& de *Montlhery*. Il leur eſt défendu de remporter du pain.

Outre les halles & marchés indiqués, il y en a encore beaucoup d'autres, pour contribuer à l'approviſionnement des citoyens & à la ſubſiſtance des animaux dont ils ont beſoin : tels ſont 1.° pour toutes ſortes de denrées, les halles renfermées dans la partie de la ville appellée le *quartier des Halles ;* l'établiſſement deſquelles eſt dû à Philippe-Auguſte.

2.° Pour les vêtemens, les piliers des Halles.

3.° Pour les grains, la nouvelle halle de l'Hôtel-Soiſſons; les bleds & autres grains s'y vendent tous les mercredis & ſamedis, & le commerce en eſt abſolument libre.

4.° La halle à la *Farine*, qui ouvre tous les jours.

5.° La halle aux *Beurres*, qui ſe tient tous les jeudis après midi. On y débite en groſſes mottes ceux qu'on appelle beurres de *Gournay*.

6.° Pour les porcs, la halle à la chair de porc frais & ſalé, qui ſe tient les mercredis & Samedis.

7.° Les halles du *poiſſon* d'eau douce & ſalé, le long de la rue de la Coſſonnerie; elles commencent à trois heures du matin & finiſſent à ſept.

8.° La halle du Pilory, où ſe débite le *Beurre* en petites mottes.

9.° La halle *aux œufs*, que les coquetiers apportent de Normandie ſur des fourgons, & de Brie, & autres lieux, ſur des bêtes de ſomme.

10.° La halle *aux Poirées*, où les herbières & les herboriſtes ont leurs échopes.

11.° La halle *aux Vins*, près la porte Saint-Bernard.

12.° Pour les habillemens, la halle *aux Toiles*, mouſſelines, ſiamoiſes, où tous les marchands ſont obligés de faire conduire leurs toiles, & peuvent vendre en gros, pendant ſix ſemaines, toutes ſortes de toiles, excepté celles de Hollande & de Flandre.

13.° La halle aux *Draps*, où l'on porte tous les draps qui arrivent en cette ville : c'eſt-là où l'on a ſoin de les viſiter, de les auner, de les marquer & de percevoir les droits auxquels ils ſont aſſujettis. C'eſt auſſi dans cette halle que ſe vendent les marchandiſes de draperie, que les fabricans des provinces envoient vendre, pour leur compte, à l'adresse d'un commissionnaire, à qui ils paient un droit de commission, n'ayant pas par eux-mêmes la faculté de les y débiter.

14.° La halle *aux Cuirs*, qui se tient auprès de la halle à la Saline, dans un endroit que l'on appelle autrement le *Fief d'Alby*.

15.° La halle à la *Chandelle*, où les chandeliers privilégiés apportent celle qu'ils font : & elle ne tient que tous les Samedis.

16.° La halle aux *Chanvres*, *filasses & cordes*, *à puits*, qui se tient tous les jours.

17.° La halle aux *pots de Grais*, & celle à la *Boissellerie*; elle est, comme la précédente, ouverte toute la semaine.

18.° Pour les choses d'agrément ou moins nécessaires, la *Halle aux Bouquetières*, qui se tient dans la halle aux *Poirées* & rue aux Fers; où les jardiniers-fleuristes apportent les différentes fleurs dont les bouquetières font les bouquets, ou celles qui sont *médicinales*, comme la fleur de pêcher, les violettes, la fleur d'Orange, & autres.

Chantiers.

Quant aux différentes espèces de bois que l'on consomme à Paris, il y a cinq chantiers de bois neuf; un dans l'île Louvier, un, quai de la Tournelle ou des Miramionnes; un, quai de l'Ecole, où l'on vend aussi des coterets & des fagots; un, quai des Céleftins, & le cinquième à la Ville-l'Evêque.

Les chantiers de bois flotté, ou de gravier, se trouvent en assez grand nombre dans de grands emplacemens libres, situés près de la Seine, principalement à son entrée dans Paris, & à sa sortie de la même ville.

Il y a un grand emplacement à chantiers à la porte Saint-Antoine, & dans le fauxbourg même; un autre au coin de la rue du fauxbourg; un troisième près du Pont-aux-Choux; un quatrième rue Mélée; un cinquième près la Magdelaine de la Ville-l'Evêque; un sixième à l'île Macquerelle; un septième le long du quai de la Grenouillière

& près la rue de Bourbon, fauxbourg Saint-Germain; un huitième à la porte Chaillot, sur le bord de l'eau, proche la Savonnerie; un neuvième en deça de la porte Saint-Bernard, près du collège du Cardinal-le-Moine; un dixième au-delà de la même porte, depuis la rue de Seine jusqu'à l'Hôpital Général; un onzième vis-à-vis du même quartier, à l'île Louvier, près les Celestins.

Les bois de charronage & de construction, autrement dits, *bois quarrés*, se trouve près de l'Hôpital Général, passé la barrière Saint-Bernard, & à la Rapée.

Le charbon de bois se vend, par terre, porte Saint-Antoine, près les boulevards; par eau, près l'île Louvier; aux ports Saint-Bernard, Saint-Paul, l'Arche-Marion, quai de la Ferraille, vis-à-vis des Quatre-Nations, & quai des Miramionnes.

Le charbon de terre se vend à l'île Louvier & à la Grève.

Fontaines & Aqueducs.

Comme nous avons déja parlé assez au long du petit nombre de fontaines établies à Paris, nous ne citerons ici que celles qui méritent d'être remarquées par leur beauté; telles que la fontaine de Grenelle, celle des Innocens, & la nouvelle fontaine que l'on construit actuellement contre la base de la colonne du nouveau marché de Soissons.

Les ornemens de la fontaine de Grenelle, ont été dessinés & exécutés par M. *Bouchardon*, l'auteur de la statue équestre de Louis XV.

On doit à l'*Escot de Clagny* l'architecture de la fontaine des Innocens, & à *Gougeon* l'exécution de la sculpture. Ce monument est l'époque de la naissance de ces deux arts en France.

Les ornemens de la fontaine du marché de Soissons, sont dus à M...

On pourroit encore remarquer le Château-d'Eau de la place du Palais-Royal, bâti par *de Cotte*.

Machines pour les eaux.

Outre les eaux que les sources du Pré-Saint-Gervais

de Belle-Ville, de Rongis & la fontaine d'Arcueil, dont on admire l'aqueduc, bâti par *Debroſſe*, fourniſſent aux fontaines de Paris, il y a deux machines à pompes ſur la Seine, qui répandent ſon eau ſalutaire dans différens quartiers de Paris. Celle du Pont-Neuf, que l'on nomme *la Samaritaine*, ne fournit de l'eau qu'au Palais-Royal; elle doit ſon architecture à Robert *de Cotte :* il donna auſſi les deſſeins de ſes ornemens. La machine du Pont-Notre-Dame fournit de l'eau dans la plus grande partie des fontaines de la ville : elle eſt vieille & menace ruine.

Le réſervoir de la ville, auprès du Pont-aux-Choux, ſur les boulevards, reçoit les eaux d'une petite ſource qu'on y a conduite des environs de Belle-Ville, & celles qu'on y élève par le moyen des pompes. Il les fournit dans un canal, ou égout de pierres de taille, qui a été conſtruit pour porter les immondices de la ville dans la rivière. Ce canal commence au réſervoir même & tombe dans la Seine au-deſſus du Petit-Cours. C'eſt un ouvrage digne des Romains : nous le devons à un illuſtre prévôt des marchands (M. *Turgot*, conſeiller d'état) dont le goût, le zèle, & l'amour pour le bien public & pour l'embelliſſement de la ville, nous ont laiſſé des monumens immortels dans preſque tous les quartiers de Paris.

Moulins.

On ſe ſert peu à Paris de moulins à eau : il n'y en a que quelques-uns, conſtruits dans des batteaux, ſur la rivière de Seine; mais il y a une grande quantité de moulins à vent dans les environs de cette capitale.

Il y a encore quelques moulins à eau ſur la petite rivière des Gobelins.

Au commencement de l'année 1768, on a établi ſur la rivière de Seine, près la Samaritaine, un moulin à eau, de l'invention du ſieur Vatrin; au moyen duquel on fait mouvoir pluſieurs cylindres de différente grandeur & groſſeur, qui, roulant l'un ſur l'autre, réduiſent tous les métaux ductiles, comme l'or, l'argent, le cuivre, l'étain, le plomb, & tous leurs compoſés, en feuilles auſſi minces qu'on peut le desirer. On y a laminé jusqu'à douze mille marcs de métal dans un jour.

Abreuvoirs & Réservoirs d'eau.

Pour pourvoir à la subsistance des animaux, on a ménagé des descentes faciles à la Seine, qui forment autant d'abreuvoirs.

Nonobstant les fontaines, qui ne sont pas en assez grand nombre à Paris, & les réservoirs qui se trouvent en différentes maisons particulières, comme couvens, communautés, collèges, il y a presque autant de puits que de maisons, & quelques-uns sont même dignes de la curiosité du connoisseur & de l'étranger. Ils se trouvent dans les grands établissemens qui sont hors de la ville, comme à Bicêtre, à la Salpétrière, aux Invalides, à l'Ecole-Militaire, au parc de Vaugirard, &c.

Maisons.

Le nombre des maisons renfermées dans l'enceinte de Paris, se monte à environ vingt-cinq mille. Leur hauteur ordinaire est de cinq étages : il y en a beaucoup qui ont six étages, quelques-unes vont même jusqu'à sept ; mais il y en a aussi beaucoup qui ont au-dessous de cinq étages. Elles sont toutes fort peuplées, & les ménages y sont quelquefois en si grand nombre, que souvent il arrive que ceux qui occupent une même maison ne se connoissent pas. La hauteur des maisons de Paris y est un grand obstacle à la salubrité de l'air, & il y a des rues où le soleil ne pénètre jamais.

Boucheries.

Les boucheries sont distribuées dans les différens quartiers de la ville & des fauxbourgs.

Il y en a quatre dans la Cité : savoir, une au Marché-Neuf, une à Saint-Denis-de-la-Chartre, une rue des Deux-Ponts, & l'autre au Pont-Marie.

Dans le quartier de la Grève une, qui est au Cimetière-Saint-Jean.

Dans le quartier S. Jacques-de-la-Boucherie une, à la Porte-Paris.

Il n'y en a point dans le quartier de Saint-Opportune.

Trois dans le quartier des Halles, une rue Comtesse-d'Artois; l'autre est la boucherie de Beauvais; la troisième, rue de la Truanderie.

Une dans le quartier S. André-des-Arts; c'est la boucherie Saint-Sévérin, rue Saint-Jacques.

Une dans le quartier du Louvre, ou de S. Germain-l'Auxerrois, rue des Vieilles-Etuves.

Une dans le quartier Saint-Eustache, rue Montmartre, à la Pointe Saint-Eustache.

Deux dans le quartier Montmartre; une rue Neuve des Petits-Champs; l'autre rue Montmartre, au coin de la rue des Fossés.

Deux dans le quartier du Palais-Royal; une aux Quinze-Vingts, rue Saint-Honoré, & dans l'enclos; l'autre au marché d'Aguesseau, fauxbourg Saint-Honoré.

Trois dans le quartier S. Germain-des-Prés; une à la porte de Bussy, l'autre à la Croix-Rouge, & la troisième rue de Bourbon.

Trois dans le quartier du Luxembourg; une à la place Saint-Michel, près la rue d'Enfer; une rue des Boucheries, fauxbourg Saint-Germain; & l'autre au marché de l'abbaye S. Germain-des-Prés.

Deux dans le quartier Saint-Benoît; une à la porte Saint-Jacques, proche les Jacobins; l'autre proche Saint-Benoît.

Six dans le quartier de la place Maubert; une au Petit-Châtelet; la seconde, Montagne Sainte-Genevieve; la troisième, place Maubert; la quatrième, rue Saint-Victor, près la fontaine; la cinquième, rue Mouffetard, près le Pont-aux-Biches, fauxbourg Saint-Marcel; la sixième, cloître Saint-Marcel, rue de l'Oursine, dans le même fauxbourg.

Une dans le quartier Saint-Paul, rue Saint-Antoine, vis-à-vis Saint-Paul.

Deux dans le quartier Saint-Antoine; une à la porte Saint-Antoine, au coin de la rue de la Roquette; & l'autre rue du fauxbourg Saint-Antoine, vis-à-vis l'abbaye du même nom.

Une dans le quartier Sainte-Avoye, ou de la Verrerie, qui est près Saint-Merry.

Deux dans le quartier du Temple, ou du Marais; une au Petit-Marché, près le Temple; l'autre, rue de la Corderie.

Trois dans le quartier de Saint-Martin; une rue Saint-Martin, près S. Nicolas-des-Champs; la seconde, dans l'enclos de Saint-Martin; & la troisième, près Saint-Laurent, dans le fauxbourg.

Six dans le quartier de Saint-Denis; une à la porte Saint-Denis; une rue Saint-Denis, près la Trinité; une rue Poissonnière; une rue de Bourbon, au Petit-Carreau; une fauxbourg Saint-Denis; & la sixième dans la rue aux Ours, au coin de la rue Bourg-l'Abbé.

Leurs viandes sont taxées par la police, & les jours & heures de la vente sont fixés. Il y a cependant un étal ouvert dans chaque boucherie, tous les jours indistinctement pour les malades, excepté les grandes fêtes.

Le marché aux bœufs est à Poissy. *Voyez* POISSY.

La Fonte du suif est fixée au mercredi. En carême il n'est permis de tuer qu'aux boucheries des Invalides & de l'Hôtel-Dieu, qui fait vendre de la viande dans les différens quartiers de Paris. Il n'y a que les maisons privilégiées qui ne soient pas tenues de prendre de la viande à l'Hôtel-Dieu. C'est là aussi où l'on va chercher la volaille. On en trouve encore dans les maisons privilégiées, comme l'abbaye S. Germain-des-Prés, &c.

Guet & corps-de-garde.

Il y a dans Paris environ mille hommes destinés à veiller à la sureté des rues & à maintenir le bon ordre. Une partie de cette troupe est continuellement distribuée dans les corps-de-garde que l'on a fait construire, au nombre de quarante-quatre, dans les différens quartiers de la ville, près des marchés, aux ports & chantiers, & près des barrières. Le guet à-cheval en a cinq, le guet à pied quinze, & les vingt-quatre autres sont pour les gardes de nuit. Un

grand

grand nombre d'escouades de chaque compagnie marchent toutes les nuits dans les rues de Paris, pendant que les autres occupent les corps-de-garde.

Commissaires & Inspecteurs de police.

On compte, comme nous l'avons déja dit, environ cinquante commissaires, répandus dans les différens quartiers de Paris, dont le principal objet doit être la police, & il y a un inspecteur de police dans chaque quartier.

Pompes du roi.

Comme il est très-intéressant pour le public de connoître tous les secours qu'il peut avoir à Paris contre le feu, nous avons cru devoir ajouter ce qui suit à ce que nous avons déja dit des pompes & des pompiers.

La compagnie des pompiers, créée pour la manœuvre & le transport des pompes, est commandée par un directeur-général des pompes. Chacun des cent dix hommes dont est composée cette compagnie, a une demeure fixe, & désignée par un tableau & une sonnette, afin qu'on puisse les trouver avec facilité & les avertir promptement dans les cas d'incendie.

Il y a trente pompes, montées chacune séparément sur un chariot facile à conduire au feu, & placées dans trente dépôts, dont douze forment les corps-de-garde de jour & de nuit, que nous allons indiquer; & dans les dix-huit autres, ou à proximité, on a logé deux garde-pompes.

La ville a en outre des pompes sur des batteaux, à l'Hôtel-de-Ville, & dans ceux des Mousquetaires. Il y en a aussi à l'hôtel de Condé, à la Monnoie, à l'hôtel des Fermes, rue de Grenelle; aux Quinze-Vingts, & en plusieurs autres endroits.

Outre ces trente dépôts de pompes, il y a sept dépôts de voitures d'eau, placés, les uns dans les corps-de-garde des pompiers, les autres dans les dépôts de pompes, & distribués de façon à procurer les plus prompts secours dans les différens quartiers de la ville.

Les douze corps-de-garde qui servent de dépôts, & dans lesquels on trouve jour & nuit des pompiers, sont placés, le premier rue Neuve Saint-Augustin, au petit hôtel de M. le lieutenant-général de police.

Le second, rue de la Jussienne, chez le directeur-général des pompes.

Le troisième, à côté de la fontaine des Capucins Saint-Honoré.

Le quatrième, rue Neuve Saint-Denis, du côté de la rue Saint-Martin.

Le cinquième, rue Paradis, attenant la porte de l'hôtel de Soubise.

Le sixième, rue de la Cérisaye, au coin de celle du Petit-Musc.

Le Septième, au palais, cour du Mai.

Le huitième, rue Saint-Victor, vis-à-vis la rue des Boulangers.

Le neuvième, rue de l'Estrapade.

Le dixième, au couvent des RR. PP. Cordeliers.

Le onzième, rue des Mauvais-Garçons, fauxbourg Saint-Germain.

Le douzième, rue des Vieilles Tuileries, vis-à-vis celle de Saint-Maur.

Les dix-huit autres dépôts de pompes, dans lesquels ou à côté desquels logent des pompiers, sont placés, rue S. Honoré; près celle de la Magdelaine; à la nouvelle salle de l'opera, à la bibliothèque du roi; à la halle aux Draps, rue de la Lingerie; rue de la Grande-Truanderie; rue Saint-Denis, attenant l'église de S. Jacques-de-l'Hôpital; porte Saint-Denis, du côté du fauxbourg; dans la première cour de la Bastille; à la diligence de Lyon, quai des Célestins; près l'archevêché attenant l'église Notre-Dame; au Marché-Neuf; à l'hôtel de M. le premier président; à la place Maubert, attenant le corps-de garde du guet; rue des Poirées, vis-à-vis le collège de Louis-le-Grand; rue de l'Observance, fauxbourg Saint-Germain; à la foire Saint-Germain; à la barrière de Vaugirard; & aux coches de Versailles.

Les dépôts des voitures d'eau pour les incendies, sont placés, rue Saint-Honoré, près celle de la Magdelaine, au dépôt de la pompe; rue de la Juſſienne, chez le directeur-général des pompes; rue Saint-Martin, près le corps-de-garde de la rue Neuve Saint-Denis; rue de la Cériſaye, au corps-de-garde; rue Saint-Victor, au corps-de-garde; place de l'Eſtrapade, au corps-de-garde; & à la barrière de Vaugirard, au dépôt de la pompe.

Il y a dans chacun des douze corps-de-garde ci-deſſus, trois pompiers qui y paſſent vingt-quatre heures, & qui n'abandonnent leur poſte que lorſqu'ils ſont relevés par trois autres; ce qui occupe, pour les douze pompes, trente-ſix hommes par jour, leſquels font le ſervice de trois jours l'un.

Tous les jours les trente-ſix pompiers qui doivent relever les autres, ſe rendent à la même heure chez le directeur des pompes, qui examine avec la plus grande attention, ſi chacun eſt en état de remplir ſon poſte, & s'il eſt muni des outils & des uſtenſiles néceſſaires, & dont il a été chargé.

M. le maréchal de Biron, colonel du régiment des gardes, ſur la demande de M. le lieutenant-général de police, a donné ſes ordres pour qu'il y eût tous les jours un détachement compoſé de douze hommes armés & de douze travailleurs, commandés par un ſergent, dans le corps-de-garde qui a été établi rue de la Juſſienne, à côté du directeur des pompes; & pour qu'au premier avis du feu les ſergens des différens corps-de-garde du régiment ſe portaſſent à l'incendie avec des détachemens, munis d'uſtenſiles pour y donner tous les ſecours néceſſaires.

M. le comte d'Affry a bien voulu donner auſſi ſes ordres pour que les quatre compagnies du bataillon du régiment des gardes Suiſſes, qui ſont à Paris, ſe rendiſſent exactement au feu, au premier avis qu'ils recevront, pour donner du ſecours.

Des vingt-cinq hommes qui compoſent le corps-de-garde des gardes Françoiſes, rue de la Juſſienne, le directeur des pompes part avec douze travailleurs & trois hommes armés: le ſurplus de la garde ſe diſtribue pour aller avertir l'état-major du régiment, & les travailleurs des cazernes les plus voiſines de l'incendie. Le directeur des pompes eſt encore accompagné de huit pompiers, trois pompes & trois voitures d'eau pour les incendies. On fait auſſi avertir lorſqu'on le juge néceſſaire, les ordres religieux qui ſont obligés de s'y trouver, & qui y ſont fort utiles.

Les commiſſaires des quartiers ſont avertis ſur le champ, & même les magiſtrats, lorſque le cas le requiert.

Il eſt très-expreſſément défendu, & ſous les plus grandes peines, à ceux qui ſont employés pour ſecourir les incendies, de recevoir de l'argent de qui que ce ſoit, lors même qu'on voudroit les y engager.

Bureau de la ſureté.

En faveur de tous les particuliers qui pourroient avoir été volés, Il y a un bureau, nommé *bureau de la Sureté*, où chacun peut, ſans frais, faire parvenir ſes plaintes, en faiſant ſa déclaration à un des commiſſaires. de chaque quartier. Après ces déclarations, les affaires ſur leſquelles ſont faites des informations judiciaires, ſont encore ſuivies par trois inſpecteurs de police diſtribués dans Paris, Le bureau de cette utile correſpondance eſt ſitué rue Saint-Honoré, près la rue Tirechape.

Priſons.

Les principales ſont :

Le Grand-Châlelet.
Le Petit-Châtelet.
La Conciergerie.
Le Fort-l'Evêque.
L'Abbaye.
La priſon de Saint-Eloi.
Celle de Saint-Martin.

Sans compter les geoles particulières à de certaines juriſdictions, telles que les bailliages du palais, du Temple, de l'Archevêché, du Chapitre, de S. Germain-des-Prés, de S. Martin-des-Champs, de Sainte-Genevieve, S. Jean-de-Latran, &c. &c.

Idée générale de la Police.

En général la police eſt admirable dans Paris. Il y a chaque jour une infinité de perſonnes commiſes pour re cueillir ce qui s'y passe & en fournir des états au magistrat; de sorte que le bourgeois comme l'étranger y est surveillé, la nuit comme le jour, sans que l'on s'en doute. Les prêts à usures & les autres mauvais commerces qui s'y font, sont connus, aussi-bien que ceux qui les exercent. On sçait que c'est un mal; mais après tout, n'est-il pas plus sage de les tolérer en partie, que d'exposer à de plus grands inconvéniens?

Petite Poste.

La petite poste fut établie le 8 juillet 1759, par un édit du roi, & elle a eu lieu au mois d'août de l'année suivante, à la satisfaction générale du public. On doit cet établissement à M. de Chamousset, magistrat zélé pour le bien de la société.

Il y a dix bureaux principaux dans Paris pour la distribution des lettres; neuf sont pour le service intérieur de la ville; le dixième est pour le service de la banlieue. Chaque bureau a son timbre, un certain nombre de facteurs, proportionné à l'étendue de son arrondissement, & des boîtes disposées à distances suffisantes les unes des autres pour la commodité du public. Les boîtes de la ville sont ouvertes tous les jours depuis six heures du matin jusqu'à dix heures du soir. Une seule est ouverte toute la nuit.

Tous les facteurs ont à leurs habits, qui sont uniformes, un écusson, au bas duquel on voit la lettre du bureau dont ils dépendent.

On fait neuf levées ou collections, & neuf distributions par jour, à commencer à six heures du matin jusqu'à dix du soir. Chaque tournée dure envion une heure & demie, pendant laquelle les facteurs collectent les lettres qu'on leur remet, & celles qui sont dans chaque boîte sur leur passage, & distribuent celles dont ils sont chargés par le public, de la manière suivante. Depuis six heures du matin jusqu'à sept & demie, on ne fait point de distribution; mais on collecte seulement les lettres qui doivent être timbrées pour la première levée; & depuis sept heures & demie jusqu'à neuf, on distribue celles qui ont été remises la veille, & qui sont timbrées 9e levée; depuis neuf heures jusqu'à dix & demie, on distribue celles qui sont timbrées

1re levée, & on collecte en même-temps celles qui doivent être distribuées depuis midi jusqu'à une heure & demie, & ainsi des autres jusqu'à neuf heures du soir.

Commerce de Paris.

Quant au commerce, la ville de Paris n'est point comparable à la ville de Lyon & aux villes maritimes; & il paroît heureux que la capitale, qui a d'ailleurs tant d'avantages sur les provinces, soit leur tributaire pour ce qui regarde l'agriculture, l'industrie, le commerce & la circulation. Paris & ses environs produisent peu de matières premières; mais l'industrie de ses habitans fait les employer avec un art singulier, & sur-tout pour les ouvrages riches, agréables & recherchés. Nous en indiquerons seulement les principales fabriques & manufactures.

Fabriques & Manufactures.

La diversité & la multiplicité des articles qui se vendent ou se fabriquent à Paris, ne permettant pas d'en donner le détail, nous nous bornerons à parler des principales manufactures qui y sont établies, & du commerce le plus essentiel.

On compte à Paris environ trente fabriques de castors, qui sont tenues par des marchands chapeliers; il s'en fait des envois considérables, aussi-bien que de chapeaux d'autres qualités. Il y a plusieurs manufactures de couvertures de laine: elles appartiennent à la communauté des maîtres tapissiers. Il s'y trouve une manufacture de plomb laminé, rue de Bercy, fauxbourg Saint-Antoine. On fait journellement dans cette fabrique des tables de plomb laminé de toutes longueurs, à l'usage des bâtimens, des bains, des fontaines, doublures de boîtes, &c. &c. Le dépôt, ou magasin de ces tables de plomb, est dans Paris, au bout de la rue du Roule.

Les autres fabriques les plus considérables de Paris, sont la manufacture royale des Gobelins pour les beaux draps & la belle teinture d'écarlate, pour sa fabrique de tapisseries de haute & basse lisse; celle de ces riches tapis de laine & de soie, qui égalent les véritables perses par la beauté des couleurs, & les surpassent per le goût du dessein; celle des glaces; celle des tapisseries soufflées dont les fonds sont de toile, & les fleurs en dessein de laine hachée; celle des étoffes d'or, d'argent & de soie; celles des damas, soie & fil, des velours, des moires brochées, pour robe & & pour meuble; des taffetas, des pluches, des broçards, des gros-de-Tours brochés, des zirzacas pour vestes, brochés, or & argent; des gazes unies & à fleurs, dont les variétés se multiplient à l'infini; on en fait d'unies en soie & en fil de toutes couleurs, & elles forment à Paris un objet de commerce très-considérable. La fabrique des ras de Saint-Maur & des ferrandines; celle des rubans en or, argent & soie, & qui ont une réputation des plus étendues; celle des galons & autres ouvrages en dorure, celles des bas de soie, de fleuret & de laine, soit au métier, soit à l'aiguille: la tannerie, qui est des plus étendues; les fabriques des marchandises de mode, pour homme & pour femme, dont il se fait des expéditions pour les pays les plus éloignés; les bijouteries, où l'art de l'ouvrier l'emporte toujours sur la richesse de la matière. L'imprimerie & la librairie forment aussi un des grands objets de commerce de cette ville. Viennent ensuite les fabriques moins considérables, telles que les faïenceries & les poteries du fauxbourg Saint-Antoine; celle de porcelaine de Saint-Cloud; celles des ouvrages de menuiserie & de marqueterie; celle de lanternes à reverbères; celle de coutil, peint en façon de verdure & histoire: celles de cuir-doré, de tontisse & de toiles à fleurs; celles de chandelle, de colle, de velours à la turque, d'étain en feuille; la manufacture de vernis pour les carrosses, &c. celles des papiers peints façon d'Angleterre, &c. des papiers veloutés, des toiles cirées, des cheminées à la prussienne, &c. &c.

Outre les calandres particulières qui appartiennent à la communauté des teinturiers du grand teint, il y a à Paris deux calandres royales; la première est au cimetière Saint-Nicolas; la seconde, établie par lettres-patentes de 1748, est dans la rue de Louis-le-Grand.

On a établi, depuis quelques années, un cylindre rue du fauxbourg du Temple, dont l'utilité l'emporte sur la calandre : il y a aussi dans le même établissement une manufacture de tapisseries en fil de coton, & autres.

Il y a une manufacture royale de maroquins & autres peaux, une de terre de France, façon d'Angleterre, où l'on fabrique toutes sortes de vaisselle, & des vases servans à l'ornement des cheminées, comme caisses à oignons, caraffes, pots-pourris ; & deux manufactures de fer battu à froid & blanchi, dont on fait toutes sortes de batteries de cuisine, façon d'orfévrerie & de chaudronnerie, & des ustensiles pour l'armée.

Il est étonnant combien il se fait de beaux ouvrages de fer en grillage, pour Paris, pour les villes de province, & quelquefois même pour les pays étrangers. On voit à Paris des chefs-d'œuvre en ce genre. Comme les autres ouvrages qui se font à paris sont d'un détail infini, nous finirons par donner une courte notice sur la manufacture royale des Gobelins, la manufacture royale des glaces, & la manufacture royale de la Savonnerie, dont nous avons déja parlé.

La manufacture royale des Gobelins a été établie en 1667, pour la fabrique des tapisseries & meubles de la couronne. Le bâtiment fut fait pour les frères *Gobelins*, célèbres teinturiers, qui avoient apporté à Paris le secret de la belle teinture d'écarlate. L'hôtel a conservé leur nom, aussi-bien que la petite rivière de Bièvre.

Louis XIV acheta leur bâtiment, & y fit rassembler les plus habiles ouvriers du royaume, pour y faire travailler à des meubles qui répondissent à la magnificence des superbes maisons que sa majesté avoit fait construire. Les beaux ouvrages de cette manufacture feront toujours l'admiration des curieux ; les tapisseries de haute & basse lisse y ont acquis le dernier dégré de perfection.

La manufacture royale des glaces a été établie en 1665, au fauxbourg Saint-Antoine, sous la direction des sieurs Desnoyers & compagnie. Le privilège a passé successivement à plusieurs autres personnes, & elle est sur un fort bon pied aujourd'hui. Les glaces se coulent à Saint-Gobin, en Picardie. On les transporte brutes à Paris, où elles sont perfectionnées par plus de six cens ouvriers qui y travaillent journellement : le débit en est considérable en France & pour les pays étrangers.

La manufacture royale de la Savonnerie est le premier établissement qui se soit fait en France dans ce genre, & le seul avant celui d'Aubusson, en Limosin. On y fabrique de magnifiques tapis velus, façon de Perse & de Turquie.

Foires.

Il y a pendant l'année, dans Paris & dans les lieux circonvoisins, plusieurs foires, où se rassemble un concours de marchands & d'acheteurs, dont le nombre est plus ou moins considérable, suivant que les circonstances sont plus ou moins favorables au commerce.

Les principales sont la foire de Saint-Germain, celle de Saint-Laurent, celle de S. Denis-en-France, près Paris, &c. La foire Saint-Germain s'ouvre le 2 Février, & ne se ferme que la veille des Rameaux. Les marchands forains ont le droit d'y vendre toutes sortes de marchandises non prohibées, de même qu'à la foire Saint-Laurent, qui s'ouvre ordinairement le 28 du mois de juin, & ne finit qu'au mois d'octobre. L'ouverture de ces deux foires se fait par M. le lieutenant-général de police. La foire Saint-Germain a été réduite en cendres le 17 mars 1762; l'incendie a commencé vers trois heures du matin, & a duré jusqu'à huit. Elle a été rebâtie dans un autre goût pour l'ouverture de la foire de l'année suivante.

La foire Saint-Laurent se tient au haut des rues Saint-Martin & Saint-Denis, au fauxbourg de Saint-Laurent, dans un grand enclos : elle commence le 28 juin & dure six semaines. Cette foire n'est pas si considérable que celle de Saint-Germain, à cause de l'éloignement; elle est surtout beaucoup tombée depuis la réunion de l'opéra comique à la comédie Italienne.

La foire que l'on appelle *le Landy*, & qui se tient à Saint-Denis, s'ouvre le 11 juin, & dure quinze jours; elle appartient tant aux dames de Saint-Cyr, qu'aux religieux de l'abbaye. L'ouverture s'en fait au nom des dames de Saint-Cyr, par le premier huissier du parlement; & pour les religieux, par le prieur de l'abbaye, accompagné des officiers de leur justice. Il y a encore à Saint-Denis une autre foire, qui s'ouvre le 10 octobre & dure huit jours.

Les autres foires particulières, sont la foire aux Jambons, qui se tient le mardi de la semaine sainte, au parvis Notre-Dame.

La foire Saint-Clair, qui se tient rue Saint-Victor, & dure huit jours.

La foire Saint-Ovide, qui se tient à la place Vendôme, & dure ordinairement trois semaines, ou environ ; c'est aujourd'hui une des plus belles de Paris. Cette foire forme une belle galerie autour de la place Vendôme, & cette galerie est ornée d'une balustrade qui fait un très-bel effet.

La foire de Bezons, qui se tient au lieu de ce nom.

La foire de Saint-Hypolite, qui se tient au fauxbourg Saint-Marceau.

La foire du Temple, autrement dite la *foire aux manchons ;* elle se tient le jour de S. Simon, dans le Temple, au Marais.

La foire de Clamart, qui se tient dans le lieu de ce nom, &c. &c.

Au reste, la plupart des rues de Paris, celles sur-tout qui approchent le plus du centre de cette capitale, sont autant de foires continues & perpétuelles. Le palais où se rend la justice, ressemble à une vraie foire, & dans le temps du nouvel an, il y a une telle affluence d'acheteurs & de curieux, qu'on a peine à y aborder. La rue Saint-Honoré n'est pas moins brillante dans le même temps, par les marchandises que l'on y étale & par la disposition des boutiques, ensorte que le coup d'œil en est très-beau, sur-tout aux lumières.

Université.

Il n'y a rien de bien certain sur l'époque de la fondation de l'université, parcequ'elle s'est établie insensiblement & par degrés. Suivant M. le président Hénault, cette célèbre compagnie prit naissance sous la fin du règne de Louis le Gros, qui est monté sur le trône en 884, & le nom *d'université* ne commença à être employé que sous S. Louis, vers l'an 1150. Alors s'établirent quelques collèges, différens des écoles des chapitres, sous la direction & par les soins de Pierre Lombard, évêque de Paris ; ensorte que ce prélat peut être regardé comme le fondateur de ce corps, le premier

& le plus illustre du royaume. Philippe-Auguste accorda dans la suite de grands privilèges à l'université de Paris, & plusieurs papes y en ajoutèrent quelques autres. Les évêques de Meaux & de Beauvais sont conservateurs des privilèges apostoliques, & le prévôt de Paris est conservateur des privilèges royaux de ce corps.

Nos rois qualifient l'université de Paris du titre de leur *fille aînée;* & dans les cérémonies publiques, son chef a rang après les princes du sang. L'université est composée de quatre facultés, qui sont celles de théologie, des droits civil & canonique, de médecine & des arts. Son chef a le titre de *recteur*: il préside au tribunal de l'université, où il a pour conseillers les doyens des facultés de théologie, de droit & de médecine, avec les procureurs des quatre nations qui composent la faculté des arts. Le procureur-syndic y assiste, comme partie publique, avec le greffier & le receveur.

Ce tribunal se tient au collège de Louis-le-Grand, rue Saint-Jacques, le premier samedi de chaque mois, & toutes les fois qu'il y a des contestations à juger entre les suppôts de l'université; les sentences en sont relevées au parlement. Le greffe & les archives de l'université & des nations, sont placés dans le même collège, destiné depuis 1763 a être le chef-lieu de cette compagnie.

Le recteur est élu quatre fois l'an, dans la faculté des arts, la plus ancienne de celles qui composent l'université. Il est ordinairement continué pendant deux ans ou environ, au bout duquel terme il est d'usage d'en choisir un autre. A chaque élection du recteur, qui se fait tous les trois mois, en mars, juin, octobre & décembre, soit que l'on continue celui qui est en charge, soit qu'on en élise un nouveau, il se fait une procession, appellée la *procession du recteur*, à laquelle les docteurs, professeurs, & autres membres de l'université assistent. Cette procession, que le recteur indique lui-même par un mandement public, part vers les neuf heures du matin du collège de Louis-le-Grand, (qui est le lieu de l'assemblée) pour aller dans une des églises de Paris.

Les Cordeliers, les Augustins, les Carmes & les Dominicains, appellés *les quatre mendians*, marchent à la tête de la procession, avec la croix.

Viennent ensuite plusieurs religieux de différens ordres.

Ils sont suivis des professeurs-régens de tous les collèges, en robes noires & avec le bonnet quarré.

Une vingtaine d'ecclésiastiques qui suivent, avec six religieux du monastère de S. Martin-des-Champs, revêtus de chapes, font les fonctions de chantres.

Le petit bedeau de la faculté de médecine, suit en robe noire, avec la masse dorée & le bonnet quarré.

Ensuite les bacheliers de médecine, en robes fourrées & en bonnets quarrés.

Le petit bedeau de la faculté de droit, en robe noire & avec une masse d'argent.

Les bacheliers de la même faculté, en robes rouges, doublées de fourrures blanches.

Les bacheliers & les docteurs des ordres religieux, marchent avec les habits ordinaires de leur ordre.

Le second bedeau de la faculté de théologie, en robe noire, sans masse.

Les bacheliers & licenciés de la faculté de théologie, en chapes noires, à fourrures blanches & en bonnets quarrés.

Les quatre procureurs de la faculté des arts, en robes rouges, précédés de leurs bedeaux.

Le grand bedeau de la faculté de médecine, en robe violette, fourrée de blanc, avec une masse d'argent doré.

Les docteurs de la même faculté, revêtus de robes d'écarlate, à fourrure blanche & le bonnet quarré.

Le premier bedeau, ou greffier de la faculté des droits civil & canonique, en robe violette, fourrée de blanc.

Les docteurs de la même faculté, en robes d'écarlare, le chaperon fourré, comme les conseillers du parlement.

Le premier bedeau de la faculté de théologie, en robe violette, à manches fourrées, dont le collet, rond & renversé, est doublé d'une fourrure blanche.

Les docteurs en théologie viennent après, en grandes chapes noires, &, par-dessus, leurs fourrures & tour de col d'hermine blanche.

Quatre bedeaux ensemble, vêtus de robes noires à manches plissées, le bonnet quarré, & la masse de vermeil sur l'épaule.

Suit le recteur, chef de l'université. Il est vêtu d'une robe violette, avec une ceinture de soie à glands d'or, à laquelle est attachée une grande escarcelle, ou bourse de velours violet, garnie de boutons & galons d'or. Il a un mantelet violet, bordé d'hermine blanche, & le bonnet quarré, noir, sur la tête. Il est accompagné des doyens de Sorbonne, ou du plus ancien des docteurs qui assistent à la procession.

Derrière le recteur, sont le syndic, le greffier, & le receveur de l'université, en robes rouges.

La marche est fermée par les suppôts de l'université, qui s'y trouvent en manteau & en rabat; savoir, les imprimeurs & libraires, les papetiers, parcheminiers, relieurs, enlumineurs, les écrivains, les grands-messagers jurés.

Arrivé à l'église où l'on s'est proposé d'aller, on entend la messe, après laquelle chacun s'en retourne chez soi.

Le pouvoir du recteur sur les quatre facultés est si grand, qu'il peut faire cesser tous les actes publics & empêcher de donner des leçons; le jour même de sa procession, il peut défendre aux prédicateurs de monter en chaire: il a rang aux cérémonies publiques, comme on l'a déja dit, après les princes du sang. Aux enterremens de nos rois, il marche à côté de l'archevêque de Paris.

Il y a dans l'université deux officiers du pape, qui sont le chancelier de l'église de Notre-Dame, & le chancelier de l'église de Sainte-Genevieve. Ils donnent la bénédiction de la licence, par l'autorité apostolique, & le droit d'enseigner à Paris & par-tout ailleurs; mais l'usage est que le chancelier de Sainte-Genevieve ne la donne que dans la faculté des arts. Cette faculté qui est, comme nous l'avons déja dit, la plus ancienne des quatre qui composent l'université, est aussi la plus considérable: elle est composée de quatre nations, qui sont la nation de France, celle de Picardie, celle de Normandie & celle d'Allemagne. Ces nations sont encore divisées en plusieurs provinces, ou tribus.

La nation de France comprend cinq tribus; savoir l'archevêché de Paris, avec les diocèses de Meaux & de Chartres; l'archevêché de Sens, avec les diocèses d'Orléans, de Nevers, de Vienne, & l'archevêché & primatie de Lyon; enfin les archevêchés de Rheims, de Tours & de Bourges, avec leurs suffragans, & en général toutes les contrées du royaume non comprises sous les autres nations.

La nation de Picardie renferme deux tribus; la première contient les diocèses de Beauvais & d'Amiens; & la deuxième est composée des diocèses de Cambray & de Laon.

La nation de Normandie comprend l'archevêché de Rouen, avec les évêchés suffragans.

La nation d'Allemagne est composée de trois tribus; la première renferme l'Alsace, la Bavière, la Bohême, la Hongrie & la Pologne; la seconde comprend l'Ecosse, l'Angleterre & l'Irlande; & la troisième, la Lorraine, la Saxe & la Hollande.

Les titres ou épithètes ordinaires que prennent ces nations quand les procureurs parlent aux assemblées, sont: *honoranda Gallorum natio*, (l'honorable nation de France); *fidelissima Picardorum natio* (la très-fidèle nation de Picardie); *veneranda Normanorum natio* (la vénérable nation de Normandie); *constantissima Germanorum natio*, (la très-constante nation d'Allemagne). C'est, comme il a été dit, de ces quatre nations, qui sont l'ancien corps de l'université, que le recteur est choisi, aussi-bien que le syndic, le greffier & le receveur de l'université. Elles ont chacune un chef particulier, appellé *procureur*, qui préside aux assemblées: elles ont aussi un *censeur*, qui requiert l'observation des statuts dans chaque nation.

Il y a tous les ans, dans la faculté des arts, une distribution générale de prix pour les écoliers de tous les colléges, en vertu de compositions générales, où ils ont concouru tous ensemble. Le parlement, toujours attentif au bien public, a procuré cet établissement par un arrêt du 8 mars 1746, en ordonnant qu'un legs fait par le sieur abbé le Gendre, chanoine de l'église de Paris, seroit appliqué à cet effet, & il honore de sa présence cette distribution, qui est précédée d'un discours latin. On proclame dans la même assemblée le nom de celui qui a remporté le prix d'éloquence latine, fondé par le feu sieur Jean-Baptiste

Coignard. Ce prix consiste en une médaille évaluée 300 liv. que l'on peut recevoir en argent, si on le juge à propos : il est adjugé à celui des maîtres-ès-arts qui a fait le meilleur discours latin sur le sujet proposé par l'université.

D'abord la distribution des prix dont nous parlons n'avoit lieu que pour la troisième, la seconde & la réthorique ; mais par la suite toutes les classes y ont été comprises, moyennant les bienfaits de quelques citoyens zélés pour les progrès des études de l'université.

Par lettres-patentes du 3 juin 1766, le roi a établi à perpétuité, dans la faculté des arts, soixante places de docteurs aggrégés, dont un tiers est spécialement attaché à l'enseignement de la philosophie, un tiers à l'enseignement des belles lettres, dans les chaires de réthorique, de seconde & de troisième ; & un tiers à l'enseignement de la grammaire & des élemens des humanités dans les chaires de quatrième, cinquième & sixième. Ces docteurs aggrégés sont choisis au concours, qui se tient tous les ans au mois d'avril. Pour être admis à ce concours, il faut, 1.° avoir fait son cours de philosophie sous des maîtres séculiers ; 2.° avoir obtenu le degré de maître-ès-arts dans une des universités du royaume ; 3.° présenter des certificats de vie & de mœurs en bonne forme. On peut à dix-huit ans accomplis se présenter pour la classe des docteurs destinés à enseigner la grammaire ; à vingt ans pour celle de réthorique ou des belles-lettres ; à vingt-deux ans pour celle de philosophie.

Les docteurs agrégés sont tenus de résider à Paris, d'assister aux assemblées de la faculté, de l'aider dans les exercices, &c. & de suppléer aux professeurs-régens qui se trouveront hors d'état de vaquer à leurs classes.

Les chaires de la classe à laquelle les aggrégés sont affectés, ne peuvent être données qu'aux aggrégés de cette classe, si ce n'est que celles de la troisième classe peuvent être données à ceux de la seconde. Ceux des aggrégés qui résident à Paris, jouissent d'une pension de deux cents livres, laquelle leur est payée par quartier, lorsqu'ils remplissent les fonctions d'instituteurs particuliers, soit dans les collèges, soit dans les maisons particulières. Les aggrégés peuvent aussi être nommés professeurs dans les collèges de province, autorisés par lettres-patentes ; & alors, sans conserver leur place d'aggrégé, ils conservent l'éligibilité aux chaires de l'université de Paris. Ils jouissent du privilège de *garde gardienne*, de la même manière que les professeurs & régens de l'université; & lorsque quelqu'un d'eux veut entrer dans les ordres sacrés, & en conséquence se retirer dans un séminaire, il demeure dispensé, pendant le temps de son séminaire, des fonctions d'aggrégé, sans être privé de ses honoraires, pourvu toutefois qu'avant d'aller au séminaire, il en ait obtenu la permission du recteur de l'université.

Les appointemens des professeurs de l'université ne sont pas les mêmes pour tous. Les professeurs de philosophie ont 1900 livres, ceux de seconde & de troisième, 1700 liv. ceux des classes inférieures, 1500 livres. Ceux qui se retirent après vingt ans d'exercice, ont une pension d'environ 900 livres. Les vingt plus anciens des émérites retirés, ont en outre une pension de 300 liv.

Outre les appointemens que l'université accorde aux professeurs, ils ont leur logement dans les collèges où ils enseignent, excepté au collège royal de Navarre, lequel n'accorde pas de logement. Il y a quatre collèges qui nourrissent aussi leurs professeurs; ce sont les collèges d'Harcourt, le Plessis, Mazarin & Louis le-Grand : ce dernier donne 300 livres à ceux qui aiment mieux se nourrir eux-mêmes. Les professeurs sont payés sur les postes & messageries. Autrefois ils avoient la ferme générale des postes; ils la faisoient valoir par eux-mêmes, & s'en partageoient le revenu. En 1719 le roi a transigé avec eux; les professeurs lui ont cédé la ferme, & sa majesté la fait valoir elle-même, moyennant un vingt-huitième effectif du revenu qu'elle accorde aux professeurs. Comme la ferme a considérablement augmenté depuis 1719, le roi a refusé de payer le ving-huitième : les professeurs ont fait, en divers temps, des représentations à sa majesté pour lui demander l'exécution du traité de 1719 : en 1755 elle leur a accordé 20000 livres de plus qu'ils n'avoient, & en 1766 le roi, convaincu de la justice de la demande des professeurs, leur a accordé ce vingt-huitième par livres, sols & deniers. Mais en l'accordant, sa majesté l'a en quelque sorte retenu, attendu que l'on en donne tous les ans

30000 liv.

36000 liv. au collège de Louis-le-Grand; 30000 liv. sont déposées tous les ans pour bâtir un chef-lieu à l'université; 12000 livres sont employées pour payer les soixante aggrégés. Enfin il ne reste que 24000 livres d'augmentation à repartir entre tous les professeurs, & 6000 livres pour former la pension des vingt anciens émérites.

Plusieurs émérites sont logés au collège de Louis-le-Grand; ce sont ceux à qui le bureau d'administration veut bien accorder le logement sur leur supplique. Au bout de sept ans un professeur de l'université peut se faire recevoir libraire; & dans les mois de rigueur, les gradués sont préférés à tous autres pour l'impétration des bénéfices.

Les collèges de l'université de plein & entier exercice de la faculté des arts, sont le collège d'*Harcourt*, fondé en 1280; celui du *Cardinal-le-Moine*, fondé en 1302; celui de *Navarre*, fondé en 1304; celui de *Montaigu*, fondé en 1314; le collège *Dupleſſis-Sorbonne*, fondé en 1322; celui de *Lizieux*, fondé en 1336; celui de la *Marche*, fondé en 1402; celui des *Graſſins*, fondé en 1569; celui de *Mazarin*, ou des *Quatre-Nations*, fondé en 1661; le collège de *Louis-le-Grand*, fondé en 1560, rendu à l'université en 1763, auquel celui de *Beauvais* a été incorporé en 1764. Le même collège est devenu le chef-lieu de l'université; & cette compagnie, ainsi que les quatre nations de la faculté des arts, y tiennent leurs assemblées générales & particulières, en vertu des lettres-patentes du 21 novembre 1763. Par les mêmes lettres-patentes sa majesté a réuni, dans le collège de Louis le Grand, les boursiers de tous les collèges dans lesquels il n'y avoit plus de plein exercice, à l'exception du collège de Boncours, dont les boursiers sont réunis à celui de Navarre; & de ceux des Ecossois & des Lombards, qui subsistent séparément par des raisons particulières.

Les collèges de non plein exercice réunis dans celui de Louis-le-Grand, sont ceux de Notre-Dame, dit des *dix-huit*; des Bons-Enfans, des Tresoriers, des Cholets, de Baïeux, de Laon, de Presle, de Narbonne, de Cornouaille, d'Arras, de Tréguier, de Bourgogne, de Tours, d'Huban, ou de l'Ave-Maria; d'Autun, de Cambray, de Justice, de Boissy, de Maître-Gervais, d'Ainville, de

Fortet, de Chanac ou de Saint-Michel, de Rheims, de Séez, du Mans & de Sainte-Barbe.

Le roi a établi deux bureaux pour le gouvernement du collège des boursiers réunis, un pour le temporel & l'autre pour la discipline.

Le bureau d'administration est composé du grand-aumônier de France, qui, en cette qualité, est président du bureau; de quatre membres du parlement, du substitut de M. le procureur-général, d'un ancien recteur de l'université, de deux notables bourgeois de Paris, & du grand-maître temporel du collège de Louis-le-Grand. Il y a, outre ces officiers, un secrétaire du bureau, un archiviste, trois avocats, deux procureurs au parlement & deux procureurs au châtelet, un notaire, trois huissiers, un médecin, un chirurgien & un apothicaire.

Ces administrateurs s'assemblent deux fois par mois au bureau; savoir, les premier & troisième jeudis de chaque mois; & en cas que ces jours soient jours de fête, le jour suivant non férié; & toutes les fois que la nécessité des affaires l'exige.

Le bureau de discipline est composé du recteur, de six anciens recteurs, dont un est secrétaire du bureau, & du principal de Louis-le-Grand. Les assemblées ordinaires du bureau se tiennent les premier & troisième lundis de chaque mois; & toutes les fois que les affaires l'exigent.

Les membres de ce bureau reçoivent un jetton à chaque assemblée. Le 21 du mois de juillet de l'année 1765, le bureau d'administration fit présenter au roi le modèle de ceux qui doivent leur être distribués, ainsi qu'il est ordonné par l'article XIV des lettres-patentes du 16 août 1764. Ce modèle est un jetton d'or, en forme de médaille, représentant allégoriquement la réunion des boursiers des petits collèges. On voit d'un côté un fleuve, dont les eaux sont grossies par nombre de petits ruisseaux qui sortent du sein d'une montagne: la légende est, *majore confluvio ubertas*. Dans l'exergue, on lit *collegium Ludovici Magni academicum ex munificentiâ Ludovici dilectissimi 1763*. Sur le revers sont preprésentés Louis XIV & Louis XV, & pour légende: *Collegii fundatores augusti*.

Les autres collèges sont gouvernés par des supérieurs,

qui ont le titre de *principal*, & quelques-uns celui de *grand-maître*. Dans l'administration temporelle des colléges, ils sont aidés par d'autres officiers, tels que des chapelains en titre, des procureurs, & autres, suivant la constitution du collège; lesquels officiers contrebalancent, avec le supérieur majeur qui a autorité sur le collège, l'autorité du principal, ou grand-maître, & ils ont voix délibérative dans les assemblées.

Pour ce qui concerne les études des jeunes gens & la discipline, les chefs de chaque collège ont sous eux un nombre suffisant de maîtres, qui les suppléent dans les détails & leur rendent compte; ensorte qu'en général les collèges de Paris sont, on ne peut pas mieux, ordonnés.

Outre les collèges, il y a à Paris un grand nombre d'écoles, que l'on nomme *pensions*, ou *quartiers*, où les jeunes gens, qui vont faire leurs classes dans les collèges de l'université, font, sous l'inspection d'un maître, les devoirs du collège; & hors les temps d'études & de classes, ils sont chez leurs parens. D'autres sont à demeure dans ces pensions, de la même manière que les pensionnaires sont dans les collèges, à cela près que ces derniers ne sortent point de la maison pour les exercices spirituels & pour les classes; au lieu que les premiers sont obligés de sortir pour vaquer à ces deux exercices.

Il y a d'autres écoles dans Paris & les environs, où les jeunes gens peuvent faire leurs études de grammaire sans aller au collège, où cependant on a coutume de les envoyer pour faire les hautes classes : ces écoles sont toutes sous l'inspection & la jurisdiction du grand-chantre de l'église de Paris.

Il y a encore dans Paris d'autres écoles particulières pour l'écriture & les mathématiques, &c. auxquelles on peut ajouter les cours que donnent plusieurs particuliers pour l'étude des langues étrangères, de l'histoire, de la géographie, des mathématiques, &c. &c.

Aux collèges ci-dessus mentionnés, il convient d'ajouter le collège royal de la Flèche, affilié à l'université de Paris par lettres-patentes, données à Versailles le 7 avril 1767, en vertu desquelles l'enseignement de ce collège est soumis à son inspection, & les jeunes gens qui y font leurs études, jouiſſent des mêmes avantages que ceux de l'université de Paris. Le roi ordonne, par les mêmes lettres, que les chaires de ce collège ſoient à la préſentation du recteur de l'univerſité de Paris, & à la nomination du ſecrétaire d'état ayant le département de la guerre ; & les ſujets doivent être tirés de la liſte des aggrégés affectés à la claſſe qui ſera à remplir. Le principal, à la nomination du roi, doit être choiſi parmi les maîtres-ès-arts.

Quoique l'enſeignement & l'exercice des claſſes du collège de la Flèche doivent être conformes en tout à ce qui ſe pratique dans l'univerſité de Paris, & qu'en conſéquence le principal, les profeſſeurs & régens du même collège ſoient ſoumis, à cet égard ſeulement, à l'inſpection, autorité & juriſdiction de l'univerſité, aucuns de ces officiers ne peuvent prétendre au privilège du *ſeptennium* dont jouiſſent les principaux & profeſſeurs de l'univerſité, ni partager avec eux, en tout ou en partie, les revenus du vingt-huitième du bail des poſtes & meſſageries du royaume.

Tous les ans le tribunal de la faculté des arts envoie au collège de la Flèche un commiſſaire académique, pour y dreſſer un procès-verbal, concernant l'ordre & la diſcipline des études ſeulement, & y corriger proviſoirement les abus qui pourroient s'y être gliſſés. Ce commiſſaire en réfère, à ſon retour, au tribunal de l'univerſité, qui adreſſe au ſecrétaire d'état ayant le département de la guerre, une copie en forme du procès-verbal, avec des obſervations.

Nous parlerons plus bas du collège royal de France, ſitué place Cambray, & indépendant de l'univerſité.

La faculté de théologie, la première des quatre facultés de l'univerſité, eſt compoſée d'un grand nombre de docteurs ſéculiers & réguliers, qui ſont répandus dans tout le royaume & dans les pays étrangers. Le plus ancien des docteurs ſéculiers réſidans à Paris, eſt doyen de la faculté: c'eſt lui qui préſide aux aſſemblées de la compagnie, qui recueille les ſuffrages & prononce les concluſions ; il a ſéance au tribunal de l'univerſité, au nom de la faculté, laquelle s'élit, outre cela, tous les deux ans un ſyndic, qui eſt ſon agent-général, qui fait les réquiſitoires, examine les thèſes, & veille à l'obſervation de la diſcipline.

Cette faculté a plusieurs écoles, ou maisons & sociétés, dont les principales sont celles de la maison de Sorbonne & du collège de Navarre; les autres sont dans quelques collèges réguliers qui sont du corps de l'université, & dans les séminaires ecclésiastiques séculiers. Les docteurs se qualifient ordinairement de la maison à laquelle ils sont aggrégés.

La maison de Sorbonne étoit, dans son origine, fondée pour seize pauvres écoliers, dont il devoit y en avoir quatre de chacune des quatre nations qui composent la faculté des arts. Mais depuis que le cardinal de Richelieu a fait rebâtir la Sorbonne dans l'état où on la voit présentement, cette magnifique maison, qui renferme dans son enceinte le collège de Calvy, nommé anciennement *la petite Sorbonne*, n'est plus habitée par des étudians : mais les trente-six logemens qui s'y trouvent, appartiennent de droit aux plus anciens docteurs de la maison & société de Sorbonne. C'est dans la grande salle de ce collège que se tiennent les assemblées de la faculté de théologie. Le prieur de cette maison, qui préside aux assemblées générales de la société, est toujours un bachelier de licence, & s'élit tous les ans le 31 décembre. L'archevêque de Paris est proviseur né de Sorbonne; & le plus ancien des docteurs demeurant en Sorbonne, est, en cette qualité, appellé *sénieur*. Il y a pour la chaire de théologie de ce collège, quatre professeurs royaux, outre un professeur en langue hébraïque, pour expliquer le texte hébreu de l'écriture sainte. Cette dernière chaire a été fondée par feu S. A. S. monseigneur le duc d'Orléans, fils du régent.

La maison de Sorbonne a une très-riche bibliothèque; & dans son église, qui est très-belle, on remarque, entre plusieurs chefs-d'œuvres de l'art, le mausolée du cardinal de Richelieu, placé au milieu du chœur.

Le collège de Champagne, dit *Navarre*, situé à la Montagne-Sainte-Genevieve, a été fondé en 1304, par la reine Jeanne de Navarre, épouse de Philippe le Bel, pour y enseigner la philosophie & la théologie. Les principaux officiers de ce collège, sont le grand-maître, le proviseur & bibliothécaire, le principal des artiens & grammairiens.

Il y a quatre différentes communautés dans ce collège; celle des grammairiens, celle des artiens, celle des chapelains, & celle des bacheliers en théologie, qui est très-considérable.

Louis XIII, en 1638, a ajouté à ces quatre premières communautés, celle de docteurs en théologie, comme pour être le siège de la société de Navarre.

Il y a dans ce collège, outre les professeurs d'humanités & de philosophie, quatre professeurs ou lecteurs en théologie; deux font leçons le matin & deux l'après-midi.

Le roi vient de fonder une chaire de physique expérimentale au collège de Navarre; c'est l'unique qui soit en France. Les leçons se donnent trois fois la semaine; les mardis, jeudis & samedis, lorsque ce n'est point congé. Les classes sont d'une heure & demie, & elles commencent à dix heures & demie.

L'évêque, duc de Laon, est supérieur de la maison & du collège de Navarre.

Les docteurs appellés *ubiquistes*, ne sont attachés à aucune maison, & ils prennent seulement le titre de *docteurs en théologie* de la faculté de Paris.

Les dégrés de la faculté de théologie, sont le baccalaureat, la licence & le doctorat.

Pour se présenter au baccalaureat, il faut être maître-ès-arts de l'université, & avoir étudié trois ans en théologie sous les professeurs de Sorbonne ou de Navarre. On supplie dans l'assemblée de la faculté, *pro primo cursu;* lorsqu'on a fait cette supplique, on tire des examinateurs, & après l'examen, on fait la thèse qu'on appelle *tentative;* ainsi s'acquiert le degré de bachelier, qu'on nomme *bachelier simple*, ou *du second ordre.*

Deux ans après on entre dans le cours de licence, qui dure deux ans, & on est bachelier *courant*, ou du premier ordre. On soutient trois thèses durant ce cours; savoir, la majeure & la mineure, qui étoient les thèses ordinaires auxquelles les docteurs & les bacheliers disputent, selon le rang qui leur est marqué; on y a ajouté la *sorbonique*, qui se soutient toujours en Sorbonne, sans président, depuis six heures du matin jusqu'à six heures du soir, à l'exemple de François Mairouis, Cordelier Provençal, qui, ayant été refusé, demanda à donner des preuves publiques de sa capacité, en 1515.

Le bachelier qui a soutenu ses trois thèses, est appellé *bachelier formé*, & ne diffère du licencié, que par la bénédiction de licence; comme le licencié ne diffère du docteur que par la prise du bonnet, parceque les actes qui se font par la suite ne sont plus probatoires; c'est ce qui fait que par le concordat, il est dit que la prébende théologale sera conférée à un docteur, ou licencié formé, ou un bachelier formé en théologie, sans aucune différence.

Lorsque la licence est finie, les bacheliers sont présentés au chancelier de Notre-Dame, qui leur donne la bénédiction & la dimission, ou licence d'enseigner.

Avant que le licencié reçoive le bonnet de docteur, il fait un acte qu'on nomme de *vespèries*, parcequ'il se fait le soir. Cet acte n'est point probatoire, ou pour éprouver la capacité du licencié, parcequ'elle a été prouvée par les exercices qui ont précédé; mais il est de pure cérémonie. En attendant qu'on le commence, un jeune théologien soutient une thèse, qu'on nomme *expectative*, à laquelle préside le grand-maître des études du licencié. Ensuite se fait l'acte de *vespéries*, pendant lequel le grand-maître demeure dans la chaire, pour faire à la fin un discours au licencié, touchant les devoirs qui regardent l'état d'un docteur en théologie.

Enfin, le lendemain, ou peu de jours après, il reçoit le bonnet de docteur, dans la salle de l'archevêché, par les mains du chancelier de Notre-Dame; & le même jeune théologien qui a soutenu l'expectative, soutient la thèse qu'on nomme *aulique*, sous la présidence du nouveau docteur; qui jure à l'hôtel des Martyrs, dans l'église de Notre-Dame, qu'il défendra la vérité jusqu'à l'effusion de son sang.

La faculté des droits civil & canonique a aussi deux principales écoles. Depuis le rétablissement des études de l'un & l'autre droit en France, par édit du mois d'avril 1679, les docteurs de cette faculté font encore leurs leçons dans la salle des anciennes écoles, rue S. Jean-de-Beauvais. Depuis quelque temps les professeurs de cette faculté donnent aussi des leçons dans une des salles du collège de

Rheims, rue des Sept-Voies. Dans le collège royal de France, situé place Cambray, il y a une chaire pour le droit canon, fondée par Louis XIV, & pour laquelle il y a deux professeurs royaux. Quoique François de Launay, célèbre avocat au parlement de Paris, nommé professeur en droit François, par arrêt du 16 novembre 1680, ait prononcé un discours françois à l'ouverture de ses leçons, le 28 décembre de la même année, dans la salle du même collège royal, cette chaire est censée être de l'université, & appartenir à la faculté de droit.

Pour les chaires des écoles particulières des droits, il y a six professeurs, & un septième pour le droit François.

C'est au collège de Rheims que se soutiennent les thèses pour acquérir les degrés de la faculté.

L'ancien des six professeurs, ou antécesseurs, qui forment le *college sex-viral*, s'appelle *primicerius*. Chacun des antécesseurs acquiert, par vingt années de service, la qualité de *comes*, & conserve tous les droits utiles de sa place en faisant faire les leçons par un des docteurs aggrégés, dont le nombre est actuellement de onze. Il se fait un doyen de charge, pris d'entr'eux, à tour de rôle, par chaque année, le jour de S. Mathias; ce doyen assiste au tribunal du recteur de l'université, & a voix conclusive dans les assemblées de la faculté. Ils élisent aussi tous les deux ans, le même jour, un doyen d'honneur, qui est une personne constituée en dignité, & qui se prend parmi les douze docteurs honoraires. Les officiers de la faculté sont, un greffier & un appariteur. Il y a aussi un imprimeur de la faculté.

Les degrés de la faculté des droits, sont comme pour celle de théologie, le *baccalaureat*, la *licence* & le *doctorat*.

Pour être bachelier dans la faculté des droits, il faut avoir étudié en droit pendant deux ans; une année de plus pour la licence, & quatre ans pour le doctorat. A leur réception, les docteurs sont revêtus d'une robe longue d'écarlate, que l'on dit être celle de Cujas, & dont on ne se sert que pour cette cérémonie. On leur met une ceinture qui représente l'écharpe, ou le baudrier des soldats Romains, & on leur présente ensuite un livre fermé, que l'on ouvre aussi-tôt, pour marquer que, par l'assiduité de leurs études, ils ont acquis la ſcience des loix. Après quoi on leur met ſur la tête un bonnet de docteur, & un anneau d'or au doigt. Pour être avocat, il n'eſt pas néceſſaire de prendre les trois degrés de la faculté ; il ſuffit de faire un cours d'études de trois ans, pendant leſquels on prend les dégrés de bachelier & de licentié, moyennant leſquels on obtient le titre d'avocat. On peut faire ce cours d'étude en ſix mois, par diſpenſe d'âge, lorſque l'on a vingt-cinq ans revolus.

On conſtruit un édifice ſuperbe, pour y transférer les écoles de droits, & qui doit ſervir d'accompagnement au portail de la nouvelle égliſe de Sainte-Genevieve. On en conſtruira un pareil vis-à-vis de celui-ci, dans la partie oppoſée de la place, qui fera le pendant, & dans lequel on ſe propoſe d'établir les écoles de médecine.

La faculté de médecine eſt compoſée d'environ cent docteurs ; elle tient ſes aſſemblées dans la ſalle haute des écoles de ce nom, rue de la Bucherie. Il y a une chapelle, dans laquelle on célèbre une meſſe tous les ſamedis, à neuf heures du matin. Le même jour le doyen en charge & ſix docteurs de la faculté, choiſis ſelon l'ordre du tableau, donnent gratuitement leurs conſultations aux pauvres dans la ſalle, ou école ſupérieure. Il eſt d'uſage que douze docteurs s'y rendent le premier ſamedi de chaque mois, pour conférer enſemble ſur les maladies courantes, ſur-tout ſur les malignes. Outre le doyen d'ancienneté, on fait tous les ans, le premier ſamedi d'après la Touſſaint, l'élection du doyen de charge, qui ordinairement eſt continué pendant deux années. Il a ſéance au tribunal du recteur de l'univerſité. On élit le même jour ſix profeſſeurs, dont un pour la phyſiologie, un pour la pathologie, un pour la pharmacie, un pour la botanique, un pour la chirurgie latine, en faveur des étudians en médecine ; & un pour la chirurgie françoiſe, en faveur des étudians d'une autre claſſe. C'eſt au jardin royal des plantes que l'on prend ordinairement les leçons de botanique, de chymie & d'anatomie ; & il y a pour chacune de ces parties, un démonſtrateur, outre les profeſſeurs. On donne auſſi des leçons de chirurgie à Saint-Côme, rue des Cordeliers. On en donne encore pour la chymie & la botanique rue de l'Arbalète, au jardin des apothicaires; mais ces dernières leçons ne sont point gratuites. Il y a outre cela plusieurs amphithéâtres particuliers où l'on enseigne l'art des accouchemens.

La faculté de médecine a les mêmes degrés que les deux facultés précédentes.

Les bacheliers de cette faculté doivent être maîtres-ès-arts, & avoir quatre années d'étude dans la faculté de Paris, ou être docteurs dans une faculté étrangère, avant que d'être admis à ce degré. Pour l'obtenir, ils subissent un examen, qui dure une semaine entière, sur la physiologie, l'hygiène, la pathologie, & sur les aphorismes d'Hypocrate; après quoi ils font un cours de licence qui dure deux années. Pendant ce cours, ils soutiennent quatre thèses, trois *quodlibétaires*, sur la physiologie, la pathologie, la chirurgie, & une *cardinale*, sur l'hygiène. Ils subissent, outre cela, quatre examens, qui durent une semaine chacun. Le premier sur la matière médicale; le second sur l'anatomie; le troisième, sur la chirurgie; le quatrième sur la pratique de la médecine. Dans le second & le troisième, ils exécutent de leurs propres mains, sur des cadavres, les dissections anatomiques & les opérations chirurgicales. A la fin de la licence, le chancelier de Notre-Dame leur donne la bénédiction de licence, & ils reçoivent ensuite publiquement le bonnet de docteur, par les mains d'un médecin de la faculté. Mais pour avoir le titre de docteur-régent, il faut avoir présidé à une des premières thèses qui se soutiennent en médecine, après l'admissionau doctorat.

Le *jardin royal des plantes* fut établi par lettres du roi Louis XIII, données au mois de janvier de l'année 1626, registrées en parlement au mois de juillet de la même année. Par le même édit, la surintendance de ce jardin fut unie à la charge de premier médecin; mais elle en fut séparée par une déclaration du 31 mars 1718, & le titre de surintendant fut changé en celui d'intendant. En 1732, le roi voulant prendre un soin plus particulier du jardin royal des plantes, & veiller à tout ce qui pouvoit contribuer à sa perfection, le mit sous l'inspection du secrétaire d'état ayant le département de sa maison. On y a fait depuis des dépenses très-considérables, tant pour rassembler de toute part un grand nombre de plantes, que pour la conſtruction des ſerres néceſſaires à leur conſervation. On a dit plus haut qu'il s'y faiſoit tous les ans des cours de botanique, de chymie & d'anatomie, où peuvent aſſiſter tous les particuliers qui deſirent s'inſtruire dans quelques-unes de ces ſciences. Le public eſt averti, par des affiches, du temps où commencent ces cours. Il y a un profeſſeur & un démonſtrateur pour chacune de ces trois ſciences.

La collection d'animaux, d'inſectes, de coquilles, de minéraux, & autres curioſités d'hiſtoire naturelle qui forme le cabinet de cet établiſſement, eſt, ſans contredit, la plus complette qui ſoit en Europe, de même que les deux herbiers dont il eſt enrichi.

Le cabinet d'hiſtoire naturelle a été mis en ordre & décrit avec le plus grand ſuccès par MM. de Buffon & d'Aubenton, le premier, intendant du jardin; & le ſecond, garde & démonſtrateur de ce cabinet. Voici en peu de mots comment eſt diſpoſé ce riche cabinet.

En entrant dans le cabinet, on voit une riche bibliothèque, compoſée des meilleurs livres de phyſique, de botanique & d'hiſtoire naturelle, où ſont plus de ſoixante volumes de plantes & d'animaux, peints en miniature, avec les grands herbiers de Tournefort & de Vaillant, qui contiennent quatorze mille plantes deſſéchées.

La ſalle qui précède la galerie d'hiſtoire naturelle, eſt ornée de belles armoires, qui renferment particulièrement des pièces d'anatomie. Le milieu eſt occupé par un grand bureau, qui renferme un parterre élégant de coquilles choiſies.

On entre de-là dans une ſuperbe galerie, dont les travées du plafond ſont chargées de toutes ſortes d'armes, d'équipages & d'habillemens de ſauvages; de fruits des Indes, de reptiles, quadrupèdes, animaux amphybies, poiſſons, ſerpens, &c. Le pourtour des murs eſt garni, avec autant d'ordre & de propreté que de magnificence, de tout ce que les trois règnes ont de plus précieux en animaux, ſels, pierres, talcs, terres, coquillages, bézoards, ſucs, gommes, &c. le tout dans des phioles & des bocaux, artiſtement placés ſur des tablettes, avec des ſtudioles au bas, qui contiennent toutes ſortes de foſſiles, toutes les claſſes des pierres fines, topaſes, jaſpes, agathes, jades, cornalines, pierres de Florence, cailloux d'Egypte, & autres; marbres, albâtres, cryſtaux, &c. Puis viennent les animaux cruſtacés, les poiſſons deſſéchés, &c. D'autres armoires ſont remplies de bois, fruits & graines étrangères, avec leurs ſtudioles; de mines & de pétrifications; d'inſectes & de fragmens d'animaux. Ces armoires, au nombre de vingt-deux, ſont toutes ſurmontées & couronnées, les unes d'habillemens & plumages des Indiens; les autres, de diverſes productions marines, madrepores & groſſes coquilles; d'autres de quadrupèdes, d'oiſeaux, de ſerpens & de poiſſons; d'autres encore, de bois de cerf, de dain, d'élan, &c. Enfin, à côté de cette grande & magnifique galerie, eſt un cabinet dont les tablettes du contour préſentent une belle ſuite d'animaux étrangers, bien conſervés dans une liqueur.

Outre l'intendant du jardin royal, le garde & démonſtrateur du cabinet, les profeſſeurs & démonſtrateurs dont nous avons parlé, il y a un peintre deſſinateur.

Le cabinet d'hiſtoire naturelle eſt ouvert, la plus grande partie de l'année, certains jours de la ſemaine.

Donnons ici une idée du *collège royal de France*, ſitué place Cambray. Le roi François I, que l'on regarde comme le reſtaurateur des lettres en France, inſtitua dans l'univerſité de Paris douze profeſſeurs royaux en langues hébraïque, grecque & latine, en éloquence, en philoſophie, &c. & il accorda à chacun de ces profeſſeurs deux cents écus d'or d'appointemens. Les longues & cruelles guerres, ainſi que les affaires de l'état, n'ayant pas permis à ce prince de leur bâtir des écoles, Henri II, ſon fils & ſon ſucceſſeur, voulut qu'ils fiſſent leurs leçons dans les collèges de Cambray & de Tréguier, en attendant que le collège Royal fût conſtruit. Avant ce temps, ils enſeignoient dans différens collèges de l'univerſité.

Ce ne fut qu'en 1610, qu'en exécution du deſſein formé par Henri IV, au mois de décembre de l'année 1609, le roi Louis XIII ſon fils, âgé de neuf ans, & dans la première année de ſon règne, ſous la régence de Marie de Médicis, ſa mère, poſa la première pierre du collège

Royal, tel qu'on le voit à présent, à la place de l'ancien collège de Tréguier, qui a été détruit pour cet effet ; & le collège de Cambray, ou des Trois-Evêques, fut renfermé dans le plan du collège Royal.

Le collège royal de France, aujourd'hui sous la direction du secrétaire d'état ayant le département de la maison du roi, forme un corps séparé de l'université, & les professeurs prêtent serment entre les mains du grand-aumônier, pour prendre possession de leurs chaires, qui leur donnent le titre de *conseiller du roi.* Les lecteurs & professeurs royaux de ce collège ont aussi leurs causes commises aux requêtes du palais ou de l'hôtel, & jouissent des privilèges des officiers commensaux de sa majesté, en vertu des lettres-patentes données à Paris par François I, au mois de mars 1545.

On compte aujourd'hui au collège royal de France, dix-neuf chaires de fondation royale, dont douze ont été établies par François I, & les autres par les rois Charles IX, Henri III, Henri IV, Louis XIII & Louis XIV. Il y en a deux pour l'hébreu, deux pour le grec, deux pour les mathématiques, deux pour la philosophie grecque & latine, quatre pour la médecine, la chirurgie, la pharmacie & la botanique ; deux pour la langue arabe, deux pour le droit canon, qui sont censées, comme nous l'avons dit plus haut, appartenir à la faculté de droit de l'université ; & une pour la langue syriaque, sans compter la chaire de Ramus que l'on a, dit-on, dessein de rétablir.

Pierre Ramus, ou *de la Ramée,* fonda cette chaire, par le testament qu'il fit le premier août 1568, avant son départ pour l'Allemagne. Par ce testament, il ordonnoit que de 700 livres de rente qu'il avoit sur l'hôtel-de-Ville, 500 liv. serviroient de gages à un professeur qui enseigneroit, en trois ans, l'arithmétique, la musique, la géométrie, l'optique & la géographie dans le collège Royal ; que cette chaire ne seroit jamais accordée qu'au concours ; que pour l'obtenir, les prétendans disputeroient publiquement sur les matières qui seroient proposées ; qu'on inviteroit à cette dispute le premier président, le premier avocat-général, le prévôt des marchands, tous & chacun des professeurs royaux, & que tous autres qui voudroient s'y trouver, en auroient aussi la liberté; qu'enfin la place ne seroit donnée qu'à celui qui auroit été jugé digne de la bien remplir. Il ordonna de plus que chaque troisième année le concours recommenceroit, que l'on subiroit un nouvel examen dans les mêmes formes prescrites pour le premier, & que s'il se trouvoit quelqu'un qui fût plus capable que celui qui occuperoit alors, celui-ci seroit obligé de céder la chaire au nouveau concurrent. Ces dernières dispositions du testament ne furent pas suivies dans la nomination des professeurs, & cette chaire n'est plus exercée depuis 1732.

Il n'y a plus eu, au collège Royal, de chaire pour la théologie, depuis que le cardinal de Richelieu a fait transporter les professeurs royaux pour cette science, du collège de Cambray à celui de Sorbonne.

L'impossibilité où étoient plusieurs bourgeois & artisans de faire donner à leurs enfans les principes qui sont la base des arts méchaniques, a fait naître, en 1766, le projet d'ouvrir en différens quartiers de cette capitale plusieurs écoles de dessein, où les jeunes gens pussent recevoir des leçons gratuites, chacun dans le genre d'exercice qui lui convient. Ces nouvelles écoles, établies par les soins & sous l'inspection du lieutenant-général de police, ont été autorisées par des lettres-patentes, données le 22 mars 1766.

La première ouverture s'en fit le 10 septembre 1766, rue & vis-à-vis Saint-André-des-Arts. Dans cette école on enseigne, sous l'inspection d'habiles artistes, les principes élémentaires de la *géométrie-pratique*, de l'*architecture*, de la *figure*,, des *animaux*, des *fleurs* & de l'*ornement*. On fournit aux élèves le bois & la lumière. Pour exciter l'émulation, il y a des distinctions de place; on distribue cent vingt-six prix tous les ans, & l'on paie plusieurs maîtrises & apprentissages, pour ceux qui se sont distingués par des succès réitérés.

L'enseignement de chaque jour est divisé en cinq exercices de deux heures. Le premier commence à sept heures du matin, & le dernier finit à huit heures du soir. Chaque classe est composée de 100 élèves; ce qui fait 500 élèves qui prennent leçons dans la journée. 500 élèves sont instruits le lundi & le jeudi; 500 le mardi & le vendredi, & 500 le mercredi & le samedi; ensorte que 1500 élèves sont instruits deux fois la semaine.

Les jeunes gens qui desirent être admis à cette école comme élèves, & profiter de l'instruction gratuite que l'on y donne, se font inscrire chez le directeur, avec une note de leur âge, de la demeure & de la profession des parens; & ils ne peuvent avoir entrée dans l'école qu'autant qu'ils sont compris dans l'état signé du directeur, pour être enclassés dans les différens genres d'études sur la liste du jour & de l'heure des exercices.

L'école vétérinaire établie au château d'Alfort, près Charenton, sur la rive droite de la Marne, un peu au-dessus de son confluent avec la rivière de Seine, n'est pas moins utile que l'institution dont nous venons de parler. La conservation des animaux devenant, pour ainsi dire, aussi intéressante que celle des hommes, à cause des grands avantages que ces derniers en tirent, il falloit bien songer à former des sujets capables de les soigner & de les soulager dans l'état de maladie. C'est dans cette vue que Louis le *Bien-Aimé*, dont le règne est recommandable par tant d'autres établissemens utiles, a institué l'*école Vétérinaire* de Paris, par lettres-patentes du mois de janvier 1767. Afin de rendre les effets de cette nouvelle institution plus prompts, sa majesté fit acquisition du château d'Alfort, qui est très-vaste, & dont la situation est des plus agréables; pour y fixer cet établissement sous la direction du ministre. L'instruction de cette école est gratuite; les élèves y sont logés, nourris, chauffés, vêtus, entretenus de livres, & généralement de tout ce qui est nécessaire pour la subsistance & pour l'enseignement, moyennant la somme de trois cents livres par an. Sa majesté a de plus établi au même château un jardin royal des plantes médicinales, qui est très-riche en simples, & un cabinet d'anatomie, le plus beau, & peut-être le plus complet qui soit en Europe, afin qu'il ne manque aux maîtres aucun des secours qui peuvent contribuer à rendre l'instruction plus parfaite & plus étendue. La personne à qui le roi confie l'inspection & le gouvernement de cette institution, sous les ordres du ministre, a le titre de *directeur-général* de toutes les écoles vétérinaires établies dans le royaume, & de celles qui pourroient s'y établir à l'avenir; ensorte que l'*école Vétérinaire* de Paris peut être regardée comme le chef-lieu de toutes les écoles Vétérinaires du royaume, quoique son établissement soit postérieur de plusieurs années à l'institution de l'école Vétérinaire de Lyon.

Ce seroit ici le lieu de parler de l'Ecole Royale Militaire; mais comme le plan que nous suivons dans la courte description que nous donnons de Paris, ne nous permet pas d'entrer dans les détails que nous paroît mériter cet établissement, dû à la bienfaisance de Louis XV, & que ce prince fonda en 1751, près des Invalides, sur la rive gauche de la Seine, vis-à-vis les dames de la Visitation de Chaillot, nous avons cru en devoir traiter à part, à l'article *Ecole Royale Militaire*.

Passons aux établissemens fondés pour faciliter les progrès de la litérature, des sciences, des beaux arts & de l'agriculture.

Académies.

Les académies de Paris sont, comme nous l'avons dit dans le précis de cet article, l'académie Françoise, celle des Inscriptions & Belles-Lettres, l'académie royale des Sciences, celle d'Architecture, l'académie royale de Peinture & de Sculpture, & celle de Chirurgie; auxquelles on peut ajouter l'académie royale de Musique, l'académie royale d'Ecriture, la société d'Agriculture & les académies d'Exercices.

L'*académie Françoise* est la première & la plus ancienne des académies de Paris. Cette compagnie doit son établissement à Louis XIII, qui, par lettres-patentes de 1637, érigea en académie une association particulière de quelques gens de lettres; mais sans déterminer un lieu fixe pour les séances. M. le cardinal de Richelieu en avoit jetté les premiers fondemens en 1635, & s'en étoit déclaré le protecteur. A sa mort, arrivée en 1642, M. le chancelier Seguier lui succéda. Ce nouveau protecteur accorda à la compagnie l'hôtel des Fermes pour y tenir ses assemblées. M. le chancelier Seguier étant mort le 28 janvier de l'année 1672, le roi Louis XIV voulut bien être le protecteur de de cette académie, & lui fit préparer au Louvre un lieu pour y tenir ses séances. Son objet est la perfection de la langue Françoise, & celle des ouvrages que font, dans cette langue, nos meilleurs orateurs, traducteurs, philosophes & poètes.

Elle est composée de quarante académiciens, y compris le doyen, le chancelier, le directeur & le secrétaire perpétuel de l'académie.

Les assemblées ordinaires se tiennent les lundis, jeudis & samedis, depuis trois heures après midi jusqu'à cinq, en observant que l'assemblée se tient la veille, lorsqu'un de ces jours est fête. Les assemblées ne sont publiques que le jour de S. Louis, où lorsqu'il se fait une réception d'académicien.

Il y a deux prix fondés, l'un d'éloquence, l'autre de poësie, qui se distribuent alternativement de deux années l'une, & le jour de la distribution on indique les sujets de l'année suivante.

L'*académie royale des Inscriptions* fut établie en 1663, par Louis XIV.

Son objet étoit d'abord uniquement de travailler aux médailles, aux devises, aux inscriptions : on l'a depuis étendu à tout ce qui peut concerner l'histoire, les langues des anciens, leurs usages, leurs monumens, &c.

Cette académie est composée de neuf ou dix honoraires, dix à onze académiciens pensionnés, au nombre desquels se trouvent le secrétaire perpétuel de l'académie; de dix-neuf à vingt académiciens associés, & de dix-sept ou dix-huit autres académiciens, dont quelques-uns sont des académiciens vétérans, & les autres des académiciens libres.

Les assemblées ordinaires se tiennent au Louvre, les mardis & les vendredis; & lorsqu'il y a quelques fêtes, elles se tiennent le jour qui précéde, ou celui qui suit. Elles sont interrompues depuis le 8 septembre jusqu'au 11 novembre.

Elles sont publiques deux fois l'an, les premiers jours d'académie après la S. Martin & après la quinzaine de Pâque.

A l'ouverture de chacune de ses séances, le secrétaire

de l'académie annonce la dissertation qui a remporté l'un des deux prix que la compagnie distribue chaque année, & le sujet à traiter pour l'année suivante ; il lit ensuite l'éloge des académiciens morts dans l'année, & la séance se continue par la lecture de quelques dissertations.

L'un des prix de cette académie est une médaille d'or de la valeur de 400 livres. Il fut fondé en 1733, par M. Durey de Noinville, maître des requêtes honoraires, & président honoraire au grand-conseil, & se distribue à la rentrée d'après les fêtes de Pâques. Le sujet de la dissertation qui remporte ce prix, doit être puisé, de deux années l'une, dans l'histoire de France.

L'autre prix a été fondé en 1754, par feu M. le comte de Caylus ; il consiste en une médaille d'or de 500 livres, & se distribue le premier mardi ou vendredi après la S. Martin. Le sujet doit être pris dans les antiquités grecques & égyptiennes.

L'*académie royale des Sciences* fut fondée en 1666, par les ordres du roi ; mais sans aucun acte émané de l'autorité royale. Louis XIV lui donna une nouvelle forme par le règlement du 26 janvier 1699. Un autre, du 3 janvier 1716, changea quelques articles au premier, & en interpréta quelques autres. En vertu de ces règlemens, l'académie est composée de quatre sortes d'académiciens ; savoir, de douze honoraires, vingt pensionnaires, vingt-six associés, & douze adjoints.

Les vingt académiciens-pensionnaires sont divisés en six classes, de trois membres chacune ; les géomètres, les astronomes, les méchaniciens, les anatomistes, les chymistes & les botanistes. Les deux autres membres sont le secrétaire & le trésorier.

Les académiciens associés sont divisés en trois classes ; savoir, celle qui comprend les huit étrangers, celle des associés libres, qui ne sont attachés à aucun genre de science ; & celle des douze qui doivent être établis à Paris, ainsi que les vingt pensionnaires & les douze adjoints.

Il y a d'ailleurs une place d'adjoint-géographe, créée par le roi en 1730, en faveur de M. Buache, géographe de sa majesté.

L'objet de cette illustre compagnie est l'avancement des

ſciences phyſiques & mathématiques, & de multiplier les découvertes dans les diverſes branches de ces ſciences.

Les aſſemblées ordinaires ſe tiennent au Louvre, les mercredis & ſamedis, depuis trois heures après midi juſqu'à cinq heures, à moins qu'un jour de fête ne les faſſe avancer ou retarder.

Il y a deux aſſemblées publiques; une après la S. Martin, une autre à la rentrée d'après Pâques. C'eſt dans ces aſſemblées que l'on proclame les diſſertations qui ont remporté les prix, que l'on propoſe les ſujets de l'année ſuivante, que les académiciens liſent publiquement quelques-uns de leurs ouvrages, & que l'on prononce l'éloge des ſavans décédés.

Les deux prix que cette académie diſtribue tous les deux ans, ſont plus conſidérables que ceux des deux premières compagnies: l'un eſt de 2500 livres, & il eſt accordé à celui qui réſout le mieux quelque point intéreſſant de l'aſtronomie phyſique; l'autre eſt de 2000 livres, & eſt deſtiné à celui qui donne la meilleure diſſertation ſur un point de marine & de navigation; celui d'aſtronomie eſt pour les années paires, & celui de marine pour les années impaires.

Nous parlerons plus bas des trois académies établies pour la perfection des beaux arts.

L'*académie royale de Chirurgie* doit ſon établiſſement à feu M. de la Peyronie, & ſa fondation eſt fixée à l'année 1731. Elle fut confirmée par lettres-patentes du 8 juillet 1748.

Son objet eſt la conſervation des citoyens, puiſque l'on s'y occupe à trouver les moyens les plus ſurs de guérir ou d'adoucir les infirmités auxquelles l'humanité eſt malheureuſement aſſujettie.

Cette académie eſt ſous la direction du ſecrétaire d'état qui a le département de la maiſon du roi: elle eſt compoſée d'un préſident, dont la place appartient de droit au premier chirurgien de ſa majeſté; d'un directeur, d'un vice-directeur, d'un ſecrétaire, de deux commiſſaires, l'un pour les extraits, l'autre pour la correſpondance; d'un tréſorier, d'un bibliothécaire, de ſoixante académiciens, dont quarante ſont du comité perpétuel, & vingt y ſont adjoints; & enfin d'un certain nombre d'associés, tant regnicoles qu'étrangers.

Les jours ordinaires des assemblées sont les jeudis, dans la grande salle du collège de chirurgie.

Il ne se tient qu'une assemblée publique, le jour de la Quasimodo; on y adjuge le prix fondé par M. de la Peyronnie: c'est une médaille d'or de 500 livres, qui représente le buste de Louis le *Bien-aimé*. Il y a deux autres prix d'émulation: savoir, une médaille d'or de 200 livres, destinée à celui qui rend compte de mémoire d'un sujet intéressant; un autre de cinq médailles d'or, de 100 liv. chacune, pour trois observations relatives à la chirurgie, & qui puissent exciter la reconnoissance du public & mériter l'attention des membres de cette académie. Il y a aussi à Paris une école-pratique de chirurgie, établie par arrêt du conseil de 1750, & qui a reçu sa dernière forme par un règlement du roi du 19 mars 1760. Sa majesté, pour rendre ses exercices plus utiles & éviter la confusion, ordonne qu'on n'y admettra chaque année que vingt sujets, deux à la nomination de chaque professeur, du nombre des élèves seulement qui, natifs de quelques-unes des provinces du royaume, se destineront à y retourner pour y exercer leur profession.

En 1766 le sieur Houstet, ancien directeur de l'académie royale de Chirurgie, & chargé de l'inspection des écoles, pour exciter l'émulation des études & faire éclorre des talens utiles à la société, fonda à perpétuité quatre médailles d'or de la valeur de 100 livres chacune, pour être distribuées chaque année aux quatre étudians qui auront le plus profité des exercices & des instructions de l'école-pratique. Le cours des études de cette école se fait pendant les mois de décembre, janvier, février & mars. On n'y est admis qu'après des examens publics qui constatent le fruit qu'on a retiré de la fréquentation des écoles. Il faut ensuite justifier, par de nouveaux examens, les progrès qu'on a faits dans les opérations anatomiques-chirurgicales.

Académies des Beaux Arts.

On compte à Paris trois académies royales qui tendent à la perfection des beaux arts : savoir, l'académie royale de Peinture & Sculpture, l'académie royale d'Architecture, & l'académie royale de Musique & de Danse, auxquelles on pourroit ajouter l'académie royale d'Ecriture.

L'académie royale de Peinture, de Sculpture & de Gravure, doit sa naissance aux démêlés qui survinrent entre les maîtres peintres & sculpteurs de Paris, & les peintres privilégiés du roi, que la communauté des peintres voulut inquiéter.

Elle fut établie par lettres-patentes de 1648, & obtint de M. Colbert, en 1663, 4000 liv. de pension.

Les membres qui la composent, sont le roi, protecteur; un vice-protecteur, directeur & ordonnateur-général; un directeur, le chancelier, quatre recteurs, deux adjoints aux recteurs, un trésorier & quatorze professeurs, dont un pour l'anatomie, & un autre pour la géométrie; plusieurs amateurs honoraires, & plusieurs honoraires-associés libres, un secrétaire, un historiographe & deux huissiers.

Les assemblées ordinaires se tiennent tous les jours après midi, au Louvre, pendant deux heures. Elles doivent être regardées comme une école publique, où les peintres vont ou dessiner, ou peindre un modèle, & les desseins que l'on tire d'après ce modèle, posé en différentes attitudes, se nomment *académies.*

Quant aux assemblées publiques, il faut regarder comme telles, 1.° la permission que l'on a tous les ans, le jour de la S. Louis, d'entrer dans les salles de l'académie, où se trouvent exposés les différens morceaux de réception: 2.° l'exposition qui, depuis plusieurs années, se fait tous les deux ans dans un sallon du Louvre, des nouveaux ouvrages des académiciens; exposition qui commence le jour de saint Louis, & qui dure jusqu'au premier octobre.

Pour ce qui est des prix, on en distribue tous les mois trois pour le dessein, avec celui que vient de fonder feu M. le comte de Caylus; tous les ans deux pour la peinture, & deux pour la sculpture; & ceux qui remportent ces derniers, font envoyés à Rome, aux dépens du roi, pour s'y perfectionner.

On peut joindre à cette académie, 1.° l'école de peinture de la manufacture royale des Gobelins, dirigée par les artistes à qui le roi donne un logement dans cet hôtel, & qui font pour l'ordinaire membres de l'académie royale dont on vient de parler.

2.° L'académie de Saint-Luc, entretenue par la communauté des maîtres peintres & sculpteurs : elle fut établie par le prévôt de Paris, en 1391.

Elle est composée d'un protecteur, qui est ordinairement un secrétaire d'état ; d'un vice-recteur, des recteurs mourans, qui se distribuent entr'eux le service de l'année ; des amateurs, des professeurs, des adjoints, d'un professeur particulier pour la géometrie, & d'un autre pour l'anatomie.

Cette académie, considérée comme école publique de dessein & de sculpture, est administrée comme l'académie royale.

On y distribue tous les ans aux élèves trois prix de dessein.

L'école gratuite de Dessein qui vient de s'établir à Paris, sous l'inspection du lieutenant général de police, & dont on a parlé plus haut, semble appartenir aux académies de Peinture & d'Architecture.

L'académie d'Architecture a été établie en 1671, par les soins de M. Colbert. Le roi en est le premier protecteur, & sous ses ordres, le directeur & ordonnateur-général des bâtimens de sa majesté. Ses autres membres sont divisés en deux classes ; la première renferme quatorze académiciens ; la deuxième seize ; deux places extraordinaires à la nomination du roi ; un secrétaire ; deux professeurs, l'un de mathématiques, l'autre d'architecture ; chacun d'eux donne une leçon publique toutes les semaines.

Les assemblées se tiennent tous les lundis, dans une des salles du Louvre, & l'on donne des jettons aux académiciens. Cette académie distribue tous les ans deux prix, dont l'un est une médaille d'or de la valeur de 200 liv. & l'autre une médaille d'argent. Il y a aussi un *accessit* ; c'est-à-dire, une sorte de troisième prix, pour celui qui approche le plus du mérite des deux autres : le sujet sur lequel on doit travailler, est annoncé trois mois, ou environ, avant la distribution des prix.

Les élèves composent leurs *esquisses* dans l'intérieur de l'académie, afin de constater leur idée : ils peuvent l'exécuter chez eux.

Celui qui remporte le premier prix, est envoyé par le roi à Rome, pour y jouir, dans l'académie de France, des mêmes avantages que les élèves de peinture & de sculpture.

On doit joindre aux écoles de l'académie royale d'Architecture, l'école particulière de M. Blondel. On y donne tous les jours de la semaine, excepté le lundi, des leçons d'architecture, de théorie & de pratique, aux jeunes artistes que le ministère & les citoyens confient à ses soins.

L'académie royale de Musique & de Danse n'est autre chose que l'opera. On y donne journellement des leçons de musique & de danse aux élèves de ce spectacle.

L'académie royale d'Ecriture est établie par lettres-patententes de 1765 : elle est composée d'environ 150 maîtres, à la tête desquels est un doyen.

La société royale d'Agriculture a été autorisée par arrêt du conseil d'état du roi, du premier mars 1761 : elle est composée de quatre bureaux, établis à Paris, Meaux, Beauvais & Sens. Le bureau de Paris est composé de dix-huit membres, y compris le secrétaire perpétuel de la société pour ce bureau. Il y a, outre cela, cinquante associés.

Depuis la réunion de l'académie de Joing à celle des Tuileries, on ne compte plus à Paris qu'une académie royale, où les jeunes militaires & autres apprennent à monter à cheval, &c.

Bibliothèques publiques.

On compte à Paris sept bibliothèques publiques, savoir :

La bibliothèque du Roi.

Celle du collège Mazarin.

Celle de l'abbaye Saint-Victor.

Celle des prêtres de la Doctrine-Chrétienne.

Celle de la faculté de Médecine.

Celle des Avocats.

Celle du Corps-de-Ville, à l'hôtel de Lamoignon.

Les bibliothèques particulières d'un facile accès, sont celle de Sainte-Genevieve.

Celle de l'abbaye Saint-Germain-des-Prés.

Celle des Céleſtins.

Celle des Auguſtins, place des Victoires.

Celle des Jacobins, rue Saint-Honoré.

La bibliothèque de Soubiſe.

Celle du collège de Navarre.

Celle de Sorbonne, &c. &c.

Archevêché de Paris.

On fait remonter au milieu du troiſième ſiècle l'origine de l'égliſe de Paris. Son ſiège demeura ſoumis à la métropole de Sens juſqu'en 1622, où fut érigé en archevêché, ſous l'épiſcopat de François de Gondy, par le pape Grégoire XV, à la réquiſition de Louis XIII. En 1674, Louis XIV lui donna le titre de duché-pairie, ſous la dénomination de *Saint-Cloud*. Cette érection ſe fit en faveur de François du Harlay & des archevêques ſes ſucceſſeurs. Les lettres en vertu deſquelles l'archevêché de Paris a été érigé en duché-pairie, n'ont été regiſtrées au parlement qu'en 1690.

Les prélats qui ſont à la tête du diocèſe de Paris, joignent au titre de *duc de Saint-Cloud*, celui de *conſeiller d'honneur* né au parlement de Paris, où ils ont ſéance en cette qualité & en vertu du titre de duc & pair. Ils ſont ordinairement auſſi commandeurs de l'ordre du Saint-Eſprit.

Saint Denis, un des principaux apôtres du chriſtianiſme en France, paſſe pour avoir été le premier évêque de l'égliſe de Paris. Depuis ce ſaint prélat, mort martyr vers l'an 275, on compte cent dix évêques juſqu'à François de Gondy. Chriſtophe de Beaumont, qui occupe aujourd'hui le ſiège de l'égliſe de Paris, eſt le neuvième archevêque. Six des prélats qui ont été à la tête du diocèſe de Paris, ſont révérés comme ſaints; neuf d'entr'eux ont été cardinaux de l'église Romaine, & quelques-uns chanceliers de France.

L'archevêché de Paris a pour suffragans les évêchés de *Meaux*, *Chartres*, *Orléans* & *Blois*.

Le prélat qui occupe ce siège, jouit de plus de 150000 livres de revenu. Il paie 4283 florins un tiers à la cour de Rome pour ses bulles.

Installation des archevêques de Paris.

La veille de l'installation d'un archevêque de l'église de Paris, on sonne les deux bourdons, *Emmanuel* & *Marie*, depuis cinq heures jusqu'à cinq heures & demie. Le matin on bourdonne à sept heures. On s'assemble après la grand' messe au chapitre, & on députe quatre chanoines pour aller chercher l'archevêque & l'accompagner au chapitre. Ce prélat, en rochet & mozette violette, étant entré au chapitre, le doyen lui fait un compliment, après quoi l'archevêque lui ayant répondu, se met à genoux devant le bureau du chapitre, & prête, entre les mains du doyen, le serment accoutumé sur les saints évangiles, qu'il baise. On fait ensuite lecture d'un acte par-devant notaires, par lequel le prélat s'engage de conserver & maintenir les membres du chapitre en l'ancienne possession de leurs droits, jurisdiction, franchises, liberté, privilèges, immunités, exemptions, coutumes & usages, & ce prélat le signe en présence des notaires & des membres du chapitre.

Ce qui étant fait, on commence sexte au chœur: cependant l'archevêque sort du chapitre accompagné des chanoines, se rend par la porte septentrionale à la chapelle Saint-Denis, où il quitte la mozette pour prendre l'habit canonial d'hiver : pendant qu'il s'habille, les chanoines se placent au chœur dans leurs stalles. Ensuite le doyen vient rejoindre l'archevêque, qu'il conduit au chœur, où ils saluent tous les deux l'autel qui est au rond derrière la banque, ensuite le chœur. Puis le doyen conduit le prélat au bas des marches de l'autel, où s'étant mis à genoux tous les deux, & ayant adoré quelque temps le S. sacrement, il monte à l'autel & le baise. Après quoi le doyen conduit l'archevêque à son trône, l'y installe & s'en retourne à sa stalle décanale. Sexte étant fini, le doyen entonne le *Te Deum*, que tout le chœur continue en chant sur le livre, & dans l'instant on sonne toutes les cloches, qui ne cessent qu'à la fin du *Te Deum*; après lequel le doyen ayant chanté, à l'aigle, l'oraison, le théologal monte au jubé, accompagné du secrétaire du chapitre; il y publie à haute & intelligible voix la prise de possession de l'archevêque, & montre ses bulles au peuple. Ce qui étant fait, le prélat donne la bénédiction pontificale, & s'en retourne, accompagné des chanoines, dans la sacristie, pour y quitter l'habit canonial & reprendre sa mozette.

Le nouveau prélat va ensuite, accompagné du doyen & des chanoines, à l'officialité, où le doyen l'installe, & on plaide une cause en présence de l'archevêque. Après quoi le doyen & les chanoines, conduisent l'archevêque dans son palais archiépiscopal, où l'ayant installé, on lui fait un discours, auquel l'archevêque répond : ce prélat réconduit ensuite messieurs du chapitre au bas de la dernière marche du grand escalier, & les embrasse tous les uns après les autres : il donne à dîner le même jour à tous les chanoines.

Enterrement des archevêques de Paris.

Lorsqu'un archevêque de Paris meurt, on sonne au moment de sa mort, le gros bourdon, appellé *Emmanuel*, pendant une demi-heure; & six bénéficiers de l'église vont prier Dieu auprès du corps du défunt, jour & nuit, jusqu'au moment de l'enterrement. Peu de temps après la mort, le chapitre va processionnellement, précédé de ses suisses & huissiers, dans la salle où est le corps de l'archevêque; on y chante le *de profundis* en fauxbourdon, le doyen dit l'oraison, puis jette de l'eau bénite, & successivement tout le clergé de l'église.

Le corps de l'archevêque est exposé, la face découverte, sur un lit de parade, en soutanne, rochet & camail violet, avec la croix pastorale; à sa droite est la croix archiépiscopale, à sa gauche sa crosse, & sur sa poitrine un Christ.

Le lit eſt entouré d'une grande quantité de cierges. Depuis le moment de ſa mort juſqu'à celui de ſon enterrement, les paroiſſes & les couvens viennent lui jetter de l'eau bénite. La veille de l'enterrement on chante les vêpres & les matines des morts. Après les laudes de la nuit, on chante les laudes des morts. Le jour de l'enterrement, les quatre ordres mendians, les Capucins, & les eccléſiaſtiques de la grande confrairie, avant que de ſe rendre à l'égliſe de Paris pour aſſiſter à l'enterrement, vont à l'archevêché, dans la ſalle où eſt le corps, & y chantent le *de profundis* avec l'oraiſon. Vers les neuf heures on chante les *commendaces*, après leſquelles on va faire la levée du corps. Le convoi, précédé des Capucins, des quatre ordres mendians; ſavoir, les Cordeliers, les Jacobins, les Auguſtins & les Carmes; du clergé de la grande confrairie, du clergé de l'égliſe de Paris, & des jurés-crieurs avec leurs ſonnetes, paſſe par le Parvis, la rue Neuve-Notre-Dame, la rue du Marché-Palu, la rue de la Juiverie, celle de Marmouzets, le cloître & le parvis. Le corps étant arrivé à la grande porte de l'égliſe cathédrale, les francs-ſergens le prennent pour le porter ſous un dais préparé au milieu du chœur. Enſuite on chante la grand' meſſe, après laquelle on deſcend le corps dans la cave qui eſt dans le milieu du chœur.

On ſonne pour les offices qui ſe chantent pour l'enterrement d'un archevêque, toutes les cloches des deux tours & les quatres cloches du petit clocher.

A la mort d'un archevêque de Paris, la garniture de ſon trône épiſcopal, avec toutes ſes dépendances, appartient, ſuivant l'uſage immémorial, à la fabrique de l'égliſe de Paris, indépendamment du droit de chapelle qu'il a été obligé de payer pour ſon joyeux avènement.

Le Diocèſe.

Le diocèſe de Paris a dix-huit à vingt lieues, du levant d'été au couchant d'hiver, & douze à quatorze du levant d'hiver au couchant d'été. Il comprend environ vingt chapitres, ou égliſes collégiales; trente abbayes, tant d'hommes que de filles; ſoixante-ſix prieurés; près de deux cents communautés, tant régulières que séculières; près de deux cents cinquante chapelles; plusieurs maladreries, & quelques commanderies; & environ 490 paroisses, divisées en sept doyennés. Dans la seule ville de Paris, on compte dix églises collégiales, outre le chapitre de la cathédrale; trois abbayes, & environ quarante communautés religieuses d'hommes; sept abbayes & environ cinquante communautés de filles, outre deux commanderies de l'ordre de Malthe; quinze communautés non cloîtrées, un grand nombre de séminaires, de collèges, &c.

Gouvernement du diocèse.

Le gouvernement du diocèse est divisé en deux archiprêtrés; savoir l'archiprêtré de la *Magdelaine* en la Cité, & celui de *Saint-Sévérin*, sur la rive gauche de la Seine, à Paris.

Ces deux archiprêtrés sont divisés en trois archidiaconés; savoir, l'archidiaconé de *Paris*, ceux de *Josas* & de *Brie*; ces trois archidiaconés sont subdivisés chacun en deux doyennés ruraux.

L'archiprêtré de la Magdelaine comprend l'archidiaconé de Paris, dont dépendent les deux doyennés de *Chelles* & de *Montmorency*.

L'archiprêtré de Saint-Sévérin, comprend les archidiaconés de Josas & de Brie. De l'archidiaconé de Josas dépendent les doyennés de *Châteaufort* & de *Montlhéry*.

Les doyennés du *Vieux-Corbeil* & de *Lagny*, sont dans le district de l'archidiaconé de Brie.

Outre ces six doyennés, il y en a un septième; c'est celui de *Champeaux*, qui est un enclave du diocèse de Sens. Le district de ce doyenné est peu considérable; il ne contient que sept paroisses, qui relèvent du chapitre de *Champeaux*.

Jurisdictions de l'archevêché.

Les jurisdictions de l'archevêché, sont les deux officialités métropolitaine & diocésaine; le bailliage de la duché-pairie, autrement appellé la temporalité de l'archevêché; la chambre souveraine ecclésiastique, & la chambre diocésaine.

L'*officialité métropolitaine* est composée d'un official, d'un vice-gérent, d'un promoteur, d'un vice-promoteur & d'un greffier. Il y a, outre cela, le greffier des insinuations, quatre procureurs & deux huissiers appariteurs en l'officialité.

Ce tribunal connoît des oppositions aux publications des bans de mariage & de leur célébration, de la nullité des mariages, des droits & honoraires des curés ou ecclésiastiques, & autres matières entr'eux; des appellations des sentences rendues par les officiaux des évêques suffragans. Nous avons dit plus haut quels sont les évêchés qui dépendent de cette province ecclésiastique.

Les juges de l'*officialité diocésaine* sont les mêmes que ceux de l'officialité métropolitaine. Les audiences des deux jurisdictions sont les mêmes jours, mais à différentes heures. Celles de l'ordinaire sont fixées à dix heures du matin, les mercredis & samedis; & celles de l'officialité métropolitaine, à deux heures de relevée.

La *temporalité*, ou *bailliage de la duché-pairie* de l'archevêché de Paris, est composée d'un bailli, d'un procureur-fiscal & d'un greffier. Il y a, outre cela, quatre procureurs, un huissier-audiencier, un huissier-priseur, un concierge des prisons, un médecin & un chirurgien. Les audiences se tiennent le lundi à midi, près l'auditoire de l'officialité.

Cette jurisdiction connoît des appellations de sentences rendues en matière civile, par les officiers des justices des terres dépendantes de l'archevêché. L'appel de ses sentences est porté au parlement.

Le *bureau général de la chambre souveraine ecclésiastique* de Paris, comprend les provinces ecclésiastiques de Paris, Sens & Rheims : il a dans son ressort les diocèses qui dépendent de chacune de ces provinces; c'est-à-dire, Paris, Chartres, Meaux, Orléans & Blois, pour les districts de l'archevêché de *Paris;* Rheims, Soissons, Châlons, Laon, Senlis, Beauvais, Amiens, Noyon & Boulogne, pour la province de *Rheims;* Sens, Troyes, Auxerre & Nevers, pour le district de l'archevêché de *Sens.*]

Les juges, qui composent ce bureau ou cette chambre, sont trois conseillers au parlement, & un conseiller-commiſſaire député de chaque diocèſe. Il y a, outre cela, un promoteur-général, un greffier & un huiſſier.

Ce tribunal juge ſouverainement & en dernier reſſort toutes les cauſes & procès qui lui ſont portés des diocèſes qui en dépendent.

Le *bureau diocéſain*, ou *chambre eccléſiaſtique* du diocèſe de Paris, eſt compoſé de M. l'archevêque, qui y préſide comme chef; de cinq députés & d'un ſyndic : Il y a auſſi un greffier & un receveur. Le bureau ſe tient dans la ſalle de l'archevêché : on y impoſe toutes les taxes du diocèſe, & il connoît en première inſtance de toutes les cauſes qui y ont rapport.

Il y a encore un *bureau des greffes & contrôle* des gens de main-morte, où toutes les communautés ſéculières & régulières de l'un & l'autre ſexe, bénéficiers & autres gens de main-morte du diocèſe de Paris, ſont obligés de faire enregiſtrer, tous les dix ans, la déclaration de tous leurs biens & revenus, & d'en payer les droits; les fermiers des biens des gens de main-morte ſont auſſi obligés d'y faire enregiſtrer leurs baux à leurs frais.

Filles de M. l'archevêque.

Il y a trois égliſes collégiales dans Paris qui ſont nommées les filles de l'archevêché, parcequ'elles ſont ſous la juriſdiction immédiate & particulière de l'archevêque : ce ſont les égliſes de *Saint-Marcel*, de *Saint-Honoré* & de *Saint-Opportune*. Ces trois collégiales accompagnent l'archevêque à la proceſſion, le jour de l'aſcenſion, & dans les cérémonies extraordinaires, lorſque ce prélat les mande. Nous donnons plus bas le détail des chapitres de ces collégiales.

Autrefois Saint-Germain-l'Auxerrois étoit auſſi ſous la juriſdiction de l'archevêque; mais le chapitre de cette égliſe eſt, depuis plus de vingt ans, réuni à celui de Notre-Dame : depuis l'époque de cette réunion, cette collégiale ſe trouvant éteinte, & ne formant plus qu'un même corps avec le chapitre de l'égliſe de Paris, on ne compte plus que trois filles de l'archevêché.

Eglise cathédrale.

La cathédrale de Paris est sous l'invocation de *Notre-Dame.* Cette église est située dans la partie de l'île du Palais, ou de la Cité, qui regarde le levant d'hiver. C'est un très-beau monument d'architecture, & un des plus vastes & des plus majestueux édifices du royaume. Il est construit dans de si justes proportions, & le tout forme un si bel ensemble, que les architectes & connoisseurs estiment que cette église métropolitaine, n'a rien au-dessus d'elle que Saint-Pierre de Rome. Elle fut achevée, telle qu'on la voit aujourd'hui, sous le règne de Philippe-Auguste, & par les soins de Maurice de Sully, le soixante-dixième évêque de Paris; ou si l'édifice ne fut pas tout-à-fait achevé sous l'épiscopat de ce prélat, il est au moins probable qu'en 1181 il fut assez avancé pour qu'on y pût célébrer l'office; puisque le grand autel fut consacré la quatrième fête de la Pentecôte de la même année, par Henri, légat apostolique, & par Maurice de Sully. Ce fut par les ordres du roi Robert que l'on jetta les premiers fondemens de cette église. en 1010, & & qu'on commença à la construire. On y a travaillé pendant environ deux siècles avant qu'elle fût finie en entier; mais il y avoit déja long-temps que l'on y célébroit l'office divin. Il est singulier que depuis cinq cents ans que cette église subsiste telle qu'on la voit maintenant, si l'on excepte les changemens qui ont été faits depuis dans l'intérieur, on n'ait pas encore jugé à propos d'en faire la dédicace solemnelle.

L'église Notre-Dame, dont on admire sur-tout la hardiesse & la délicatesse de l'architecture, quoique gothique, est bâtie en croix: elle a soixante-cinq toises de longueur en dedans; vingt-quatre toises de largeur, & dix-sept toises sous la voûte. Tout l'édifice est soutenu par cent vingt gros piliers: ils forment une double allée qui règne au tour de l'église. Il y a au-dessus de grandes galeries ou des voûtes, espacées par cent huit colonnes de pierre, chacune d'une seule pièce, bordées sur le devant d'une rampe de fer, ou balcon, fait aux frais du chapitre. On y monte dans des temps de cérémonies extraordinaires, & quand il y a des motets. C'est à ces galeries ou tribunes, du côté de la croisée, que sont attachés, pendant la guerre, les drapeaux & étendarts pris sur les ennemis de la France, mais on les ôte en temps de paix.

Cette église est éclairée par cent treize vitreaux, dont il y en a trente-neuf grands qui ont trente-trois pieds de hauteur, sur neuf de largeur; sans y comprendre trois grandes roses, dont une est au milieu du grand portail, au-dessus de l'orgue, & les deux autres dans chaque bout de la croisée, au-dessus des deux portes collatérales, qui ont chacune quarante pieds de diamètre. Au-dessous de ces deux roses, il y a encore deux vitreaux, qui occupent la totalité de la croisée de la nef.

Le Chœur.

Le chœur de Notre-Dame peut être mis au nombre des merveilles du royaume. Le roi Louis XIII ayant fait vœu de faire élever un maître-autel qui fût digne de sa piété & de sa magnificence, en laissa l'accomplissement à Louis le Grand, son fils : ce prince est allé au-dela des intentions de Louis XIII son père; il a fait construire ce maître-autel & le chœur avec des ornemens & une magnificence sans égale.

Le lundi 6 décembre 1699 après-midi, entre nones & vêpres, le cardinal de Noailles, revêtu de ses habits pontificaux, accompagné du doyen & des chanoines, & des autres officiers de cette église, fit la bénédiction de la première pierre de l'autel, qu'il posa, & mit par-dessus une lame d'airain quarrée, sur laquelle étoient gravés ces mots :

Louis le Grand,
Fils de Louis le Juste, & petit-fils d'Henri le Grand;
Après avoir dompté l'hérésie,
Rétabli la vraie religion dans tout son royaume,
Terminé glorieusement plusieurs grandes guerres
Par terre & par mer;

Voulant

Voulant accomplir le vœu du roi ſon père,
Et y ajouter des marques de ſa piété;
A fait faire, dans l'égliſe cathédrale de Paris,
Un autel, avec ſes ornemens, d'une magnificence
Au-deſſus du premier projet,
Et l'a dédié au Dieu des armées, maître de la paix
Et de la victoire;
Sous l'invocation de la ſainte Vierge, patronne &
Protectrice de ſes états.
L'an de N. S. 1699.

On a mis par-deſſus cette lame quatre médailles, dont deux ſont d'or & deux d'argent. Sur les deux premières ſont gravés les buſtes de Louis XIII & de Louis XIV, avec des inſcriptions, qui renferment, en peu de mots, le ſens de celle qui eſt ſur la plaque d'airain. Les deux médailles d'argent repréſentent les mêmes ſujets.

On commença en 1699 à reconſtruire le chœur, ſur les deſſeins de Jules-Hardouin Manſart; mais le deſſein fut changé en 1708, & depuis parfaitement exécuté ſur les deſſeins de M. Coſte le père, & fini ſur ceux de M. Coſte le fils, en 1714. Il a été redoré depuis aux dépens de Louis XV.

Le Sanctuaire.

Le ſanctuaire, du deſſein le plus majeſtueux, eſt élevé de quatre marches de marbre, bordées de deux riches baluſtrades en demi-rond, dont les appuis ſont de marbre d'Egypte, très-fin, veiné d'or, ſoutenus par des baluſtrades de bronze, dorées au feu, & cizelées avec beaucoup de ſoin, portées auſſi par un marbre de diverſes couleurs, bien ſymmétriſé. Cet ouvrage eſt de *Tarlay*. Sur chacune des parties de la baluſtrade, qui accompagnent les marches ſupérieures par leſquelles on monte au ſanctuaire, ſont poſées deux torchères de cuivre doré d'or moulu, qui décorent très-bien. Au milieu de chacune eſt placée une lampe, qui brûle nuit & jour, & tient lieu du lampadaire d'argent qui étoit ci-devant en face de l'autel. Les jours de grandes fêtes on y met des cierges. Ces deux torchères sont du dessein de *Philippe Caffieri*, fameux ciseleur-sculpteur, & ont été exécutées par lui en 1760.

Au milieu du sanctuaire est un chiffre, qui représente les armes du roi. Tout le reste du sanctuaire, ainsi que le chœur, est incrusté de grands compartimens de marbre de diverses couleurs. Le chapitre vient d'arrêter que les autres parties de l'église seroient aussi pavées en marbre; on en a commencé le travail dans sa croisée, en 1768.

Le grand autel, dont on admire particulièrement la magnificence, est isolé & placé presqu'au centre de la coquille, ou rond point du sanctuaire : le massif, ou coffre, est de marbre d'Egypte, & taillé en forme de tombeau antique. Le devant d'autel est de bronze doré en or moulu, & représente Notre-Seigneur au tombeau : il a été fait sur le modèle de Vassé le père, & exécuté par Vassé le fils; les côtés sont de porphire, décorés de chérubins & autres riches ornemens de bronze, dorés au feu; & pour accompagnement deux anges, aussi de bronze doré, en attitude d'adoration, portés par des nuages, & placés sur des piédestaux de marbre blanc : ils ont été jettés d'après les modèles de Cayart, habile sculpteur. Sur l'autel est un gradin ovale de marbre blanc, fait par Vassé, sur lequel on voit une grande croix de sept pieds trois pouces, & six chandeliers de quatre pieds trois pouces, de bronze doré, d'un travail admirable, faits par *Philippe Caffiery*, en 1760, pour remplacer ceux d'argent, qui étoient du dessein de Ballin, célèbre orfèvre, & que le chapitre a donnés au roi, pour les pressans besoins de l'état.

L'autel est élevé sur trois marches circulaires de marbre de Languedoc, qui forment un marchepied en demi-ovale, fait en marqueterie, de marbre de diverses couleurs, représentant au milieu un chiffre de Marie couronné d'étoiles.

Pour accompagner le maître-autel, on a incrusté de marbre blanc, veiné de gris, six arcades qui forment l'enceinte, ou rond point du sanctuaire, de même que les jambages qui sont posés sur des soubassemens de marbre de Languedoc. Ces arcades sont séparées par des espèces de pilastres attiques, terminés d'une corniche, ou plate-bande en ressaut, sans amortissemens. Ces pilastres ont leurs ravallemens de marbre de Languedoc, chargés de trophées de métal doré; les anges en bas-relief, qui sont placés dans les tympans de marbre rouge, au-dessous des archivoltes des arcades, sont aussi de métal doré, de même que les ornemens.

Aux piliers, ou contre les pilastres de chaque arcade, sont six anges de bronze, de hauteur d'homme, tenant chacun un instrument de la passion de Notre-Seigneur, de l'invention de *Chavane*, posés sur des culs-de-lampe, aussi de bronze, ornés de feuillages, de chiffres & des armes du roi, du dessein de *Vassé*. Les deux plus proches de l'autel ont été jettés en fonte par *Vancleve*: celui des deux du milieu qui tient l'éponge, est de *Hurtrelle*; l'autre, qui tient les clous, de *Poirier*: celui des deux plus proches du chœur qui porte l'inscription, est de *Magnier*; le sixième, qui tient la lance, est de *Anselme*, Flamand; ces quatre derniers ont été fondus par *Royer Schabol*, de Bruxelles.

Au-dessus des arcades, sont douze vertus avec leurs attributs.

Les six vertus que l'on voit au-dessus des arcades de la droite du sanctuaire, sont, en commençant du côté de l'autel, la Charité & la Persévérance, par *Poulletier*.

La Prudence & la Tempérance, par *Fremin*.

L'Humilité & l'Innocence, par *le Pautre*.

On voit à gauche, en les prenant dans le même sens,

La Foi & l'Espérance, par *le Moine*.

La Justice & la Force, par *Bertrand*.

La Virginité & la Pureté, par *Thierry*.

Sur les huit piliers qui soutiennent les arcades, il y a des trophées & des bas-reliefs, faits par de très-habiles maîtres, & dont l'éclat est relevé par la dorure, qui y brille de toutes parts: ils représentent la passion de Notre-Seigneur.

Sous l'arcade, qui est derrière le grand autel, on a construit un second autel, appellé l'*hôtel de féries*. On y dit la messe certains jours de l'année. La niche que l'on a pratiquée sous cette arcade, est occupée par un groupe de marbre blanc, composé de quatre figures: la Vierge y est aſſiſe au pied de la croix, que l'on voit au-deſſus du groupe, dans le milieu de la niche, accompagnée d'une écharpe volante de marbre blanc. La Vierge a les bras étendus & les yeux élevés au ciel : la douleur d'une mère & ſa parfaite ſoumiſſion à la volonté de Dieu, ſont exprimées de la manière la plus vraie & la plus ſublime ; elle ſoutient ſur ſes genoux la tête & une partie du corps de ſon fils deſcendu de la croix : le reſte du corps de Jeſus-Chriſt eſt étendu ſur un ſuaire ; un ange à genoux, dont les aîles ſont à demi déployées, ſoutient une main du Sauveur, pendant qu'un autre tient la couronne d'épines, & regarde douloureuſement les impreſſions meurtrières qu'elle a faites ſur la tête du Chriſt.

Ce groupe de marbre eſt d'une élégance, d'une correction admirables & d'un très-grand goût. La tête du Chriſt eſt d'une beauté comparable à tout ce que l'antiquité a de plus parfait, & elle eſt très-eſtimée des connoiſſeurs. L'exécution de ces excellens morceaux eſt due au génie de *Couſtou* l'aîné, qui les a finis en 1723.

Le ſoubaſſement ravalé au-deſſous, eſt incruſté de marbre verd-campan, & ſemé de fleurs de lys de bronze doré. L'autel qui eſt au-deſſous, eſt élevé de ſept marches : il eſt de marbre verd campan, chargé de conſoles, de chérubins, de feſtons, & d'un cartouche au milieu : le tout de bronze doré.

Au-deſſus de la niche eſt une gloire ſur un ceintre, au milieu de laquelle on a placé un triangle entouré de nuages, de chérubins & de rayons, le tout doré. Cet ouvrage eſt de meſſieurs *Couſtou*. Un des anges qui compoſent le groupe, ſoutient la ſuſpenſion où repoſe le S. ſacrement.

A la gauche, du côté de l'épître, preſque ſous une des arcades de l'enceinte du chœur, eſt placée la ſtatue de Louis XIII, en marbre blanc, ſur un piédeſtal orné des armes de France. Ce prince, revêtu de ſes habits royaux, eſt proſterné, offrant ſon ſceptre & ſa couronne, & mettant ſon royaume ſous la protection de Jeſus-Chriſt & de la ſainte Vierge : le tout de marbre blanc, exécuté par *Couſtou* le jeune, en 1715.

Du côté de l'évangile, on voit la ſtatue de Louis XIV,

de même matière & à peu près dans la même attitude : elle est de *Coisevox* ; & fut de même finie en 1715.

Au bas des degrés du sanctuaire, on voit un rond de marbre blanc, qui indique le caveau dans lequel sont renfermés les cœurs des rois Louis XIII & Louis XIV, regardés comme les restaurateurs de cette église.

Le Chœur.

Le chœur a cent vingt-six pieds de longueur, sur quarante-cinq pieds de largeur. Il est éclairé par quinze grands vitreaux, qui ont trente-trois pieds de hauteur sur neuf de largeur. Le chapitre a commencé en l'année 1752 à rétablir à neuf ces grands vitreaux, & en a chargé *Pierre le Viel*, maître vitrier, très-habile dans son art. Au-dessous de ces grand vitreaux, est une galerie qui tourne tout autour du chœur, & d'où l'on peut voir toutes les cérémonies.

Les stalles du chœur sont d'une très-belle menuiserie. Tout le lambris est orné de bas-reliefs qui représentent la vie de la sainte Vierge, dans des quadres alternativement quarrés & ovales, lesquels sont accompagnés d'ornemens, le tout sculpté par *Gouly*. Sur les pilastres, qui séparent chaque bordure ou encadrement, sont représentés des sujets de la passion de Notre-Seigneur & des armes du roi, d'après les desseins de *Charpentier*. Il y a trente-trois stalles de chaque côté, où se placent les chanoines, & en bas vingt-quatre, où se placent les autres officiers du chœur. Celles de la droite, en entrant par la grande porte du chœur, ont été faites par *Louis Marteau*, & celles de la gauche, par *Jean Nel*.

Le trône de l'archevêque, qui est au bout des stalles à droite, est d'une très-belle forme, & orné de bas-reliefs, qui représentent le martyre de S. Denis & de ses compagnons.

La chaire qui symmétrise vis-à-vis, est du même goût : les bas-reliefs représentent un trait de la vie de S. Germain, évêque de Paris. Ces deux morceaux sont du dessein de *Vassé*.

Au-dessus des lambris, on voit de chaque côté quatre

grands tableaux, représentant les sujets les plus intéressans de l'histoire de la sainte Vierge ; ils ont été donnés au chapitre par l'abbé de la Porte, chanoine jubilé de cette église : leurs bordures sont richement sculptées & dorées. Ces huit tableaux sont tous fort estimés. Les connoisseurs admirent sur-tout celui qui représente la visitation de la Vierge, que *Jouvenet* peignit de la main gauche, en 1716, étant devenu paralytique de la droite.

L'annonciation de la sainte Vierge est de *Hallé*, qui le peignit en 1717.

La nativité de Notre-Seigneur & l'adoration des trois rois, furent tous les deux peints par *la Fosse*, en 1715.

Louis Boulogne peignit, la même année, la présentation de Notre-Seigneur, & la fuite en Egypte.

Notre-Seigneur dans le temple au milieu des docteurs, & l'assomption de la sainte Vierge, furent peints en la même année, par *Antoine Coypel*.

Avant la dernière guerre, il y avoit au milieu du chœur un candelabre d'argent à six branches, du poids de trois cents vingt marcs, ayant cinq pieds de diametre, orné de six anges, tenant divers instrumens de musique, & d'autant de figures couchées, portant chacune un écusson où étoient gravées les armes du roi & l'histoire de la sainte Vierge ; le tout soutenu de trois aigles, suspendu par trois chaînes fleurdelisées, aboutissantes à une couronne royale. C'étoit un don fait à Notre-Dame par la reine Anne d'Autriche, épouse de Louis XIII, le 9 octobre 1639, en action de graces d'avoir obtenu de Dieu, par l'intercession de la sainte Vierge, un fils dauphin, qui naquit le 5 septembre 1638, & qui a été depuis le roi Louis XIV.

L'aigle qui est au milieu du chœur, est un don de Charles de la Grange-Trianon, chanoine de cette église, abbé, baron de Saint-Sévère, & conseiller au parlement de Paris. Cet aigle est d'une forme triangulaire, & a sept pieds & demi de hauteur. Il est posé sur un bloc de marbre bleu-turquin. Les trois vertus cardinales qui sont assises sur la base, avec leurs attributs, sont de bronze. La tige est d'un cuivre poli, représentant à chaque face une lyre en relief, ornée de guirlandes de fleurs ; au-dessus sont des têtes aîlées de chérubins : au haut de cette tige est posé un globe terrestre, sur lequel on voit les différentes parties du monde représentées; & au-dessus est placé un aigle, dont les aîles sont déployées pour soutenir le livre. Cet aigle est un chef-d'œuvre de l'art pour le naturel & la délicatesse que l'on y admire : il a été exécuté au Louvre, par le célèbre *Duplessis*, fondeur du roi, & il a été placé dans le chœur le 13 août 1755. Ce lutrin pese, non compris l'armature, 1093. liv. L'ancien pesoit 1380 liv. il a servi à payer en partie le nouveau. C'étoit un présent de Jean Raguier, abbé; c'est pour conserver la mémoire de ce bienfait, qu'on a mis ses armes sur une des faces du pied triangulaire du nouveau lutrin. Celles de Charles de la Grange-Trianon sont placées sur la seconde face, & le chiffre de la sainte Vierge est sur la troisième.

Les trois portes du chœur sont d'un grillage extrêmement chargé & magnifiquement doré. Le travail de la grande est de *François Coffin*. Les deux portes collatérales ont été faites par *Fondrain*. Les six grilles, qui servent de clôture au sanctuaire dans les arcades, sont de même d'un très-beau travail & d'une grande richesse, mais aussi trop chargées d'ornemens; car à peine apperçoit on le grand autel au travers : elles ont été faites par *Nicolas Parent*, *Jacques Petit*, & *Richard*.

Des deux côtés de la grande porte du chœur, il y a deux portes, l'une à droite, qui conduit au jubé de l'évangile, & l'autre à gauche, pour conduire au jubé de l'épître.

Il y a aussi une porte en dedans du chœur, à côté de chacune des portes collatérales : celle qui est à droite est la porte du magasin du chevecier, pour le service divin. La porte de la gauche est celle de son logement, où cet officier, qui est toujours prêtre, couche, suivant l'usage immémorial.

Avant la construction du chœur que nous voyons aujourd'hui, on tendoit quatorze pièces de tapisseries magnifiques, qui représentent la vie de la sainte Vierge : elles ont été exécutées d'après *Philippe de Champagne*, qui en avoit fait les tableaux en 1636. Plusieurs de ces tableaux sont encore aujourd'hui l'ornement de la salle du chapitre.

Jurisdiction du chœur.

La jurisdiction du chœur de Notre-Dame est divisée en trois parties; savoir, le sanctuaire, la partie qui est entre les deux portes collatérales du chœur, & le reste du chœur. C'est M. l'archevêque qui a la justice du sanctuaire. Quant à la justice de la partie du chœur qui est entre les deux portes collatérales, c'est-à-dire, depuis le bas des marches du sanctuaire jusqu'aux deux chaires qui commencent les stalles, il y a prévention entre celle de M. l'archevêque & la justice du chapitre, & en cas de concurrence, elles agissent de concert. Le chapitre a la jurisdiction du reste du chœur; c'est-à-dire, de la partie contenue entre les deux chaires & la grande porte qui est en face de la nef.

Pour répondre à la magnificence du chœur, dont les ouvrages furent finis le 21 avril 1714, le feu cardinal de Noailles, archevêque de Paris, fit rétablir à neuf, très-richement, en 1726, les deux autels attenant au chœur, à son entrée dans la croisée de la nef: ils sont de marbre, & les ornemens ont été exécutés par *Vassé*, sur les desseins de M. de *Cotte*. Le même prélat fit aussi reblanchir, en 1728, tout l'intérieur de l'église, que le temps avoit rendue fort obscure.

La Nef.

La nef de cette église a deux cents treize pieds de longueur, sur cent quarante pieds de largeur. Elle est éclairée par vingt-quatre grands vitreaux, qui ont trente-trois pieds de hauteur sur neuf pieds de largeur. Ceux du côté du midi étant en très-mauvais état le chapitre les a fait refaire à neuf, tant pour la vitrerie que pour la serrurerie, & même quant aux meneaux de pierre, en plus grande partie. On y a suivi, dans l'ordre des vitres, les trois vitreaux du sanctuaire, dont les bordures sont ornées de fleurs de lys d'or, sur un champ d'azur: ces dix vitreaux ont été faits par *Pierre le Viell*, en 1755.

En l'année 1762, le chapitre a fait réparer les quatre grands vitreaux au-dessus des chapelles de la sainte Vierge

& de Saint-Denis, sur le même modèle que ceux du sanctuaire ; & à mesure qu'il en manquera dans la partie de la nef du côté du cloître, la fabrique les fera refaire de la même façon, afin qu'insensiblement tout devienne uniforme.

Les trois grandes roses, dont nous avons déja parlé, servent plus à l'ornement qu'à éclairer : elles sont admirables, tant pour le travail que pour la peinture.

La rose de la croisée du côté de l'archevêché, a été reconstruite à neuf en 1726, tant pour la pierre que pour la vitrerie. Ce fut Claude *Pinet*, appareilleur, qui exécuta ce grand ouvrage, sous l'inspection de *Boisfranc*, architecte du roi. M. le cardinal de Noailles, dont les armes, peintes sur verre, sont placées au centre de la rose, en a fait la dépense : elle se monta à près de 10000 liv.

En l'année 1731, on a aussi réparé la rose du grand portail, quant à la vitrerie seulement.

L'Orgue.

L'orgue, qui est placé dans la nef, au-dessus de la grande porte, en face du chœur, a été rétabli & augmenté en 1730. Il est estimé le plus parfait qui soit en France, attendu que c'est un buffet de trente-deux pieds, qui a une bombarde à la main, de seize pieds, & une autre au pied, descendant au *la* jusqu'en bas, ayant dix-huit pieds de hauteur. Cette bombarde est l'unique qu'il y ait à Paris. Tout l'orgue contient deux mille cinq cents tuyaux, qui composent vingt jeux au grand orgue, sans compter une fourniture & une cymbale, appellée le *plein jeu*, pour lequel seul il y a huit cents tuyaux. Les tuyaux du positif forment onze jeux, sans compter la fourniture & la cymbale, qui contiennent 350 tuyaux. Les pédales sont composées de sept jeux, y compris le cornet d'écho, pour lequel seul il y a deux cents quatre tuyaux.

Cet orgue a cinq claviers à la main : le premier sert pour l'écho, le second pour le récit ; le troisième pour la bombarde ; le quatrième pour le grand orgue ; le cinquième pour le positif.

Le buffet a environ quarante-cinq pieds de hauteur

sur trente-six de largeur, y compris les ornemens ; il soutient cinquante-sept tuyaux de montre, divisés en quatre faces par cinq tourelles.

Il y a douze soufflets pour tout l'orgue ; huit servent pour le grand orgue, les quatre autres sont pour le positif & les pédales.

Les tableaux de cette église.

En entrant à Notre-Dame par la grande porte, on voit contre le principal pilier de la droite, une figure colossale de S. Christophe qui traverse les eaux, portant Notre-Seigneur sur ses épaules. On lit dans l'histoire de Charles VI, tome sixième, pages 286 & 87, que cette statue est un monument de la reconnoissance & de la piété d'Antoine des Essarts, argentier du roi, lequel ayant été emprisonné par les séditieux cabochiens, en 1413, fut à deux doigts de l'échafaud, où sont frère Jean eut le malheur de perdre la tête : ces séditieux ayant été dissipés, Antoine sortit de prison, fut rétabli dans sa place, & fit don à Notre-Dame du S. Christophe qu'on y voit encore aujourd'hui.

Contre le dernier pilier du même côté de la nef, est élevée sur deux colonnes, presqu'en face de l'autel de la Vierge, la statue équestre d'un de nos rois, armé de toutes pièces. La plupart de nos historiens croient que c'est la statue de Philippe le Bel, qui, en reconnoissance de la victoire qu'il avoit remportée sur les Flamans, à Mons-en-Puelle, le 18 août 1304, fonda une rente de cent liv. à l'église de Notre-Dame de Paris, & voulut y être représenté dans le même état où il fut surpris par les Flamands ; c'est-à-dire, monté sur son cheval, sans autres armes que son casque, ses gantelets & son épée. Comme ce n'est pas ici le lieu de discuter ce point d'histoire, qui se reduit à ces deux questions ; savoir, si c'est véritablement la statue de Philippe le Bel qui est à Notre-Dame, & si ce prince y est entré à cheval tout armé, au retour de son expédition, comme se l'imagine le vulgaire, nous renvoyons nos lecteurs à la savante dissertation que M. de Saint-Foix a insérée à la fin du quatrième volume de *ses Essais sur Paris*, dans laquelle il prouve à M. le président Hénault que cette statue équestre est celle de Philippe de Valois. Quoi qu'il en soit, ce monument ayant été réparé en 1760, le chapitre a fait mettre au-dessous de la statue, entre les deux colonnes, une inscription latine, gravée sur un marbre blanc, que l'on a incrusté exprès dans le pilier, n'y ayant pas eu d'inscription jusqu'alors à cette statue. Voici le sens de cette inscription : *Le roi Philippe le Bel, après avoir vaincu les Flamands à Mons-en-Puelle, voulant rendre de publiques actions de graces à Dieu & à la sainte Vierge, de la victoire qu'il avoit remportée, est entré dans cette église sur le même cheval, & vêtu des mêmes armes qu'il avoit portées dans le combat. Il a fait ériger cette statue équestre, semblable en tout à sa personne, lorsqu'il est entré dans l'église devant l'autel de la sainte Vierge, pour servir de monument perpétuel de sa reconnoissance.*

Quand on examine bien ce trait historique, on est tenté de croire que cette inscription est fausse, tant par rapport au sujet que par rapport à la calvacade du prince dans l'église, & d'adopter le systême de M. de Saint-Foix.

On compte environ soixante tableaux des plus grands maîtres qui servent à orner la nef, de la croisée, le chœur & les bas-côtés qui accompagnent le chœur. Plusieurs de ces tableaux représentent des mystères ; quelques-uns des sujets de l'écriture-sainte, de l'histoire ecclésiastique ; d'autres des vœux. La plupart de ces tableaux sont des présens du corps des orfèvres, qui étoit dans l'usage de les offrir le premier jour de mai. Dans l'origine, les orfèvres présentoient tous les ans au premier mai, un arbre verd à la sainte Vierge. En l'année 1449, Antoine Crépin, quatre-vingt-dix-septième évêque de Paris, ayant érigé en leur faveur, une confrairie, qui devint considérable, sous l'invocation de sainte Anne & de S. Marcel ; ils ajoutèrent, en 1499, à la dévotion du mai, le don d'un tabernacle, exposé & suspendu vis-à-vis la principale porte du chœur : il étoit orné d'une belle architecture, & accompagné d'un sonnet, ou rondeau, en l'honneur de la Vierge, contenant des prières pour la santé & prospérité du roi, & pour les besoins de l'état & du peuple.

Les orfèvres donnèrent un second tabernacle en 1533 ; il représentoit l'histoire de l'ancien testament, avec la création du monde, en petits tableaux : il étoit fait à six pampres, dont chaque angle étoit décoré de la figure d'un prophète, & orné de rameaux excellemment peints.

En l'année 1608, ils en suspendirent un troisième, qui fut un des plus beaux & des plus riches. Depuis ils changèrent leur présent en un tableau représentant quelque trait de la vie de la sainte Vierge, & ils continuèrent tous les ans jusqu'en 1629. Ces tableaux furent placés dans les différentes chapelles de cette église.

Cette compagnie, voyant avec plaisir l'embellissement de l'intérieur de Notre-Dame, présenta, en 1630, une requête à messieurs du chapitre, pour demander qu'il leur fût permis de changer chaque année ces petits tableaux en un grand, d'onze à douze pieds de haut, qui représenteroit les actes des apôtres, pour orner la nef; ce qui lui fut accordé; & le premier grand tableau fut présenté le premier jour de mai de l'an 1630. Ces grands tableaux étoient ordinairement peints par d'habiles maîtres, qui s'empressoient de les entreprendre pour se faire connoître. Mais comme chaque chose a son temps, l'usage de ces présens a cessé en 1708, & on a abandonné la confrairie & la chapelle où elle étoit érigée.

En l'année 1731 le chapitre a fait, à la satisfaction des curieux, nettoyer & réparer tous ces tableaux, que le temps & la poussière avoient fort obscurcis & maltraités. L'exécution d'une opération si utile & si desirée, fut confiée à *Achille-René Grégoire*, peintre & élève du sieur *Restout*, qui, moyennant un secret, qui n'étoit connu que de lui, les a non-seulement nettoyés, mais même les a rétablis dans leur ancien & premier éclat, sans aucune altération des tableaux.

Chapelles de Notre-Dame.

On comptoit autrefois quarante-cinq chapelles dans l'église de Notre-Dame; mais il n'en reste plus que trente-une, y compris les deux beaux autels de la croisée, qui sont appuyés contre le jubé, des deux côtés de la principale porte du chœur. Elles ont été réduites à ce nombre par la réunion de plusieurs en une, & par la suppression de quelques autres, pour l'embelliſſement de cette égliſe. La plupart renferment des figures & des tombeaux remarquables, ainſi que pluſieurs beaux tableaux : on y voit auſſi pluſieurs petits tableaux peints ſur des panneaux, encadrés dans des lambris, dont le plus grand nombre ſont fort eſtimés, & méritent l'attention des connoiſſeurs, ayant été peints par de très-habiles maîtres. La deſcription de ces chapelles, dont la plupart ſont très-belles & tout récemment rétablies, nous engageroit dans un trop grand détail, nous nous contenterons de les indiquer très-ſuccintement.

Il y a ſept chapelles dans les bas-côtés qui accompagnent la nef à droite.

La première, en entrant dans l'égliſe, eſt la chapelle de *Sainte-Anne*, qui doit une partie de ſon embelliſſement à la reine Anne d'Autriche, & l'autre, au corps des marchands orfèvres, qui y ont eu leur confrairie.

La ſeconde, eſt la chapelle de *Saint-Barthelemi* & de *Saint-Vincent*. On la nomme auſſi la chapelle des chapelains de l'ancienne communauté. *Voyez* page 136.

La troiſième, eſt la chapelle de *Saint-Jacques* & de *Saint-Philippe*.

La quatrième, eſt la chapelle de *Saint-Antoine* & de *Saint-Michel*. Le tableau de l'autel repréſente S. Michel à genoux devant la Vierge, peint en 1670, par Philippe Champagne. Elle eſt fermée par une belle grille de fer, faite aux dépens de M. l'archevêque, & placée en 1762.

La cinquième, eſt la chapelle de *S. Thomas de Cantorbery* : elle eſt auſſi fermée par une belle grille de fer, faite aux dépens de M. l'archevêque, & placée en 1762.

La ſixième, eſt la chapelle de *Saint-Auguſtin*, qui fait partie de la ſacriſtie des meſſes.

La chapelle de *Sainte-Marie-Magdelaine*, qui eſt la ſeptième, fait l'autre partie de la ſacriſtie des meſſes. Cette dernière chapelle eſt fermée par une belle grille, auſſi-bien que la ſacriſtie. Ces grilles ont été faites aux dépens de M. l'archevêque, & placées en 1762. Cette ſacriſtie a été réparée la même année. Dans la friſe de la grille on lit ces mots : *Sacriſtie des meſſes*, en bronze doré d'or moulu.

On compte aussi sept chapelles dans les bas-côtés qui accompagnent la nef à gauche.

La première, en entrant dans l'église, est la chapelle *Saint-Léonard.*

La seconde, celle de *Saint-George* & de *Saint-Blaise.*

La troisième, celle de *Sainte-Genevieve.*

La quatrième, celle de *Saint-Laurent.*

La cinquième, est celle de *Saint-Julien-le-Pauvre* & de *Sainte-Marie-Egyptienne.* Cette chapelle a été décorée en 1756, aux frais de Nicolas Parquet, curé de Saint-Nicolas-des-Champs, chanoine honoraire, &c. mort en 1757, à qui le chapitre l'a accordée pour lui servir de sépulture. On voit ses armes à la grille qui ferme cette chapelle.

La sixième, est celle de *Sainte-Catherine*, accordée par le Chapitre à Charles de la Grange-Trianon, diacre & chanoine jubilé de cette église, mort en 1739, âgé de 80 ans, & le dernier de sa famille, très-illustre & très-ancienne dans la robe. Il fit, par son testament, une donation considérable au chapitre pour faire décorer sa chapelle, pour faire l'aigle qui est dans le chœur, & pour subvenir à la réparation de l'orgue, à la charge d'une messe anniversaire en musique, pour le repos de son ame.

La chapelle *Saint-Nicolas* est la septième des bas-côtés qui accompagnent la nef à gauche. Elle est décorée d'une belle menuiserie, & fermée d'une magnifique grille de fer, faite aux dépens de la fabrique. C'est actuellement la chapelle du grand pénitencier, c'est pourquoi il y a un beau confessionnal au milieu.

Dans la croisée, on n'a conservé que les deux chapelles, ou autels, qui sont à côté des portes collatérales, & les deux qui sont appuyées contre le jubé, en face de la nef.

L'autel élevé dans le bout de la croisée, du côté du cloître, est dédié à *Saint-Marcel*; c'étoit autrefois l'hôtel de Saint-Julien-du-Mans.

Celui qui est dans l'autre bout de la croisée, est consacré sous l'invocation de *Sainte-Marie* & de *Saint-Aignan.*

Les deux beaux autels que M. le cardinal de Noailles a fait refaire à neuf au milieu de la croisée, à côté de la principale porte du chœur, sont les plus riches de l'église, après les deux autels du sanctuaire. Celui qui est en face de la nef à la droite, est dédié à la *sainte Vierge*; celui de la gauche, est consacré sous l'invocation de *S. Denis*.

L'autel de la Vierge est construit de marbre de Griotte d'Italie, & taillé en forme de tombeau; le milieu est orné d'un cartouche, qui contient le chiffre de la sainte Vierge.

Les pans, ou encoignures, sont enrichis de bronze, doré d'or moulu: l'autel est couvert d'un gradin, qui porte un tabernacle de bronze, d'un dessein & d'une exécution très-legers; au dessus est élevée, sur des nuées, la figure de la Vierge, enfoncée dans une niche plate: cette figure, qui a cinq pieds & demi de haut, est de marbre blanc: la Vierge tient entre ses bras son fils Jesus, & paroît attentive aux prières du peuple. Sa statue est accompagnée de deux groupes de colonnes Corinthiennes, entre lesquelles il y a de chaque côté une torchère de bronze à trois branches, dans lesquelles on met des cierges, qui sont allumés depuis la station du matin jusqu'à la dernière messe, tous les samedis, les dimanches & les fêtes.

Les arrière-corps sont composés de deux pilastres chacun, & renferment des bas-relifs de métal doré, qui représentent l'annonciation & la visitation: l'entablement forme une corniche architravée, accompagnée de consoles, qui tiennent lieu de modillons. Du milieu de cette corniche s'élèvent quatre grandes consoles, qui forment une espèce de baldaquin, avec des anges groupés, qui tiennent dans leurs mains des palmes, des fleurs de lys & des couronnes: sur l'attique sont des groupes d'enfans tenant des cartouches qui portent les attributs de la Vierge: cette attique est terminée par différens ornemens, & deux grandes torchères fort bien dorées. Toute cette sculpture est d'*Antoine Vassé*, & a été exécutée en 1721.

L'autel est environné d'une belle balustrade. Hors de cette enceinte est inhumé Louis-Antoine cardinal de Noailles, dans un caveau qui est en face de l'autel. Au-dessus de cette tombe est suspendue une très-belle branche d'argent, à laquelle sont attachées sept lampes, aussi d'argent, dont six ont été données par Louis XIV & Marie d'Autriche, son épouse; la septième, qui est au milieu, pesant ving marcs & faite en forme de navire, est un don de la ville de Paris, fait en 1605, pour suppléer au vœu que la même ville avoit fait, le 14 août 1357, à la sainte Vierge pour cause de grands froids, & en même-temps pour la délivrance du roi Jean, alors détenu en Angleterre; ce vœu consistoit en une bougie roulée, aussi longue que l'enceinte de la ville de Paris, laquelle on renouveloit chaque année; mais du temps de la ligue, il avoit été suspendu pendant 25 à 30 ans. Depuis la cessation de ce don, la ville entretient le luminaire de la lampe du milieu, qui brûle continuellement nuit & jour devant la chapelle de la Vierge. La branche d'argent s'étant trouvée trop foible pour soutenir le poids des sept lampes, a été refondue & augmentée de soixante marcs, aux dépens du chapitre. C'est le fameux *Ballin* qui l'a faite telle qu'on la voit aujourd'hui, en 1768.

L'autel de *Saint-Denis*, qui est à la gauche de la porte du chœur, fait symmétrie avec celui de la Vierge; il est également magnifique & construit dans le même goût. La figure de marbre, qui représente S. Denis, & toute la sculpture de cette chapelle, ont été exécutées par *Coustou* l'aîné. C'est sur cet autel que tous ceux qui ont reçu le bonnet de docteur en théologie de la main du chancelier de cette église & de l'université de Paris, viennent prêter serment sur l'évangile, qu'ils défendront la vérité de cette divine doctrine, jusqu'à l'effusion de leur sang.

C'est aussi sur cet autel que les chapelains de l'église de Paris prêtent le serment accoutumé, avant que de prendre possession.

Cet autel a été consacré le mercredi 20 mai 1722, par M. le cardinal de Noailles. On a placé le même jour sous l'autel quatre châsses de plomb, qui renferment des ossemens de saints. On voit ces châsses au travers d'une grille de fer, qui est au-dessous de la table de l'autel.

Dans les bas-côtés, qui sont autour du chœur, il y a seize chapelles, sans compter la grande sacristie. La première de ces chapelles, en commençant près de la porte collatérale de l'archevêché, est consacrée sous l'invocation de *Saint-Pierre* & de *Saint-Paul*. M. l'archevêque a fait rétablir cette chapelle à neuf, en 1762, & y a fait mettre une grille de fer, ornée de dorures.

Celle

Celle qui suit, est la chapelle de *Saint-Pierre le martyr*. Cette chapelle fait maintenant partie de la grande Sacristie. Elle est ornée d'une belle boiserie, & fermée d'une grille de fer qui a de la dorure. Cette grille a été posée en 1757, aux dépens de la fabrique.

La troisième chapelle est sous l'invocation de *Saint-Denis* & de *Saint-George*: elle a été rétablie en 1762, & décorée d'une belle boiserie, avec une grille de fer qui la ferme, aux dépens de la fabrique.

La quatrième chapelle, sous l'invocation de *Saint-Gerard*, baron d'Aurillac, a été pareillement rétablie, en 1762, & ornée de boiserie avec une grille de fer; le tout aux dépens de la fabrique.

La cinquième, est celle de *Saint-Remy*, évêque, dite *la chapelle des Ursins*, parcequ'elle sert de sépulture à la famille de ce nom. On y voit le tombeau de Jean-Juvenal des Ursins, en marbre, avec un tableau antique, peint sur bois, qui est très-estimé des connoisseurs. Il représente Jean Juvenal des Ursins, sa femme, & onze de leurs enfans, tous habillés à la mode de leur temps.

La *chapelle d'Harcourt*, sous l'invocation de saint Pierre & de saint Etienne, est immédiatement après celle des Ursins. Cette chapelle a été accordée, par le chapitre, à M. l'abbé d'Harcourt, chevalier, commandeur de l'ordre du Saint-Esprit, & doyen honoraire de cette église, pour servir de sépulture à son illustre famille. Il fit rétablir cette chapelle à ses dépens, & la fit décorer de panneaux & de lambris de marbre très-choisi, accompagnés d'ornemens de bronze. Cette chapelle, très-noble dans sa construction, est du dessein de monsieur de Caylus, & exécutée par *Pierre Petiteau*. Le vitrage de cette chapelle, quoiqu'antique, mérite l'attention des curieux.

Les chapelles de *Saint-Jacques*, *Saint-Crépin*, *Saint-Crépinien* & de *Saint-Etienne*, n'en font plus à présent qu'une seule, où se fait l'office de la confrairie des cordonniers de Paris; elle y fut érigée en 1379, sous le titre de *Saint-Crépin le Grand* pour les maîtres, & de *Saint-Crépin le Petit*, pour les compagnons cordonniers. Peu de temps après, les maîtres se joignirent à cette confrairie. Nous en parlerons encore un peu plus bas.

Les maîtres cordonniers ont fait réparer ces trois chapelles en l'année 1758; & tous les ans, le jour de la fête de S. Crépin & S. Crépinien, leurs patrons, ils font tendre quatre pièces de tapisseries, qui représentent le martyre de ces deux saints. En la même année de la réparation de ces chapelles, on y a construit trois caveaux, où l'on enterre maintenant les chanoines de l'église de Paris. C'est *Urbin Robinet*, chanoine de cette église qui y a été enterré le premier, au mois d'octobre de l'année 1758. Ces trois chapelles sont fermées par des grilles de fer.

La chapelle qui suit, est composée des chapelles de *Saint-Nicaise*, *Saint-Louis* & *Saint-Rigobert*; toutes trois fondées par *Simon Mathias de Bucy*, quatre-vingt-troisième évêque de Paris, mort le 23 juin 1304. Dans la chapelle de Saint-Nicaise, on a élevé à ce prélat un tombeau de marbre noir, sur lequel on voit sa statue en marbre blanc, qui le représente couché.

Cette chapelle se nomme aussi la chapelle des *Saintes-Huiles*, parceque l'on y renferme les saints huiles que l'on fait le jeudi saint dans le chœur de Notre-Dame, & qu'on distribue le même jour pour toutes les paroisses de la ville & de la campagne. Tous les jours le diacre, après l'offertoire de la messe, va les encenser.

C'est aussi dans cette chapelle que des fidèles incommodés viennent tous les lundis de l'année intercéder saint Côme & S. Damien pour la guérison de leurs maladies. Ce jour-là il s'y trouve toujours un prêtre en surplis & en étole, depuis six heures du matin jusqu'à midi, pour dire des évangiles sur la tête de ceux qui se présentent. Cette chapelle est fermée par une belle grille de fer, posée aux dépens de *Pierre Faure*, chanoine de Saint-Aignan, en l'église de Paris, en l'année 1740.

Suit la chapelle *de Gondy*, composée de celles de Saint-Louis & de Saint-Rigobert, qui ont été réunies en une seule, du consentement de messieurs du chapitre, pour servir de sépulture au cardinal de Gondy, cent neuvième évêque de Paris, & à toute sa famille, quoiqu'il eût droit de l'avoir dans le chœur de cette église, ainsi que les autres évêques du diocèse. Ce fut en 1662 que le chapitre permit l'union de ces deux chapelles en une, sous le titre de *Sainte-Paule* : elle fut décorée telle qu'on la voit aujourd'hui, par les soins de Paule-Françoise-Marguerite de Gondy, duchesse de Retz & de Lesdiguières. Les panneaux sont superbement ornés : l'autel est fait d'un petit ordre Ionique, & au milieu du fronton, sont les armes de la maison de Gondy.

Le tableau de l'autel est singulier ; il représente un Christ, d'après Michel-Ange, au pied duquel le prélat est d'un côté, & de l'autre la sainte Vierge, qui paroît avoir un air assuré, pendant que les anges, qui sont au-dessus, versent des larmes : c'est une idée particulière de ce fameux peintre, pour exprimer d'un côté la foi & la constance de la mère de Dieu ; & de l'autre, l'intérêt que le ciel prit au déicide commis par les Juifs en la personne de Jesus-Christ. L'original de ce tableau est dans le cabinet du grand duc de Toscane.

Des deux tombeaux que l'on voit dans cette chapelle, celui qui est à gauche, est le mausolée d'Albert de Gondy, composé de quatre colonnes de marbre noir, dont les bases & les chapiteaux sont de marbre blanc, posées sur un socle de pierre dure, supportant un entablement de marbre noir, de sept pieds de long, qui forme sa frise & sa corniche, sur lequel est posée l'effigie, en marbre blanc, d'Albert de Gondy, à genoux, sur un carreau, devant un prie-Dieu, qui supporte en bosse les armes de la maison de Gondy. Sous le tombeau, entre les quatre colonnes, est une urne à l'antique, portée par quatre chérubins, qui forment quatre consoles posées sur le socle ; la cuve est couronnée d'une urne à l'antique avec ces quatre lettres au pied.

D. O. M. S.

Au piédestal qui porte la cuve, sont deux bas-reliefs, représentant des trophées de général des galères, composés de deux ancres, de dauphins, d'avirons, de harpons, &c. d'un côté ; & de l'autre, des corps de cuirasses, de casques, des enseignes de guerre, &c. & sur les deux flancs de la cuve est gravée une épitaphe en lettres d'or, commençant par ces mots : *Æternæ memoriæ*, &c.

L'autre mausolée, qui fait pendant avec celui-ci, est de Pierre de Gondy, cardinal & cent neuvième évêque de Paris, frère d'Albert de Gondy; il est semblable au premier, à quelques accessoires près. Au-dessus du premier, on voit une ancre suspendue, pour marquer qu'Albert de Gondy avoit été général des galères. Au-dessus de celui-ci est attaché, au haut de la voûte, un chapeau de cardinal, pour marquer qu'il fut revêtu de cette dignité.

Les deux bas-reliefs sont composés de chapeaux de cardinaux, de mitres, de croix, &c.

La cave de cette chapelle renferme cinq cercueils de plomb de la maison de Gondy.

Ces deux chapelles sont fermées par des grilles de fer, au-dessus desquelles sont les armes de madame de Lesdiguieres, duchesse de Retz, qui a fait faire tous les lambris, & peindre toutes les armoiries qui sont dans la chapelle.

Vis-à-vis la chapelle de Gondy, on a pratiqué, au dos de l'autel des féries, une arcade chargée de sculpture & de dorure, au haut de laquelle on lit ces mots : *sancte Marcelle, ora pro nobis.* On y renferme & on y expose à la vénération des fidèles, la châsse de S. Marcel, neuvième évêque de Paris : elle est de vermeil, faite en forme d'église, avec deux bas-côtés, & couverte de fleurs de lys ciselées d'applique dans des compartimens à losange, dont les enfoncemens sont de lames d'or, relevés autour de plusieurs figures, représentant la vie de S. Marcel : le vitrage est d'or émaillé, & orné d'un grand nombre de pierres précieuses. Cette châsse pèse 498 marcs : c'est un monument de la piété de Raymond de Clermont, chanoine de cette église.

Le jour de l'Ascension elle est portée en grande cérémonie par le corps des orfèvres de Paris, à une procession annuelle qui fait le tour de la Cité. Cette procession est composée du chapitre, des quatre filles du chapitre, en chapes, de M. l'archevêque en habits pontificaux, accompagné aussi de ses trois filles en chapes. On repose la châsse de S. Marcel dans une maison rue de la Calandre, où l'on prétend qu'il a demeuré. La niche dans laquelle est renfermée cette châsse, a été faite aux frais de M. le cardinal de Noailles.

La chapelle de *la décolation de Saint-Jean-Baptiste*, qui suit la chapelle de Gondy, a été décorée, en 1728, avec beaucoup de goût. La figure de la Vierge, qui est posée sur l'autel, est d'albâtre, & très-estimée des connoisseurs. Cette chapelle est fermée d'une belle grille de fer, faite en l'année 1720, aux frais d'Antoine d'Orsans, chantre & chanoine de l'église de Paris.

La chapelle de *Vintimille* est composée des deux chapelles de *Saint-Eutrope* & de *Saint-Foye*, qui ont été réunies en une, pour servir de sépulture à l'illustre famille de M. de Vintimille, archevêque de Paris. Ce prélat l'a fait rétablir à ses dépens, & l'or y brille de toutes parts dans les panneaux & les lambris : elle est fermée de deux belles grilles de fer, au haut desquelles sont posées les armes de cet archevêque d'un côté, & de l'autre, celles du comte du Luc, son frère.

La chapelle *de Noailles* est aussi formée de trois chapelles réunies; savoir, de celles de *Saint-Martin*, de *Sainte-Anne* & de *Saint-Michel*. Cette chapelle, sous l'invocation de *Saint-Louis*, roi de France, a été en partie rétablie aux frais du cardinal de Noailles, sous la conduite de *Boiffranc*, architecte du roi. Au lieu de tableau, on voit au-dessus de l'autel un bas-relief, représentant l'assomption de la Vierge, sculpté sur un métal doré, & appliqué sur un marbre jaspé. L'or y est prodigué partout, même sur les nuages, qui se confondent avec les anges & les chérubins, qui sont aussi de métal doré. Notre-Seigneur est en bas-relief, au-dessus de l'autel, donnant les clefs à S. Pierre. Cette sculpture est de *Renier Fremin*.

Aux deux côtés de l'autel sont deux figures de grandeur naturelle, en marbre blanc, faites en ronde bosse, élevées & posées sur des piédestaux, aussi de marbre. Celle qui est du côté de l'épître, représente S. Maurice, & celle du côté opposé, S. Louis. Ces deux statues ont été sculptées par *Jacques Bourseau*.

Tous les panneaux du tour de cette chapelle, sont de marbre blanc, encadrés dans des lambris de marbre choisis, de différentes couleurs. Entre les deux croisées, presqu'au-dessous du vitrage, du côté de l'autel, est une urne de porphyre, ornée d'une tête de chérubin & de festons de feuilles de cyprès, laquelle renferme le cœur du cardinal de Noailles; le tout exécuté par *du Goulon*, sculpteur du roi.

Le chapitre de l'église de Paris a constaté par une inscription, gravée sur un des grands panneaux de marbre blanc, les grands biens que ce prélat a faits à cette métropolitaine, afin de faire passer à la postérité les témoignages de sa reconnoissance.

Cette chapelle est fermée de deux belles grilles de fer, ornées de dorures, & au haut desquelles on voit d'un côté les armes du cardinal de Noailles, & de l'autre, celles du maréchal, duc de Noailles.

La chapelle de *Saint-Feréol* & de *Saint-Ferustien*, fut magnifiquement décorée, vers l'an 1654, aux frais de *Michel le Nasle*, prieur, chantre & chanoine de cette église. Elle est fermée par une grille de fer.

La chapelle de *S. Jean-Baptiste* & de *la Magdelaine*, vient d'être fermée par une grille de fer, & on travaille actuellement à en réparer l'intérieur.

La chapelle de *Saint-Eustache* vient d'être richement réparée: elle est fermée par une grille de fer, au-dessus de laquelle sont les armes du maréchal de Guébriant.

La chapelle de *Saint-Jean-l'Evangéliste* & de *Sainte-Agnès*, est la dernière des bas-côtés qui accompagnent le chœur: elle est aussi fort belle, & fermée d'une grille.

Trésor & grande Sacristie.

Le trésor & la grande sacristie sont pratiqués dans l'arcade qui est entre la chapelle de Saint-Pierre & celle de Saint-Denis & Saint-George, sur le même alignement des autres chapelles, qui éclairent les bas-côtés du chœur; de manière cependant que la plus grande partie de la sacristie est hors du dessein de l'église, & s'avance entre la première & deuxième cour de l'archevêché, jusqu'au-dessus de la seconde porte d'entrée du palais archiépiscopal.

L'ancien bâtiment de la sacristie menaçant ruine, on

l'a démoli pour en construire un plus solide, & en même temps plus commode. Il a été réconstruit aux frais du roi Louis XV, sous les ordres & la conduite de M. le marquis de Marigny, directeur-général des bâtimens du roi, & sur les plans & desseins de *Jacques-Germain Soufflot*, architecte & contrôleur des bâtimens de sa majesté. Cet architecte, malgré l'irrégularité du petit espace, & l'assujettissement des souffrances de toutes espèces, a su joindre les beautés de l'art aux commodités de la distribution. Le bâtiment a été commencé au mois d'avril 1756, & fini en l'année 1758.

La grande sacristie, destinée à l'usage seul des grands offices, forme la pièce principale; elle est précédée d'une espèce de vestibule noble & majestueux, de plein-pied avec le chœur & son bas-côté. La porte est de forme quarrée, à deux vantaux; elle est entourée d'un chambranle de marbre de Languedoc, de la hauteur de seize pieds, Au-dessus est une table de marbre bleu turquin, sur laquelle est en relief le mot *Sacristie*, en lettres de bronze, dorées d'or moulu. Les vantaux sont enrichis, ainsi que le dormant, d'une sculpture admirable. Dans ce dormant on a placé l'écusson de France, décoré de palmes & de guirlandes. Les vantaux représentent, sous la forme d'épis de froment & d'une vigne chargée de raisins, les attributs & symboles des saints mystères, les vases sacrés & généralement les principaux ornemens du service de l'église.

De ce vestibule on entre à droite, par une porte, dont le chambranle est de marbre de Languedoc, dans une chapelle ornée d'une belle menuiserie & de deux beaux tableaux, l'un représentant S. Pierre qui guérit les malades par son ombre, peint par *Laurent de la Hire*, en 1635; l'autre, le naufrage de S. Paul, près l'île de Malthe, peint par *Charles Paerson*, en 1653. Cette chapelle a son arcade fermée d'une belle grille de fer. En face de cette grille & immédiatement au-dessous de la croisée, est une fontaine en niche, avec une cuvette, le tout de marbre, destiné pour le lavement des mains des officiers. Dans l'angle à droite de cette fontaine, est un escalier, par lequel on descend dans deux voûtes souterraines, & néanmoins éclairées; l'une est sous la chapelle, & l'autre sous la sacristie.

A gauche du vestibule, est une porte en face de l'autre, & décorée de même. Par cette porte on descend à une sacristie basse, destinée pour l'habillement des chanoines, lorsqu'ils veulent célébrer des messes basses dans les chapelles autour du chœur. Cette sacristie est pratiquée en voûte sous les chapelles de Saint-Gerard, Saint-Denis & Saint-Georges.

De ce vestibule on entre tout de suite & de plein-pied dans la grande sacristie, destinée uniquement pour le service du chœur; elle est ornée d'une belle menuiserie; la voûte, en forme sphérique, est très-richement sculptée, ainsi que les panaches.

Le mur du fond de cette sacristie, est terminé en face du vestibule par un escalier à deux rampes, servant à monter dans une pièce voûtée, en forme sphérique, à la hauteur de celle de la sacristie; destinée à mettre les châsses & les reliques de l'église de Paris: cette pièce est pareillement ornée d'une très-belle menuiserie; l'armoire du fond est très-richement sculptée.

A l'arcade qui sépare cette pièce d'avec la sacristie, est une belle grille de fer ouvrante à deux battans, surmontée d'un couronnement magnifique; cette grille est très-richement dorée.

On monte ensuite au second étage, dans une belle pièce, éclairée par quatre grandes croisées, dont deux donnent sur la première cour de l'archevêché, & deux sur la seconde. Cette pièce est destinée à serrer tous les ornemens de l'église de Paris. La voûte, construite en brique mise sur plat, est une preuve de la solidité de cette espèce de construction.

Au bout de cette pièce est un escalier qui conduit à un autre, dont un côté communique à la galerie qui règne autour du chœur; & l'autre à un réservoir contenant soixante muids d'eau, avec des tuyaux de descente, moyennant lesquels on peut faire aller l'eau dans les voûtes basses de la sacristie, en cas d'incendie.

Au troisième étage, est une grande pièce, de même grandeur que celle de dessous, destinée à servir de magasin.

Au-dessus est une plate-forme, couverte de plomb laminé, ornée de baluſtrades, & qui couronne l'édifice entier ſur l'une & l'autre cour de l'archevêché.

Pour ce qui concerne les autres parties de l'extérieur du bâtiment qui forme la grande ſacriſtie, les deux façades qui donnent ſur les cours de l'archevêché, ſont très-riches en architecture. Comme ce bâtiment paroît faire partie du palais archiépiſcopal, il ne contribue pas peu à ſa décoration. Du côté de la première cour de l'archevêché, ce bâtiment, qui a ſoixante-quatre pieds de hauteur, préſente une très-belle façade, ornée d'un ſoubaſſement décoré en refend de deux arcades, au milieu deſquelles eſt une table de marbre, ſur laquelle eſt une inſcription latine, dont voici la traduction :

La piété de Louis XV,
Très-bon roi, & très-religieux,
Après avoir déja comblé de ſes bienfaits
Le chapitre de l'égliſe de Paris,
A fait reconſtruire, avec une magnificence royale
Et dans une beaucoup plus belle forme,
Ce bâtiment du tréſor de l'égliſe,
Qui tomboit de vetuſté.
L'an M. D. CC. LVIII.

Au-deſſous ſont deux rangs de croiſées, couronnés par un grand entablement orné de conſoles. Entre les croiſées du premier rang, eſt une niche ſurmontée d'un fronton, au-deſſus duquel ſont deux conſoles ſculptées. On a placé dans cette niche une figure, qui repréſente la piété royale. Cette figure, vêtue à l'antique, a neuf pieds de hauteur; elle tient dans ſa main une corne d'abondance remplie de fleurs, qu'elle prend de ſa main droite pour répandre ſur un autel de forme antique, qui eſt à ſon côté droit. Au-deſſous du fronton, ſur une table renfoncée, on lit cette inſcription en lettres de relief, de bronze, doré d'or moulu.

Pietas auguſta.

Au-deſſus de cette figure, entre les croiſées du ſecond

rang, est un médaillon qui contient le buste du roi, en profil du côté de l'église, autour duquel sont ces trois mots, en lettres d'or : *Lud. XV*, *Rex Christ.*

Toute la sculpture, tant intérieure qu'extérieure de ce beau & magnifique bâtiment, a été faite par le fameux *Michel-Ange Stolz.*

Des deux arcades qui paroissent à ce bâtiment, l'une est feinte, & l'autre percée, & forme la principale entrée du palais archiépiscopal, lequel n'a rien de remarquable.

Les bâtimens de la première cour sont très-anciens, & accompagnent bien mal la belle façade de la sacristie. C'est dans ces bâtimens que logent les gens de l'archevêque. Dans la partie qui regarde la rivière, sont plusieurs grandes salles : l'une est une chapelle, dans laquelle se font ordinairement les ordinations ; dans l'autre, on tire la loterie des Enfans-Trouvés ; & dans la troisième, est la bibliothèque des avocats.

Les bâtimens de la seconde cour sont plus apparens, sur-tout en face de l'entrée, qui est, comme nous venons de le dire, sous la grande sacristie. Cette partie du palais archiépiscopal, vient d'être réparée à neuf du côté du jardin, & simplement reblanchie du côté de la cour.

Nous n'entrerons point dans le détail du trésor qui est dans la grande sacristie ; nous nous contentons de dire que l'on y conserve, avec autant de décence que de dignité, les vases sacrés & plusieurs reliques, qui sont ornées d'un grand nombre de perles, de saphirs orientaux, de topases, d'agates, & autres pierres précieuses, & un grand nombre de riches ornemens pour le service divin.

Extérieur de la cathédrale.

Les dehors de ce grand & somptueux édifice ont aussi leurs beautés particulières, principalement derrière le chœur & aux portes collatérales, où l'on voit plusieurs pyramides délicatement travaillées, enrichies de feuillages, de têtes & de figures entières. Une grande partie de ces ornemens sont mutilés & endommagés par les injures du temps.

Le grand portail n'a de remarquable que son élévation

& sa solidité. Ses trois portes paroissent très-basses & petites relativement à la grandeur du portail : elles sont faites en enfoncement, ornées de quantité de figures gothiques, travaillées en relief & qui représentent des saints, des anges & des patriarches ; en un mot, différens sujets de l'ancien & du nouveau testament, ainsi que de l'histoire ecclésiastique.

Les figures, qui sont au haut de la porte du milieu, représentent le jugement universel.

Les grandes figures de pierre qui sont des deux côtés, représentent les douze apôtres, foulant sous leurs pieds les rois païens.

Les curieux admirent la ferrure des deux portes collatérales du grand portail : leurs ornemens sont aussi de fer, & appliqués d'une manière que l'on a peine à concevoir.

Les deux panneaux de la porte du milieu, n'ont point d'ornemens, & ne sont pas suspendus de la même manière que ceux des deux autres ; sans doute que l'artiste qui a ferré la porte du milieu n'étoit pas le même, & que le premier sera mort avant que d'avoir pu rétablir les panneaux des trois portes. Le peuple crédule fait un conte ridicule sur le travail des portes collatérales, & en attribue l'exécution au démon.

Au-dessus de ces trois portes, il y a trois galeries, dont la première, appellée la *galerie des Rois*, est ornée de vingt-huit figures de quatorze pieds de hauteur, qui font partie des ornemens de cette façade. Elles représentent vingt-huit de nos rois des trois races. Il y en a treize de la première, huit de la seconde, & sept de la troisième. Philippe, surnommé *Auguste*, est le dernier des vingt-huit.

Les effigies de ces rois paroissent assez uniformes, & leur portrait assez fidèle.

La galerie du milieu, qui est de niveau avec la grande rose, laquelle est son principal ornement, n'a rien de remarquable. On la nomme la *galerie de la Vierge* ; elle est immédiatement au-dessous des deux tours, & formée par une colonnade, dont les colonnes sont d'une seule pierre, & remarquables par la délicatesse de leur travail.

Au bas de cette galerie, entre les deux tours, sont placés deux reservoirs de plomb, qui contiennent environ quatre-vingts muids d'eau chacun, pour s'en servir en cas d'incendie dans cette église.

Au-dessus de ces trois galeries, sont les deux grosses tours quarrées qui terminent le grand portail. Ces tours ont trente-quatre toises de hauteur, & on y monte par 380 degrés de pierre.

Dans celle de la gauche, ou qui est du côté de l'archevêché, il n'y a que deux cloches, vulgairement appellées *bourdons*.

La plus grosse de ces cloches, nommée *Emmanuel*, a été refondue en 1686; elle pese environ trente mille liv. & a huit pieds de diamètre. Elle fut donnée en 1400, par Jean, comte de Montaigu, qui la nomma Jacqueline, du nom de sa femme. C'est ce qui est constaté par l'inscription latine qui est sur la cloche & dont voici le sens.

Je m'appellois autrefois Jacqueline, *& j'avois été donnée à cette église par Jean, comte de Montaigu; je pesois quinze milliers: présentement mon poids ayant été augmenté du double, je m'appelle* Emmanuel-Louise-Thérèse, *& j'ai été ainsi nommée par Louis XIV & Marie-Therese d'Autriche, son épouse, & bénie par François de Harlay, le premier des archevêques de Paris, qui a été décoré de la qualité de duc & pair de France, le 29 avril 1686.*

La seconde, qu'on appelle *Marie*, a été refondue le premier octobre 1472, & bénie le 27 octobre: elle pese environ vingt-cinq mille, & a sept pieds cinq pouces de diamètre.

Dans la tour du côté du cloître, il y a sept moindres cloches.

La première, appellée *Gabriel*, a été refondue au mois d'août 1641, & pèse douze mille.

La seconde, appellée *Guillaume*, a été refondue en l'année 1729, & pèse huit mille.

La troisième, appellée *Pasquier*, a été refondue en l'année 1684, & pèse six mille.

La quatrième, qu'on appelle *Thibault*, a été refondue en l'année 1684, & pèse environ cinq mille.

La cinquième, qu'on appelle *Jean*, a été refondue en 1708, & pèse environ quatre mille.

La sixième, appellée *Claude*, a été refondue en l'année 1714, & pèse environ deux mille.

La septième, appellée *Nicolas*, a été refondue en l'année 1714, & pèse dix-neuf cents.

Du haut de ces deux tours on découvre tout Paris & ses environs.

Outre les cloches dont nous venons de parler, il y en a six autres dans le petit clocher qui est au milieu de la croisée de l'église.

De ces six cloches, il y en a quatre qui sont très-estimées par leur sonnerie harmonieuse; savoir, *Anne*, dite *la Babillette* : *Barbe*, dite *la Muette*; *Magdelaine*, dite *Matiphas*; & *Catherine*, dite l'*Extrême-Onction*. Les deux autres, sont la cloche du chapitre, & la cloche pour avertir le grand-sonneur de la célébation du service divin. On ne sait pas le temps où ces six cloches ont été fondues; tant elles sont anciennes.

La flèche, ou le petit clocher qui les renferme, est de toute beauté. Il n'est soutenu que par quatre grosses poutres, qui portent sur les quatre piliers de la croisée. Il est couvert de plomb, ainsi que tout le comble de ce vaste édifice, & a cent quatre pieds de hauteur depuis le comble jusqu'à la tête du coq. La voûte qui est au-dessous de ce clocher, a été rétablie en 1729, aux frais de M. le cardinal de Noailles.

La charpente, qui soutient la couverture de l'église, est appellée *la forêt*, à cause de la quantité de bois dont elle est composée : elle ne porte que sur les quatre gros murs, & a 356 pieds de longueur, sur 37 pieds de largeur; & l'on compte 30 pieds du dessous de la voûte, jusqu'au haut du faîtage.

La couverture de plomb qui couvre cette belle charpente, comprend douze cents trente-six tables de plomb, de trois pieds de largeur sur dix pieds de longueur, & de l'épaisseur de deux lignes. Chaque table pèse 340 liv. ce qui fait la quantité de 420 mille 240 liv. de plomb, sans y comprendre la couverture du petit clocher, les galeries, gargouilles, arcboutans, tuyaux de descentes, & quantité d'autres morceaux.

Il y a trois galeries autour de cette église; la première,

est au-dessus des chapelles; la seconde, au-dessus des galeries de la nef & du chœur; la troisième est au-dessous du grand comble, & sert à aller tout au tour de l'église en dehors. Ces galeries, autour desquelles il y a une infinité de canaux & tuyaux en forme d'animaux, travaillés très-artistement, pour l'écoulement des eaux, sont couverts de grandes & belles dalles de pierre.

Au dessous du grand comble, aux quatre coins de la croisée, il y a quatre petites tourelles de pierre, terminées en forme d'obélisque.

A l'extrémité de l'église, au-dessus du chœur, est une grande croix de fer, terminée aux bouts des croisillons par des fleurs de lys. Cette croix a ving-huit pieds de hauteur, depuis le dessous du comble jusqu'au bout de la fleur de lys.

Le chapitre vient de faire placer (au commencement de l'année 1768 (, dans le parvis, au pied de la tour septentrionale, une pierre triangulaire, du milieu de laquelle sort un poteau chargé de ses armes. C'est de-là, comme d'un centre commun, qu'on commencera à compter les distances qu'on se propose de marquer sur toutes les grandes routes du royaume, & qui se voient déja de Paris à Melun, à Sens, à Alençon, à Compiégne, &c. *Voyez* PONTS ET CHAUSSÉES.

L'église de Saint-Jean-le-Rond, qui étoit adossée au mur collatéral de la même tour, fut démolie en 1748, & on en a transporté le titre dans l'église de Saint-Denis-du-Pas. Nous parlerons plus bas de l'une & l'autre église.

L'entrée du cloître, qui occupe aujoud'hui une partie de l'emplacement de cette église, a été réconstruite à neuf en forme de portique, en l'année 1751. Cette grande porte, dont la façade est décorée de quatre colonnes d'ordre dorique, forme la principale entrée du cloître. Au-dessus de l'attique, sont placés quatre beaux vases sculptés, avec des flammes au-dessus. Dans l'épaisseur de ce bâtiment, on a pratiqué deux logemens, pour le Suisse du cloître & celui de l'église de Notre-Dame.

Ce bâtiment est de feu M. *Boffrand*, qui a donné le dessein de celui des Enfans-Trouvés, situé en face de la tour septentrionale, &c.

La fontaine & les vieux bâtimens des Enfans-Trouvés, qui embarrassoient le Parvis, ont été abattus.

Le mardi de la semaine-sainte, se tient dans le Parvis la foire au lard & aux jambons; elle se tenoit autrefois le jeudi saint, mais le jour en a été changé par le chapitre, en 1686, suivant le desir de M. du Harlay, archevêque de Paris.

Le palais achiépiscopal, dont nous avons déja parlé, est situé en belle vue sur la rivière, vis-à-vis du chœur de l'église cathédrale. Il a un jardin, ou plutôt une petite avenue, le long de la rivière. Quoique ce palais ait été augmenté & embelli par le cardinal de Noailles, & encore tout recemment réparé, il n'a rien de remarquable que son antiquité.

Quant aux maisons des chanoines, elles sont renfermées dans le cloître par de vieilles murailles; & outre les jardins particuliers qui accompagnent quelques-unes de ces maisons, elles en ont un qui leur est commun: il est situé à la pointe de l'île, derrière le chœur de la cathédrale.

Avant de passer au chapitre de la cathédrale, nous croyons devoir dire un mot des confrairies de cette métropolitaine, de la célébration de l'office divin, des processions annuelles, & des cérémonies extraordinaires.

Confrairies de l'église de Paris.

La plus remarquable des confrairies de cette église, est celle qu'un titre de 1205 appelle *confraternitas beatæ Mariæ Parisiensis surgentium ad matutinas*; c'est-à-dire, la confrairie de ceux qui se lèvent pour matines, sous l'invocation de Notre-Dame de Paris. Cette confrairie étoit composée de personnes pieuses de Paris, qui, à l'exemple des chanoines, se levoient au milieu de la nuit & venoient assister à leurs offices. Quoique cette confrairie ne subsiste plus, l'église de Paris a toujours conservé l'usage de dire les matines à minuit, excepté les veilles de certaines fêtes.

La seconde confrairie est celle de *Saint-Augustin*, qui fut érigée en cette église vers l'an 1180, du temps de Maurice de Sully, 73 évêque de Paris, & approuvée en 1212, par le pape Innocent III. Dès son origine elle a été composée d'un abbé & de plusieurs bénéficiers du chœur. Le nombre étoit de quarante, tous prêtres. Ce sont toujours des chanoines qui sont abbés de cette confrairie. La veille de la fête de S. Augustin, les confrères chantent les premières vêpres; le lendemain, jour de la fête, ils chantent la grand'messe & les secondes vêpres; & le surlendemain, une grand' messe des morts, pour les confrères défunts, dans la chapelle de Saint-Thomas de Cantorbery, la plus voisine de celle de Saint-Augustin, qui fait aujourd'hui partie de la sacristie des messes, comme nous l'avons dit plus haut.

La troisième confrairie, est celle de *Saint-Côme* & de *Saint-Damien*, établie en l'église de Paris en l'année 1475. On porte les châsses de ces deux saints en procession dans la Cité, le 27 septembre, jour de leur fête, & elles sont exposées pendant trois jours dans l'église, vis-à-vis la chapelle de Saint-Denis. Le jour de la fête on chante à cette chapelle une messe solemnelle, & le lendemain un service pour les confrères trépassés.

La quatrième, est la confrairie de *Saint-Crépin le Grand* & *Saint-Crépin le Petit*, qui fut érigée en 1379, par Charles V, roi de France, dit *le Sage*, en faveur des garçons cordonniers. Au mois d'octobre 1429, les maîtres cordonniers se joignirent, du consentement de l'église de Paris, à cette confrairie. Le 16 juin 1555, intervint un arrêt du parlement, portant règlement entre les maîtres & les compagnons. Mais ce règlement n'ayant pas empêché qu'il n'y eût un procès considérable entre les maîtres & les garçons, depuis l'année 1750 jusqu'en 1758, les uns & les autres présentèrent, au chapitre de l'église de Paris, un projet de transaction & de règlement pour leur confrairie, lequel fut approuvé du chapitre par sa conclusion du 26 avril 1758; & la transaction, les statuts & règlemens de la confrairie, furent homologués par arrêt du parlement, le 21 août de la même année.

Le 25 octobre, fête de S. Crépin & de S. Crépinien, les maîtres cordonniers célèbrent la fête de leurs patrons, dans la chapelle de Saint-Crépin, dont nous avons parlé plus haut; l'office consiste dans les premières vêpres, la

messe

messe & les secondes vêpres, & le lendemain une grande messe des morts, pour tous les maîtres décédés dans le courant de l'année.

Le dimanche suivant, les garçons cordonniers célèbrent leur fête dans la même chapelle : l'office consiste dans la grand'messe & les vêpres ; le jour des morts ils font faire un service pour tous les confrères défunts. Ils célèbrent aussi la même fête le dimanche dans l'octave de l'ascension.

C'est toujours un bénéficier de l'église de Paris qui est leur chapelain. La confrairie des garçons cordonniers est obligée de rendre compte de son administration tous les ans, le premier dimanche de juillet, devant M. le doyen, ou devant le chanoine qu'il a choisi pour le remplacer, étant accompagné du chapelain de la confrairie.

De l'Office divin.

Il n'y a peut-être point de cathédrale en Europe où l'office se fasse avec tant d'exactitude, d'édification & de majesté que dans l'église de Paris. On y chante tous les jours les matines à minuit, selon l'ancien usage conservé dans cette église, la seule des églises séculières qui les dise à cette heure ; & le chapitre a pris de sûres mesures pour perpétuer à jamais cette pratique. On n'est jamais tenu présent à cet office de minuit, pas même en cas de maladie.

Outre l'office canonial, il y a trois fois la semaine une messe de fondation pour les morts ; savoir, les lundis, mercredis & vendredis : cette messe se chante avant la messe canoniale. Il y a aussi chapitre ces trois mêmes jours.

Pendant le carême, il y a tous les jours deux messes, l'une des morts & l'autre du jour ; il y a aussi sermon le dimanche, le mardi, le jeudi & le vendredi, à dix heures & demie du matin.

Tous les samedis de l'année & les veilles des grandes fêtes, il y a motet à la chapelle de la sainte Vierge, après complies ; après le motet, on chante le *de profundis* en faux bourdon, & un enfant de chœur chante l'oraison pour le repos de l'ame de Durand Vigier de Mondor, chanoine de cette église, mort le 13 novembre 1586.

Le samedi saint, après complies, on chante à la chapelle de la Vierge, le *Regina* & un motet en grande symphonie; ce qui attire toujours un grand concours de monde.

Tous les jours de l'année le célébrant dit, au coin de l'autel, avant le *lavabo*, un *de profundis* pour Denis Dumoulin, évêque de Paris, mort le 15 septembre 1447; & ensuite il jette de l'eau-bénite sur sa tombe; & à la fin de la messe il dit, à la fin du dernier évangile, le *de profundis*; en arrivant à la porte du chœur du côté de la sacristie, il jette de l'eau-bénite sur la tombe de Jean de Villeblain, chanoine de l'église de Paris, & archidiacre d'Arras, mort en l'année 1392.

Tous les jours de l'année le Spé, c'est-à-dire, l'ancien des enfans de chœur, recommande au célébrant, au *memento* des morts, les ames de Pierre de Gondy, d'Hardouin de Perefixe, de François de Harlay, & de Louis-Antoine, cardinal de Noailles, tous archevêques de Paris.

Tous les jours les enfans de chœur, après la grand' messe, en sortant de l'église, disent le *de profundis* avec l'oraison, sur la tombe de Jean Lupy, chanoine & sous-chantre de l'église de Paris, mort en 1373. Sa tombe est à l'entrée de l'église, vis-à-vis la porte rouge.

Tous les dimanches de l'année les enfans de chœur disent, en sortant de matines, le *de profundis* avec l'oraison, sur la tombe d'Hugues Pasté, chanoine de Saint-Aignan, mort le 7 janvier 1484. Sa tombe est près du chœur, vis-à-vis la porte rouge.

Tous les vendredis de l'année les enfans de chœur assistent, à sept heures du matin, à l'autel des Féries, à une messe de la sainte croix, fondée le 17 février 1501, par Pierre Cerisai, chanoine de l'église de Paris, & par Pierre V, cardinal de Gondy, le 5 février 1611; & après la messe, ils chantent le *de profundis*, &c.

Tous les samedis, les enfans de chœur assistent, à sept heures du matin, à une messe de la sainte Vierge, fondée par Denis Dumoulin, évêque de Paris, mort le 15 septem. 1445; & avant la messe, ils chantent le *veni creator*, fondé le 18 septembre 1562, par André Berard chapelain; & après la messe, le *de profundis*, &c.

Tous les mois, la premiere fête solemnelle qui arrive,

les enfans de chœur chantent en chant sur le livre, après matines, vis-à-vis le grand autel, *ave Maria, gratia plena, per sæcula*, & *requiescat in pace*, fondé le 22 avril 1485, par Pierre Henri, chanoine & sous-chantre, mort en 1501.

Les chanoines *jubilés*, c'est-à-dire, ceux qui sont chanoines depuis cinquante ans, sont tenus présens à tous les offices, excepté aux matines de nuit & aux messes de la fondation du chapitre, sans être obligés d'y assister; & ils jouissent du droit de distribution qui est attaché à chaque office; mais pour l'obtenir, il faut qu'ils présentent requête au chapitre.

On sonne le *couvre-feu* tous les jours à sept heures du soir, avec la cloche de la fête.

Processions annuelles du chapitre.

Le 3 janvier, à huit heures du matin, le chapitre va à Sainte-Genevieve chanter la messe avec les religieux, & le corps de ville y assiste en habits de cérémonie.

Le dimanche de la quinquagésime, à dix heures, il fait la procession autour de l'église, en dehors.

Le 22 mars, jour de la réduction de Paris sous Henri IV, le chapitre va à dix heures chanter la messe aux grands Augustins, accompagné de ses quatre filles, & précédé des Carmes de la place Maubert, des Jacobins de la rue Saint-Jacques, & des grands Cordeliers; la ville en corps accompagne cette procession, à laquelle on porte la châsse de la sainte Vierge & le grand tableau de S. Sebastien: les Cours souveraines se rendent aux Augustins. Quand le jour de cette cérémonie arrive dans la quinzaine de Pâques, elle est remise au premier vendredi d'après la *quasimodo*. C'est pour rendre grâces à Dieu de ce qu'à pareil jour de l'année 1594, la ville de Paris rentra sous l'obéissance de Henri IV, son légitime souverain.

Le dimanche des rameaux le chapitre part en silence, à sept heures du matin, & porte en procession la châsse de la Vierge à Sainte-Genevieve, où M. l'archevêque, ou en son absence M. le doyen, fait la bénédiction des rameaux; ensuite le prédicateur de carême de l'église de

Paris, fait un sermon dans la nef. Après quoi l'on part pour retourner à Notre-Dame. En revenant, on chante une antienne à un autel dressé pour cet effet à la porte du collège des Cholets ; & de-là, étant arrivés près le Petit-Châtelet, M. l'archevêque prend ses habits pontificaux pour chanter *attollite portas*, à la porte du Petit-Châtelet, & y délivrer un prisonnier pour dettes, lequel porte le bas de la robe de l'archevêque ou du doyen : le concierge de cette prison présente des bouquets à tout le clergé ; mais lorsqu'il pleut, la cérémonie se fait à la porte de Notre-Dame.

Le 25 avril, fête de S. Marc, le chapitre va, à huit heures, dire une antienne à Saint-Paul, & de-là chanter la messe à Saint-Mery.

Le 27 avril, il va faire station à l'Hôtel-Dieu avant la messe, en mémoire du feu du Petit-Pont, arrivé en 1719.

Le lundi des rogations, à six heures, on porte processionnellement la châsse de la Vierge à l'abbaye de Montmartre, où l'on chante la messe, avec les quatre filles du chapitre ; & en passant sur le Pont-au-Change, le célébrant entre dans une boutique pour bénir la rivière ; en revenant de Montmartre, la procession se repose à Saint-Lazare, ensuite à Saint-Laurent, à Saint-Martin-des-Champs & à Saint-Mery : en temps de pluie elle ne va qu'au Pont-au-Change, & de-là va chanter la messe à Saint-Denis-de-la-Chartre.

Le mardi, à huit heures, le chapitre va dire la messe aux Carmélites de la rue Saint-Jacques ; en chemin il chante une antienne à la Vierge de la porte de l'Hôtel-Dieu, ensuite au chevet de l'église de Saint-Benoît, & de-là au portail de Saint-Etienne-des-Grès ; & en revenant, la procession s'arrête au chevet de l'église de Saint-Côme.

Le mercredi l'église de Paris part à sept heures ; en passant dans la rue Saint-Victor, elle s'arrête à la porte de Saint-Victor, & chante une antienne vis-à-vis un autel dressé à cet effet ; ensuite elle va à Saint-Marcel, où elle chante une antienne en entrant dans l'église ; après quoi elle va à Sainte-Genevieve, où elle assiste à la messe chantée par les religieux.

Le jeudi, jour de l'ascension, il y a procession générale autour de la Cité, à huit heures du matin; le chapitre & ses quatre filles sont en chapes : l'archevêque, en habits pontificaux, & ses trois filles, y assistent; on y porte la châsse de la sainte Vierge, & les orfèvres portent celle de S. Marcel. Cette procession est très-majestueuse & très-édifiante.

Le 19 juin le chapitre va, à huit heures & demie, à Saint-Gervais pour y chanter la grand' messe.

Le jour de la Fête-Dieu, à huit-heures, la procession sort & fait le tour de la Cité, sans reposer; on y porte le grand soleil sous un riche dais. Cette procession est très-belle & très-majestueuse, étant d'une noble simplicité, conformément à l'ancien usage.

Le jeudi, jour de l'octave, on fait la procession autour de l'église, en dedans, avec le petit dais & le petit soleil.

Le troisième dimanche après la Pentecôte, le chapitre part à huit heures pour aller chanter la messe au Saint-Sépulchre.

Le 29 juin on va à S. Pierre-aux-Bœufs faire la station.

Le 30 juin, à huit heures, le chapitre va chanter la messe à Saint-Paul.

Le 4 juillet, à huit heures, il va à S. Martin-des-Champs, chanter la messe avec les religieux, à l'issue de laquelle on va au chapitre, où M. le chancelier de Paris fait un discours latin pour la délivrance d'un prisonnier, & le prieur lui répond par un autre discours.

Le 11 juillet, à huit heures & demie, le chapitre va chanter la messe à Saint-Benoît.

Le 21 juillet, il va à Saint-Victor, où il chante la messe, à huit heures, avec les chanoines réguliers de cette église.

Le dimanche dans l'octave de la fête de la Magdelaine, le chapitre va faire station à cette paroisse.

Le 31 juillet, à huit heures & demie, il va chanter la messe à Saint-Germain-l'Auxerrois.

Le 3 août, à la même heure, il va chanter la messe à Saint-Etienne-des-Grès.

Le 10 août le chapitre alloit autrefois en procession à Saint-Laurent; mais à présent il y envoie six bénéficiers pour y chanter la grand' messe.

Le 15 août, jour de l'assomption de la Vierge, il y a procession générale autour de la Cité. Cette cérémonie a été instituée le 10 février 1638, par Louis XIII, qui mit son royaume sous la protection de Dieu & de la sainte Vierge, en action de grâces de la grossesse de la reine, Anne d'Autriche, son épouse; qui, après vingt-trois ans de stérilité, mit au monde un prince, qui régna sous le nom de Louis XIV.

Les cours souveraines & le corps de la ville de Paris, assistent tous les ans à cette procession. Dans les commencemens il y eut de grandes contestations pour le rang, entre le parlement & la chambre des comptes, ce qui empêcha ces deux cours d'y assister pendant plusieurs années.

En 1672, Louis XIV régla les rangs, & ordonna que les deux cours n'entreroient point dans le chœur; que le parlement, après s'être assemblé dans le chapitre, viendroit joindre la procession à la porte du chœur, dans la nef, à droite, & que chaque membre marcheroit à la file, pendant que, de l'autre côté, la chambre des comptes viendroit de l'officialité, pour joindre aussi le clergé & le suivre à la file à gauche, de manière que le premier président de la chambre des comptes marcheroit à la gauche du premier président du parlement; viendroit ensuite la cour des aides, qui marcheroit sur deux files: ce qui s'exécute ponctuellement depuis ce temps-là.

En 1717, le duc d'Orléans, alors régent du royaume, assista à cette procession au nom de Louis XV, avec le cortège & les honneurs royaux. En 1738 cette procession fut des plus solemnelles, à cause de la centième année de son institution; elle se fait tous les ans à pareil jour dans toutes les églises du royaume, suivant la déclaration de Louis XIII, par laquelle il est ordonné que tous les archevêques & évêques du royaume feront faire, le jour de l'assomption de la sainte Vierge, la commémoration de cette déclaration à la grand' messe, dans toutes les églises de leurs diocèses; il est aussi ordonné que le même jour, après vêpres, les cours souveraines, ou les premiers juges de chaque lieu, assisteront à une procession, qui doit se faire dans toutes les villes, bourgs & paroisses du royaume, en reconnoissance des grands succès de la guerre, que ce prince attribua à la protection de la sainte Vierge : & voulant dignement la remercier de tant de faveurs qu'il en avoit reçues, il mit son royaume sous sa protection, & fit vœu de rétablir le grand autel de la cathédrale de Paris, & en laissa l'exécution à Louis XIV, son fils, qui l'a accompli avec beaucoup de magnificence, comme nous l'avons dit plus haut.

Le 24 août le chapitre va, à neuf heures, chanter la messe à Saint-Barthélemi.

Le 25 août, fête de S. Louis, il y a une messe solemnelle pour le roi, à dix heures.

Le 27 août, à huit heures & demie, on va chanter la messe à Saint-Mery.

Le 27 septembre, à neuf heures, on fait la procession dans la Cité avec les châsses de S. Côme & de S. Damien, où un grand nombre de personnes de l'un & de l'autre sexe assistent avec beaucoup de dévotion.

Cérémonies extraordinaires.

C'est dans l'église de Notre-Dame que l'on fait les obsèques des rois, des reines & des premiers princes du sang; l'on y fait aussi les plus grandes & les plus augustes cérémonies. En temps de guerre, l'on y porte les drapeaux que nous enlevons dans les victoires remportées sur les ennemis de l'état ; on y chante le *te Deum*, en actions de grâces de ces mêmes victoires, ainsi que des prises des villes & des grands évènemens, par lesquels Dieu nous accorde des avantages qui intéressent le prince & l'état. On fait aussi, tous les trois ans, dans cette église la bénédiction des drapeaux des gardes-Françoises & gardes-Suisses, des étendarts & guidons des Mousquetaires, & des Gendarmes de la garde.

Le Roi & la Reine à Notre-Dame.

Lorsque le roi & la reine viennent à Notre-Dame, on sonne la veille les deux bourdons, *Emmanuel & Marie*, depuis cinq heures jusqu'à cinq heures & demie.

Le lendemain matin on bourdonne à sept heures.

Lorsque leurs majestés sont sur le point d'arriver, on sonne toutes les cloches de l'église. Tout le chapitre, précédé de ses suisses, huissiers, du spé*, portant la grande croix, se rend en chape à la porte de l'église, suivi de l'archevêque en habits pontificaux. Le roi & la reine étant entrés dans l'église, le prélat leur présente de l'eau-bénite & ensuite les encense; puis le roi & la reine s'étant mis à genoux sur des carreaux, qui leur sont présentés par les deux chanoines intendans de la fabrique, l'archevêque leur donne la vraie croix à baiser. Ensuite il leur fait un compliment, après lequel tout le chapitre précède le roi & la reine, que l'archevêque accompagne & conduit dans le chœur sous un dais préparé au milieu.

Le roi & la reine, après avoir entendu la messe, viennent faire leurs prières à la chapelle de la sainte Vierge; & le chapitre, avec l'archevêque les accompagnent jusqu'à la grande porte de l'église, le tout au jeu des orgues & au son de toutes les cloches de l'église. Ce jour là l'église est gardée par les cent-Suisses du roi, & le chœur par les gardes du corps, comme aux *Te Deum* & autres semblables cérémonies.

Catafalques.

Lorsqu'il y a un catafalque à construire à Notre-Dame, on ne le fait jamais que par un ordre du roi, notifié par le grand-maître des cérémonies de France. Tout étant disposé dans la nef pour le jour que le roi a déterminé, on bourdonne la veille à midi, *Emmanuel & Marie;* à quatre heures on sonne toutes les cloches pour les vêpres des morts, que le chapitre va chanter au lieu du catafalque. A sept heures du soir on sonne le couvre-feu avec toutes les cloches, de même que pour les laudes des morts, qui se chantent après les laudes de la nuit. Le jour du service, on sonne, à six heures du matin, toutes les cloches; &

* Le plus ancien des enfans de chœur.

ensuite, vers les onze heures, pour la messe solemnelle des morts, ainsi qu'à l'*offertoire* & au *libera*. Cette messe est célébrée par l'archevêque, & chantée en musique en grande symphonie par la musique de l'église. A l'offrande il n'y a que les princes & princesses qui soient accompagnés du grand-maître des cérémonies de France. Après l'offrande on prononce l'oraison funèbre : c'est ordinairement un évêque qui en est chargé. Toutes les cours, invitées de la part du roi par le grand-maître des cérémonies de France, assistent à ce service.

Dans les premières stalles à droite, du côté du sanctuaire, sont placés les princes du sang; ensuite le premier président, le gouverneur de Paris, les présidens & les conseillers du parlement; le recteur de l'université avec les doyens des facultés & les procureurs des nations; & dans la première stalle basse à droite, à l'entrée du chœur, le doyen & les chanoines de l'église de Paris. Dans les premières stalles à gauche, du côté du sanctuaire, sont placées les princesses; ensuite le premier président de la chambre des comptes, les présidens & maîtres des comptes; le premier président, les présidens & les conseillers de la cour des aides; le prévôt des marchands avec les échevins, & dans les stalles basses, les officiers de ville; & dans les stalles à gauche, à l'entrée du chœur, les chanoines de l'église de Paris. Dans le sanctuaire, à droite, le clergé de France; & à gauche, les personnes de la première distinction. A cette cérémonie, l'église est gardée par les cent-suisses du roi, & l'intérieur du catafalque, par les gardes du corps.

Te Deum.

Lorsqu'on chante à Notre-Dame un *Te Deum*, on bourdonne la veille, à cinq heures du soir, *Emmanuel* & *Marie*. Le jour, à sept heures du matin, à midi, à l'arrivée & à la sortie de chaque cour on sonne de même.

Le *Te Deum* se chante toujours en musique & symphonie. C'est M. l'archevêque qui l'entonne dans son trône, étant revêtu de ses habits pontificaux. Toutes les cours, invitées de la part du roi par le grand-maître des cérémonies de France, assistent à cette cérémonie. Dans le sanctuaire, à droite, sont placés les archevêques & évêques; au-dessous du trône de M. l'archevêque, le chancelier de France, accompagné de tout le conseil; à droite, à l'entrée du chœur, M. le premier président, le gouverneur de Paris, les présidens & les conseillers du parlement; & dans les stalles basses, les officiers du parlement; à l'entrée du chœur, le premier président de la chambre des comptes, les présidens & maîtres des comptes; ensuite le premier président, les présidens & les conseillers de la cour des aides; le prévôt des marchands avec les échevins, & dans les stalles basses, les officiers de ville.

Les dignitaires & chanoines de l'église de Paris, occupent les six premières places à droite, tant dans les stalles hautes que dans les stalles basses, avec des banquettes placées dans les stalles hautes. A ces cérémonies, comme aux premières dont nous avons parlé, l'église est gardée par les cent-suisses du roi, & le chœur par les gardes du corps.

Bénédiction des Drapeaux & Etendarts.

La veille de la bénédiction des drapeaux, qui se fait tous les trois ans, on bourdonne, à cinq heures du soir, *Emmanuel* & *Marie*, & le jour, à sept heures du matin, puis à l'arrivée & à la sortie des troupes de la maison du roi dont on bénit les drapeaux. Tous les corps des troupes étant arrivés, leur état-major va chercher M. l'archevêque pour le conduire à la sacristie, où il prend ses habits pontificaux. Le prélat étant arrivé au bas de l'autel, & s'étant assis sur un fauteuil, bénit les drapeaux ou étendarts, & ensuite monte dans son trône pendant qu'on chante le *Te Deum*, &c. *Domine salvum*, &c. après quoi il donne la bénédiction, & l'état-major le reconduit dans la sacristie pour quitter ses habits pontificaux, & ensuite dans son palais archiépiscopal; le tout au bruit des tambours & des instrumens.

Chapitre de Notre-Dame.

L'église de Paris est sous l'invocation de Notre-Dame.

Son chapitre, l'un des plus célèbres du royaume, est composé de huit dignitaires & de cinquante-un chanoines.

Les dignitaires sont, un *doyen*, un *chantre*, trois *archidiacres ;* savoir, de Paris, de Josas & de Brie ; un *souschantre*, un *chancelier* & un *pénitencier.*

Le doyenné & la sous-chantrerie sont électifs par le chapitre ; les autres dignités & les canonicats sont à la collation de l'archevêque, excepté les deux canonicats de Saint-Aignan, qui sont demeurés à la nomination des chanoines de S. Germain-l'Auxerrois, unis au chapitre de la cathédrale, qui jouissoient de ce droit avant leur union.

Dans les mois de rigueur, qui sont janvier & juillet, l'archevêque est obligé de conférer le bénéfice vacant à sa nomination, au plus ancien gradué qui le requiert.

Les trois premiers dignitaires & ceux d'entre les chanoines qui sont conseillers-clercs, portent la soutanne rouge les jours de fêtes annuelles & solemnelles, les autres chanoines la soutanne violette, avec les paremens & les boutons cramoisis.

Pour être reçu chanoine à Notre-Dame, il faut faire serment qu'on n'a point été moine, & qu'on gardera l'immunité du chapitre.

Les chanoines ne sont pas toujours tous prêtres ; il y en a ordinairement quelques-uns qui ne sont que diacres, d'autres seulement sous-diacres : il y en a quelquefois même qui sont *in minoribus*. Ces derniers n'ont pas voix au chapitre.

Les dignitaires peuvent être en même temps chanoines ; & il y en a toujours quelques-uns qui unissent le titre de chanoine à la dignité dont ils sont revêtus.

Le chapitre administre ses biens par lui-même, sous l'inspection de deux *intendans des bâtimens & de la fabrique*, lesquels officiers sont électifs tous les deux ans. Il y a d'ailleurs pour les affaires du chapitre, un *chambrier*, un *agent du chapitre*, un *théologal* & un *secrétaire du chapitre*. Ce dernier est un simple clerc, & ne fait corps qu'avec la seconde partie du clergé de la cathédrale, au lieu que les autres officiers sont tous chanoines.

Les officiers laïcs du chapitre sont, un *receveur-général*, un *receveur des cens & rentes*, un *archiviste* & un *inspecteur des bâtimens* : ces derniers sont gagés.

Les titulaires qui composent la seconde partie du clergé de Paris, sont deux hauts-vicaires * de *Saint-Aignan*, en l'église de Paris, quatre autres hauts-vicaires en l'église de Paris; savoir, ceux de *Saint-Denis-de-la-Chartre*, *Saint-Victor*, *Saint-Martin-des-Champs* & *Saint-Marcel*.

Le titre de haut-vicaire de *Saint-Germain-l'Auxerrois* en l'église de Paris, est supprimé : & le titulaire honoraire qui jouit encore de ce bénéfice, ne sera point remplacé. Cette vicairerie avec celle de *Saint-Maur-des-Fossés*, a été réunie au chapitre en 1748, pour augmenter la distribution du bas-chœur.

Outre ces bénéficiers, qui composent la seconde partie du clergé de Notre-Dame, il y a huit chanoines de *Saint-Jean-le-Rond* en l'église de Paris, dont deux sont prêtres & curés du cloître; trois diacres & trois sous-diacres; dix chanoines de *Saint-Denis-du-Pas*, en l'église de Paris : cinq de ces derniers sont prêtres, trois diacres, & deux sous-diacres.

Les autres ecclésiastiques de la seconde partie du clergé de la métropolitaine, sont un chanoine sous-diacre de *Sainte-Catherine*, en l'église de Paris; un chapelain, sous-diacre de *Saint-Aignan*; & 130 autres chapelains, lesquels jouissent du droit de *committimus*. Ils ont aussi le droit de dire la messe dans l'église de Paris & d'assister au chœur.

Parmi ces chapelains, il y en a cinquante-sept qu'on appelle de l'ancienne & de la nouvelle communauté : ils ont été fondés en l'année 1186. Tous les vendredis & samedis de l'année ils s'assemblent à sept heures du matin dans la chapelle de Saint-Barthélemi & de Saint-Vincent, & ils y psalmodient l'office des morts, pendant qu'un d'entr'eux dit une messe basse, après laquelle on en dit encore une seconde.

Lorsqu'il meurt un chapelain de cette communauté,

* Ou vicaires perpétuels.

on célèbre, dans la chapelle de Saint-Barthélemi, un service solemnel pour le repos de l'ame du défunt.

Toutes les chapellenies sont à la collation du chapitre, ainsi que les bénéfices des premiers titulaires dont nous avons parlé.

Ces premiers bénéficiers ne font point régulièrement l'office dans leur église, quoiqu'ils la desservent; ils y acquittent seulement les fondations de leur bénéfice, & ils assistent aux offices de nuit & de jour en l'église métropolitaine, parcequ'ils y sont de *gremio chori* * : ils sont entièrement soumis à la jurisdiction du chapitre.

Les bénéfices de ces titulaires, ainsi que les chapellenies, sont appellés *servitoriaux*, parcequ'ils ne sont ordinairement accordés qu'aux enfans de chœur & aux musiciens qui ont servi l'église avec le plus de zèle & d'exactitude pendant un certain nombre d'années; ensorte que le corps de musique de cette métropolitaine est toujours un des mieux composés du royaume, à cause de l'émulation que l'espérance d'un de ces bénéfices entretient parmi les sujets qui le composent, parcequ'à mesure qu'il en vaque un, le chapitre en dispose presque toujours en faveur de celui des musiciens ou enfans de chœur qui a le plus mérité, eu égard aux circonstances & au titre du bénéfice.

On lit dans le dictionnaire de M. l'abbé Expilly, que les 130 chapellenies de l'église de Paris, valent depuis 1200 jusqu'à 1800 livres, & que les revenus de la chapelle de la Vierge se montent à environ 2400 livres. C'est une erreur; attendu que les revenus de la plus forte chapelle ne passent guères 1400 liv. & que les revenus de la plupart des autres meilleures chapelles ne passent guères 600 liv. Il y en a même plusieurs qui ne rapportent rien du tout. Il peut se faire néanmoins qu'un bénéficier de cette église jouisse d'un revenu plus considérable; mais ce n'est que par la possession de plusieurs bénéfices, unis ou conférés au même sujet.

* Cela veut dire que quoi qu'ils fassent corps avec l'église de Paris, ils n'ont droit à leur bénéfice qu'autant qu'ils assistent exactement aux offices, & que s'ils cessoient de faire leur devoir, ils pourroient être déposés, n'étant point titulaires du chapitre.

Saint-Aignan n'est qu'une chapelle, située dans le cloître, du côté de la rue des Marmouzets; on y entre aussi par la rue de la Colombe. C'est un chanoine titulaire de cette chapelle qui habite la maison à laquelle elle est attenante. Elle fut fondée en 1120, par Etienne de Garlande, archidiacre de Paris & chancelier de France, en l'honneur de S. Aignan, évêque d'Orléans, avec la permission de Gilbert, soixante-quatrième évêque de Paris, & du consentement du chapitre; qui permit au fondateur de diviser sa prébende, afin d'en revêtir deux ecclésiastiques qui assisteroient au chœur de la métropolitaine, & jouiroient entr'eux des distributions d'un canonicat, & des mêmes privilèges que les autres chanoines de Notre-Dame; c'est cette prébende qui fait le cinquante-unième canonicat de cette église, possédé par deux bénéficiers, qui à la rigueur ne doivent avoir qu'une voix au chapitre. Tous les ans, les chanoines & hauts-vicaires de Saint-Aignan y célèbrent la fête du saint, le 17 novembre.

L'église de *Saint-Jean-le-Rond*, l'ancienne paroisse du cloître, étoit adossée au mur de la tour septentrionale, à l'endroit où est la principale entrée du cloître; elle étoit sous le titre de *Saint-Jean-Baptiste*. Ayant été détruite il y a environ vingt ans, l'office a été transféré, avec le titre, à Saint-Denis-du-Pas, chapelle située derrière la cathédrale, laquelle sert actuellement de paroisse aux laïcs du cloître : les deux chanoines prêtres de Saint-Jean-le-Rond y font les fonctions curiales.

La petite église de *Saint-Denis-du-Pas* est si ancienne, qu'on la croit la première bâtie à Paris, dans un lieu où, selon la tradition, saint Denis endura le martyre, étant mis sur un gril dans une fournaise, d'où il sortit sans avoir senti aucun effet du feu. On montre encore aujourd'hui un four, que l'on dit être le même dans lequel Saint-Denis fut exposé aux flammes. C'est du tourment qu'y souffrit ce saint apôtre de l'église de Paris, qu'on nomme cette église *du Pas; ab ejus passione :* elle porte aujourd'hui les titres de *Saint-Denis-du-Pas* & de *Saint-Jean-Baptiste*, depuis la réunion qu'on y a faite, en 1749, du titre de Saint-Jean-le-Rond. Depuis cette époque, les deux curés de l'ancienne paroisse y font les fonctions curiales pour les personnes laïques qui demeurent dans le cloître ; & les chanoines de ces deux églises unies, y acquittent séparément leurs fondations.

Dans l'origine cette eglise fut sous l'invocation de la sainte Vierge. Dans la suite elle fut long-temps comme abandonnée, jusqu'au règne de Louis VII, sous lequel on fonda, en trois fois, cinq prébendes, depuis 1148 jusqu'en 1180. Alexandre IV divisa ces cinq prébendes en dix, pour remplir le chœur de la cathédrale, que l'on achevoit de bâtir.

Le chapitre de l'église de Paris exerce seul sur cette église toute jurisdiction, soit spirituelle, soit temporelle. Depuis le dimanche de quasimodo jusqu'au premier dimanche après le 17 octobre, fête de S. Cerbonet, il y va en procession tous les dimanches avant la messe. Il y va aussi en procession le matin du jour de la Chandeleur, pour la bénédiction des cierges ; le mercredi des cendres ; la veille de Pâques, pour la bénédiction des fonts ; la veille de la Pentecôte ; toute la semaine de Pâques, après les vêpres ; la veille de Saint-Jean-Baptiste, après les premières vêpres & après les laudes ; la veille de la Visitation, après les premières vêpres & après les laudes ; & le jour de la Toussaint, après les secondes vêpres.

Le chapitre de *Saint-Germain-l'Auxerrois* a été uni à celui de Notre-Dame, en vertu de lettres-patentes du mois de juillet de l'année 1740, registrées au parlement le 12 août 1744, sous l'archiépiscopat de M. de Vintimille.

Les chanoines de Saint-Germain-l'Auxerrois sont entrés au chœur de l'église de Paris, pour la première fois, le jour de l'Assomption de l'année 1744, & ont pris place parmi les chanoines de l'église de Paris, chacun suivant la date de leur réception dans l'église de Saint-Germain-l'Auxerrois ; & afin de leur conserver les prérogatives attachées à leurs prébendes, on a supprimé un pareil nombre de prébendes du chapitre de Notre-Dame, pour pouvoir leur conserver les titres & droits attachés à celles qu'ils possédoient. Ensorte que cette réunion n'a point augmenté le nombre des titulaires du chapitre de l'église de Paris.

Le corps de musique de cette église est composé de la

maîtrise de Notre-Dame, de six *machicots* *, & de huit *clercs de matines*, ou basses-contre; de deux *serpens*, & de quatre *organistes*, qui touchent l'orgue par quartier. Sous le nom de maîtrise, on comprend les douze enfans de chœur de Notre-Dame, leur maître de musique & leur maître de latin.

Officiers de l'église de Notre-Dame.

Outre les ecclésiastiques dont nous avons parlé, & qui composent le chœur de l'église de Paris, il y a un *trésorier*, un *chevecier*, un *sacristain* de la première sacristie, un *sacristain* des messes, ou de la sacristie dans la nef; un *sacristain* de l'autel de la Vierge, & un *clerc* de la sacristie dans la nef, quatre *marguilliers laïcs*, dix *francs-sergens*, sans compter deux *vétérans*, six *petits-huissiers* & deux *suisses*.

Le trésorier est le dépositaire de tous les effets, tant du trésor que de la grande sacristie; & en conséquence des effets très-riches dont il est chargé, il est obligé de donner au chapitre une caution très-considérable. Il a sous lui un prêtre, qui est le sacristain de la première sacristie, dont nous avons parlé plus haut, & un *garçon du trésor*.

Le chevecier, qui est toujours un prêtre, est particulièrement chargé de la garde du chœur, & obligé, par sa place, de coucher dans l'église, suivant l'usage immémorial.

Les quatre marguilliers laïcs sont obligés d'assister au chœur tous les jours de fêtes solemnelles. Ils occupent les deux premières stalles, en bas de chaque côté du côté du sanctuaire. Ils précèdent le diacre & le sous-diacre, lorsqu'ils vont chanter l'épître & l'évangile. Ces marguilliers laïcs sont redevables de leur établissement à Eudes de Sully, soixante-quatorzième évêque de Paris. C'est en l'année 1204 qu'ils ont été fondés. Il y a beaucoup de droits & de prérogatives attachés à leur place.

* Taille, basse-taille, contre-haute, ou basse-contre, &c. ou musiciens qui entonnent à différentes voix les pseaumes, &c. On présume que la dénomination de *machicots* leur vient de celui qui les a établis.

Les

Les dix francs-ſergens n'aſſiſtent à l'office que les fêtes annuelles & ſolemnelles, & les jours de cérémonies extraordinaires. Leur place eſt à la grande porte du chœur.

Le titre de ces officiers annonce que leur origine eſt très-ancienne : elle eſt due à dix hommes diſtingués d'entre le peuple, dont la religion & les bonnes mœurs étoient connues, qui ſe donnèrent d'eux-mêmes à l'égliſe de Paris, gérèrent les affaires de l'évêque & des chanoines, pendant pluſieurs ſiècles, & furent nommés ſerviteurs libres, *liberi ſervientes*. Dans ces temps-là les francs-ſergens étoient défrayés aux dépens des biens de l'égliſe ; à laquelle ils étoient ſi néceſſaires, que lorſque les rois de France ont accordé des privilèges au chapitre, les francs-ſergens y ont été compris, ainſi qu'on le peut voir par les lettres originales de Saint Louis, du mois de mai 1248, qui les nomme *francs fieffés*, & qui leur confirme les mêmes privilèges que Philippe-Auguſte leur avoit accordés, en l'année 1190, ainſi que les autres rois ſes prédéceſſeurs. Entre pluſieurs fonctions dont ils ſont chargés, ils ont ſeuls celle de prendre à l'entrée de la grande porte de cette égliſe, le corps des chanoines, & autres perſonnes diſtinguées qui y ont le droit de ſépulture, pour les porter au chœur, & de-là à l'endroit où ils doivent être inhumés.

Les ſix petits huiſſiers font le ſervice journalier de l'égliſe. Les jours de grandes fêtes, ils ſont obligés d'être tous les ſix aux deux portes collatérales du chœur ; & les jours ordinaires il n'y en a que trois qui font le ſervice. Les places des petits-huiſſiers, ainſi que celles des francs-ſergens, ſont toujours données a des laïcs.

Lorſque ces officiers aſſiſtent au chœur, ils ſont vêtus en noir, avec un manteau court & une baguette ou bâton de ſergent au bras, ou à la main.

Des deux ſonneurs, l'un eſt pour la grande ſonnerie & l'autre pour la petite. Ces deux officiers étoient autrefois deux prêtres ; mais depuis long-temps le chapitre a donné ces deux places à des laïcs.

On voit par le détail que nous venons de donner des eccléſiaſtiques qui compoſent le chœur de Notre-Dame, & des autres perſonnes attachées à cette égliſe pour le ſervice & la majesté du culte divin, que l'on peut compter plus de 260 personnes employées, tant à la célébration des offices de cette métropolitaine, qu'aux autres fonctions qui ont rapport au culte divin dans cette église.

Le chapitre de Notre-Dame est en jouissance & possession immémoriale d'exercer toutes les fonctions curiales sur les dignitaires, chanoines, bénéficiers, chapelains, chantres, habitués, & autres officiers clercs de la même église, demeurant dans la ville, fauxbourgs & banlieue de Paris, & des églises qui en dépendent; savoir, de Saint-Etienne-des-Grès, Saint-Médéric, du Saint-Sépulchre & Saint-Benoît. Ce droit a été confirmé par arrêt du parlement, rendu le 7 septembre 1651.

Election & installation du Doyen.

Le jour de l'élection du doyen on sonne la cloche du chapitre, depuis six heures du matin jusqu'à sept heures, pour annoncer cette élection. A sept heures on commence prime, ensuite tierce, & après on chante la grand' messe, qui est une messe du Saint-Esprit de rit solemnel mineur. Après la grand'messe on chante sexte, on sort processionnellement par la grande porte du chœur, & on va par la porte septentrionale, au chapitre, en chantant un répond de la sainte Vierge. Tout le chœur étant entré au chapitre, on chante, à genoux, le *Veni Créator*, lequel étant fini, tout le bas-chœur se retire, & il ne reste dans le chapitre que les chanoines & ceux qui sont nécessaires à l'élection; ensuite on procède à l'élection suivant les formes ordinaires. L'élection étant faite, on ouvre sur le champ les portes du chapitre, dans lequel entre tout le bas-chœur; le trésorier met une chape au doyen nouvellement élu, le chantre entonne le *Te Deum*, que tout le chœur continue en chant sur le livre, & dans l'instant on sonne toutes les cloches de l'église, qui ne cessent qu'à la fin du *Te Deum*; tout le clergé sort processionnellement du chapitre pour aller au chœur, par la grande porte du cloître & le parvis; le doyen étant en chape à la suite du clergé, entre le chantre & le sous-chantre. Tout le clergé étant entré dans le chœur, l'archevêque, en rochet & aumusse, s'étant rendu à la grande porte du chœur, y entre avec le doyen, qui tient la gauche, salue l'autel au rond qui est derrière la banque, ensuite le chœur; puis l'archevêque conduit le doyen au bas des marches de l'autel, où s'étant mis à genoux tous les deux, & ayant adoré quelque temps le S. sacrement, ils montent à l'autel & le baisent. Ensuite l'archevêque retournant avec le doyen au chœur, l'installe dans sa stalle décanale, & après dans l'autre stalle, qui n'est point de dignité. Ce qui étant fait, l'archevêque retourne dans la stalle qui est auprès de son trône. Le doyen, de son côté, retourne dans sa stalle de dignité, & y demeure revêtu de sa chape jusqu'à la fin du *Te Deum;* après lequel l'archevêque ayant chanté l'oraison, donne la bénédiction épiscopale; puis le Théologal monte au jubé, où, accompagné du secrétaire du chapitre & des notaires qui ont assisté à l'élection, il annonce, à haute & intelligible voix, à tout le peuple l'élection du doyen. La publication étant ainsi, faite & personne ne réclamant, l'archevêque s'en retourne chez lui; & le doyen ayant quitté la chape dont il étoit revêtu, s'en retourne par la grande porte du chœur, au chapitre, accompagné de tous les chanoines, du secrétaire & des notaires.

Les chanoines étant assis à leurs places, le doyen se met à genoux au bureau du chapitre & prête le serment accoutumé, après avoir lu auparavant la bulle du pape Boniface VIII; après le serment prêté, le chantre installe le doyen dans sa place décanale, en présence des chanoines, du secrétaire du chapitre, des notaires, témoins & promoteurs; ce qui étant fait, tout le monde sort du chapitre.

Enterrement du Doyen.

Lorsque le doyèn de l'église de Paris meurt, on sonne au moment de sa mort un des bourdons, appellé *Marie*, avec la cloche du chapitre, pendant une demi-heure; quatre bénéficiers de l'église vont prier Dieu auprès du corps du défunt, jour & nuit, jusqu'au moment de l'enterrement. La veille de l'enterrement on chante vêpres

& matines des morts. Après les laudes de la nuit, on chante les laudes des morts.

Le même jour les religieuses de l'Hôtel-Dieu viennent, en habit de chœur, dans la chambre du défunt, étant accompagnées d'un chanoine-visiteur de l'Hôtel-Dieu, qui commence le *de profundis*, que toutes les religieuses continuent à genoux; le chanoine dit l'oraison, & jette de l'eau-bénite sur le corps du défunt, ainsi que les religieuses; ensuite elles vont à Notre-Dame, à la chapelle de la Vierge, pour y faire leurs prières, après quoi elles s'en retournent à l'Hôtel-Dieu. Pendant ce temps, la mère prieure de l'Hôtel-Dieu, la sous-prieure & deux autres religieuses, restent dans la chambre du défunt pour ensévelir son corps.

Le jour de l'enterrement, les quatre chapitres dépendans de l'église de Paris, & les quatre ordres mendians, avant que de se rendre à Notre-Dame pour assister à l'enterrement, vont à la maison du défunt, & y chantent le *de profundis* avec l'oraison. Vers les dix heures on chante les *commendaces*, après lesquels on va faire la levée du corps. Le convoi est précédé des quatre ordres mendians; savoir, les Cordeliers, les Jacobins, les Augustins & les Carmes; ensuite du clergé de l'église de Paris, avec ses quatre filles; des jurés-crieurs, avec leurs sonnettes; du bailli du chapitre, avec les autres officiers du chapitre; il passe la grande porte du cloître, les rues Saint-Christophe, du Marché-Palu, rue Neuve-Notre-Dame & le Parvis. Lorsqu'il est arrivé devant l'église de l'Hôtel-Dieu, deux prêtres de cette maison, en chappes noires, accompagnés de tout le clergé & des religieuses de l'Hôtel-Dieu, jettent de l'eau bénite sur le corps & l'encensent pendant que l'on sonne toutes les cloches de cet hôpital.

Le corps étant arrivé à la grande porte de l'église, les francs-sergens le prennent, pour le porter sous un dais préparé au milieu du chœur; ensuite on chante la grand'messe, à laquelle assistent les quatre filles de Notre-Dame. Ce sont quatre dignitaires du chœur qui portent les coins du poèle.

On sonne pour l'enterrement du doyen toutes les cloches des deux tours, les quatre cloches du petit clocher & la cloche du chapitre.

Enterrement d'un Chanoine.

Lorſqu'il meurt un chanoine de l'égliſe de Paris, on ſonne, au moment de ſa mort, la cloche appellée *Gabriel*, pendant une demi-heure ; & deux bénéficiers de l'égliſe vont prier Dieu auprès du corps du défunt, jour & nuit, juſqu'au moment de l'enterrement. La veille de l'enterrement on chante les vêpres & les matines des morts. Après les laudes de la nuit, on chante les laudes des morts. Le jour de l'enterrement, on chante, à dix heures, les *commendaces*, après leſquels on va faire la levée du corps, & enſuite on chante la grand'meſſe. Ce ſont quatre dignitaires du chœur qui portent les coins du poële.

Pour les offices de l'enterrement d'un chanoine, on ſonne toutes les cloches des deux tours, & les quatre cloches du petit clocher.

Juriſdiction du Chapitre.

Le chapitre de Notre-Dame eſt indépendant de l'archevêque & de ſes juriſdictions ſpirituelle & temporelle, & il a ſa juriſdiction particulière, exercée, comme celle de l'archevêque, par un official, un vice-gérent, un promoteur, un greffier & un appariteur. Son ſiège eſt au cloître de Notre-Dame ; & cette juriſdiction s'étend ſur les chanoines, bénéficiers, chapelains & officiers de l'égliſe de Paris ; ſur les quatre filles de cette égliſe & ſur l'Hôtel-Dieu de Paris.

L'official tient tous les ans, le 19 mars, un ſynode, auquel tous les bénéficiers qui dépendent de ſa juriſdiction doivent comparoître.

Le chapitre a une autre juriſdiction pour la temporalité, avec haute, moyenne & baſſe juſtice ; c'eſt ce que l'on appelle *la barre du chapitre.*

Cette juriſdiction eſt exercée par un chambrier laïc, ou bailli ; un lieutenant, un procureur-fiſcal & un greffier. Il y a auſſi un huiſſier. Elle connoît, en première inſtance, de toutes les cauſes civiles, criminelles & de police, dans l'étendue du cloître, du terrein du parvis & dans l'intérieur de la cathédrale. Les droits ſeigneuriaux de la cenſive du chapitre, ſont auſſi de ſa compétence.

Toutes les juſtices dépendantes du chapitre, reſſortiſſent à ce tribunal, & de là, par appel, au parlement. Les audiences ſe tiennent les lundis, à trois heures de relevée, en l'auditoire, cloître & près le puits Notre-Dame.

Les juges de la juriſdiction du grand-chantre, ſont le grand-chantre, juge, collateur & directeur des petites écoles; un vice-gérent, un promoteur & un greffier. Il y a auſſi un clerc. Cette juſtice connoît de tout ce qui concerne les petites écoles de la ville, cité, univerſité, fauxbourgs & banlieue de Paris. L'appel des ſentences va immédiatement au parlement. Les audiences ſe tiennent les jeudis, à trois heures après midi.

Egliſes Collégiales.

Outre l'égliſe métropolitaine, on compte dix égliſes collégiales à Paris : ſavoir, la Sainte-Chapelle, Saint-Marcel; Saint-Honoré; Sainte-Opportune; Saint-Mery; le Saint-Sépulchre; Saint-Benoît; Saint-Etienne-des-Grès; Saint-Louis-du-Louvre & Saint-Jacques-de-l'Hôpital.

De ces dix collégiales, quatre ſont réputées *filles de Notre-Dame*, parcequ'elles ſont ſous la juriſdiction du chapitre de cette égliſe : trois autres ſont *filles de l'archevêché*, parcequ'elles ſont ſous la juriſdiction de l'archevêque.

Collégiales dépendantes de la métropole, ſous la juriſdiction directe du chapitre de l'égliſe de Paris.

La première fille de Notre-Dame, eſt la collégiale de *Saint-Etienne-des-Grès.* Cette égliſe, dont la fondation eſt ſi ancienne qu'on n'en connoît point l'époque, fut unie en 1031 à la cathédrale, par le roi Henri I : elle eſt en même temps paroiſſe. Son chapitre eſt composé de douze chanoines, dont un eſt dignitaire, avec le titre de chevecier. Il y a auſſi dans la même égliſe une chapellenie. Les canonicats, dont les revenus ne ſont pas conſidérables, ſont à la collation de deux chanoines de Notre-Dame, qui, par le droit de leurs prébendes, nomment chacun à ſix de ces bénéfices.

La collégiale de *Saint-Benoît* eſt la ſeconde fille de Notre-Dame. Cette égliſe, qui eſt en même temps paroiſſe, étoit anciennement un monaſtère de Bénédictins; c'eſt ce qui lui a fait donner inſenſiblement le nom de Saint-Benoît. Son chapitre eſt compoſé de ſix chanoines, d'un ſémi-prébendé, & d'un curé de la paroiſſe. Il y a auſſi dans la même égliſe vingt-neuf chapellenies, qui ſont toutes conférées par le chapitre de Saint-Benoît, ainſi que la cure. Les canonicats, dont les revenus ſont d'environ 800 liv. ſont à la collation de ſix chanoines de Notre-Dame, par les droits attachés à leurs prébendes. Le revenu des chapelains n'eſt que d'environ 300 liv.

L'égliſe collégiale & paroiſſiale de *Saint-Médéric*, vulgairement appellée *Saint-Merry*, eſt la troiſième fille de Notre-Dame. Une chapelle, qui exiſtoit avant l'an 880, fut l'origine de cette collégiale, érigée en paroiſſe en 1200. Son chapitre eſt compoſé d'un chevecier-curé & de ſix chanoines, dont les canonicats valent 15 à 1800 livres. Ces bénéfices ſont à la collation de cinq chanoines de Notre-Dame, par les droits annexés à leurs prébendes. Il y a dans la même égliſe onze chapellenies.

L'égliſe collégiale du *Saint-Sépulchre*, eſt la quatrième fille de Notre-Dame. Cette égliſe fut bâtie en 1326, pour ſervir aux croiſés qui avoient fait vœu de viſiter le ſépulchre de Jéruſalem. Elle fut d'abord deſſervie par des chapelains; on y fonda par la ſuite douze chanoines, dont les prébendes, à la collation alternative de deux chanoines de l'égliſe de Paris, ſont d'environ 500 liv. Le plus ancien du chapitre eſt cenſé dignitaire.

Collégiales ſous la juriſdiction de l'archevêque.

Les trois filles de l'archevêché, ſont Saint-Marcel, Saint-Honoré & Sainte-Opportune.

L'égliſe de *Saint-Marcel* eſt ſituée dans le fauxbourg qui en porte le nom. En 918 cette égliſe étoit deſſervie par des moines : elle commença à l'être par des chanoines en

1157. Son chapitre, qui a le pas immédiatement après celui de Notre-Dame, est composé d'un doyen & de quatorze chanoines. Il y a, outre cela, dix-sept chapelains. Les canonicats sont à la nomination de l'archevêque. Le chapitre nomme à la cure de Saint-Martin. Il a la jurisdiction sur le cloître.

L'église qui subsiste aujourd'hui fut bâtie par Roland, neveu de Charlemagne. Son symbole est au pied du clocher; c'est la figure d'un bœuf ruminant. Le fameux Pierre Lombard, dit *le maître des Sentences*, a son tombeau au milieu de cette église. Il est regardé comme le père de la théologie scholastique: aussi la licence est-elle en usage d'aller en corps, tous les ans, chanter une grand' messe à Saint-Marcel.

La collégiale de *Saint-Honoré*, près le Palais-Royal, sur la rue qui en porte le nom, est la seconde fille de l'archevêché. Son chapitre est composé d'un chantre & de onze chanoines, outre deux chapelains. Les revenus de ces canonicats sont considérables: plusieurs des bénéfices sont à la nomination de l'archevêque; les autres sont conférés par ceux des chanoines de Saint-Germain-l'Auxerrois qui en avoient le droit, en vertu de leurs prébendes, avant leur réunion au chapitre de Notre-Dame.

L'église collégiale & paroissiale de *Sainte Opportune*, est la troisième fille de l'archevêché. Son chapitre est composé d'un chevecier, qui est en même temps curé; de six chanoines, d'un sémi-prébendé & de deux chantres. Ces bénéfices sont à la collation des chanoines de Notre-Dame qui en ont le droit en vertu de leurs prébendes. L'église de Sainte-Opportune est royale & très-ancienne. Ses chanoines ont le droit de *committimus*.

Autres Chapitres.

Le chapitre de la Sainte-Chapelle fut fondé par S. Louis; il est composé d'un trésorier, d'un grand-chantre, de douze chanoines; d'un grand nombre de chapelains, dont six sont tenus de faire résidence; & d'une maîtrise d'enfans de chœur, entretenue aux dépens du roi. La musique est composée d'un maître, qui a le titre de maître de la musique du roi ; de huit chapelains ordinaires, prêtres ; de douze clercs & huit enfans de chœur.

Le principal revenu de ce chapitre consiste dans la manse abbatiale de Saint-Nicaise de Rheims, qui lui a été donnée en 1641, pour lui tenir lieu des régales dont cette église jouissoit, par la concession des rois, dans toute l'étendue du royaume. La Sainte-Chapelle est le premier & le principal oratoire de nos rois. Les officiers jouissent des privilèges des commensaux de la maison de sa majesté, & ont droit de *committimus* au grand sceau. Nous avons parlé plus haut de l'église & de sa fondation, à l'article *Palais*.

Le chapitre de Saint-Jacques-de-l'Hôpital, est composé d'un trésorier & de sept chanoines, qui ont chacun environ 1200 liv. ; le trésorier a 2000 liv. ou environ. Ces bénéfices sont à la collation des administrateurs nommés par lettres-patentes.

Le chapitre de Saint-Louis-du-Louvre est composé de deux dignités ; un prévôt & un chantre, qui jouissent en même temps d'une prébende ; & de vingt chanoines.

La prévôté & la chantrerie sont à la nomination de l'archevêque de Paris, de même que quinze canonicats. Des cinq autres, le roi en nomme quatre ; & le cinquième, qui est en patronage laïc, est à la nomination de la famille des Galichers, originaires de la province de Limosin.

Le prévôt a environ 7000 livres de revenu, le chantre 3500 liv. & les chanoines 1400 liv.

Ce chapitre a été formé de trois autres ; savoir, de celui de Saint-Thomas-du-Louvre, & de celui de Saint-Nicolas-du-Louvre, qui furent réunis, par un décret de M. de Vintimille, archevêque de Paris, du 10 mars 1740, & lettres-patentes de sa majesté, du 28 avril de la même année ; & de celui de Saint-Maur-des-fossés, qui fut réuni aux deux autres, par décret de M. de Beaumont, actuellement archevêque de Paris, du 23 avril 1749, & lettres-patentes de sa majesté, de la même année.

Le chapitre jouit du droit de cure dans le cloître Saint-Thomas, & dans les maisons qui appartenoient ci-devant au doyenné de Saint-Thomas.

Paroisses de Paris.

Comme une description exacte de chaque paroisse nous engageroit dans un trop grand détail, nous nous contenterons de les citer par quartier, en indiquant plus particulièrement les plus considérables.

Le quartier de la Cité en renferme dix, outre la métropole, qui doit être regardée comme la première paroisse; savoir, la Magdelaine; Saint-Pierre-des-Arcis; Sainte-Marine; Saint-Pierre-aux-Bœufs; Sainte-Croix & Saint-Landry. Toutes ces cures sont à la collation de l'archevêque. On admire dans cette dernière église, les fonts de baptême, & un crucifix, fort estimé. Il y a, outre cela, Saint-Germain-le-Vieux, dont la cure est à la collation de l'université de Paris; Saint-Barthélemi & Saint-Denis-du-Pas, dont les cures sont à la collation de l'archevêque; & enfin Saint-Louis-dans-l'Isle, dont la cure est à la collation du chapitre de l'église de Paris.

On en compte deux dans le quartier Saint-Jacques-de-la-Boucherie; savoir, Saint-Jacques-de-la-Boucherie, dont la cure est à la collation du prieur & des religieux de Saint-Martin-des-Champs; & Saint-Josse, dont la cure est à la collation du prieur de Saint-Martin.

Il n'y en a qu'une dans le quartier de Sainte-Opportune; savoir, la paroisse de ce nom, dont la cure est à la collation de l'archevêque.

Une dans le quartier de Saint-Germain-l'Auxerrois; savoir, la paroisse de ce nom, dont la cure est à la collation de l'archevêque.

Le quartier du Palais-Royal en renferme six: savoir, Saint-Roch, dont la cure est à la collation de l'archevêque. Cette paroisse est une des plus riches & des plus remarquables de Paris. Saint-Louis-des-Quinze-Vingts, dont la cure est à la collation du grand-aumônier de France. La Magdelaine de la Ville-l'Evêque, dont la cure est à la collation de l'archevêque. Cette église doit être rebâtie, & l'on en a déja jetté les nouveaux fondemens. S. Philippe-du-Roule, dont la cure est à la collation de l'archevêque. S. Pierre-de-Chaillot, dont la cure est à la collation du prieur de S. Martin.

Il n'y en a point dans le quartier de Montmartre.

Le quartier Saint-Eustache n'a que la paroisse de ce nom, dont la cure est à la collation de l'archevêque. L'élévation & la délicatesse de l'architecture du vaisseau est remarquable ; on en construit à neuf actuellement le portail & les tours. La maison curiale est remarquable par la somptuosité de l'édifice.

Le quartier des Halles n'a qu'une paroisse, qui est celle des Saints-Innocens, dont la cure est à la collation du chapitre de Sainte-Opportune. L'on voit, dans une petite armoire attachée à une tour du cimetière, un squelette d'albâtre ; c'est un chef-d'œuvre, dont on attribue l'exécution à Germain Pilon.

L'on compte quatre paroisses dans le quartier Saint-Denis ; savoir, Saint-Leu-Saint-Gilles, & Saint-Sauveur, à la collation de l'archevêque ; Saint-Laurent & Notre-Dame-de-Bonnes-Nouvelles, à la collation du prieur de Saint-Martin.

Le quartier de Saint-Martin en renferme deux ; savoir, Saint-Merry, dont la cure est à la collation du chapitre de Notre-Dame ; & Saint-Nicolas-des-Champs, à la collation du prieur de Saint-Martin.

Le quartier de la Grève en a deux ; savoir, Saint-Jean-en-Grève & Saint-Gervais, à la collation de l'abbé du Bec. On admire le portail de cette dernière église.

Le quartier Saint-Paul n'a que la paroisse du même nom : elle est royale. Son trésor est curieux & fort riche ; ce qu'on appelle l'*arche de S. Paul*, en est l'effet le plus remarquable.

Il n'y a qu'une paroisse pour le quartier Saint-Avoie & le quartier du Temple ; c'est le prieuré du Temple, dont la cure est à la collation du grand-prieur.

Le quartier Saint-Antoine n'a que la paroisse de Sainte-Marguerite, dont la cure est à la collation de l'archevêque.

On en compte cinq dans le quartier de la place Maubert ; savoir, Saint-Nicolas-du-Chardonnet, dont la cure est à la collation de l'archevêque & de l'abbé de Saint-Victor ; Saint-Victor, pour l'enclos seulement ; Saint-Médard, dont la cure est à la collation de l'abbé de Sainte-

Genevieve ; & Saint-Martin, dont la cure est à la collation du chapitre de Saint-Marcel.

Le quartier Saint-Benoît a sept paroisses ; savoir, Saint-Benoît, dont la cure est à la collation des chapitres de Saint-Benoît & de Notre-Dame ; Saint-Côme, dont la cure est à la collation de la faculté de Médecine de Paris, & de deux nations de l'université, alternativement ; Saint-Jean de-Latran, dont la cure est à la nomination de l'ordre de Malthe ; Saint-Hilaire, dont la cure est à la collation de l'archevêque ; S. Etienne-du-Mont, dont la cure est à la collation de l'abbé de Sainte-Genevieve, de concert avec l'archevêque. Cette église a un très-beau chœur. S. Jean-du Cardinal-le-Moine : c'est la chapelle du collège, & elle dépend du curé de Saint-Paul. Et enfin, S. Jacques-du-Haut-Pas, dont la cure est à la collation des chapitres de Saint-Marcel & de Saint-Benoît, alternativement avec le curé de Saint-Hyppolite.

Il n'y en a que deux dans le quartier Saint-André-des-Arts ; savoir, Saint-Sévérin, dont la cure est à la collation de l'archevêque ; & Saint-André des-Arts, dont la cure est à la collation de l'université.

Il n'y en a point dans le quartier du Luxembourg.

Le quartier Saint-Germain-des-Prés en a quatre ; savoir, Saint-Sulpice, dont la cure est à la collation de l'abbé de Saint-Germain : c'est une des plus magnifiques églises du royaume. On admire le maître-autel & son tabernacle, enrichis de pierres précieuses, & représentant l'arche d'alliance ; la chapelle de la Vierge, revêtue de marbre jusqu'à la corniche ; les colonnes de l'autel sont antiques de marbre d'Egypte, & la figure de la Vierge est d'argent, la draperie en est dorée ; les portiques sont de bois d'acajou, apporté de la Cayenne : deux autres chapelles sont fort estimées des curieux, celle du mausolée de feu M. Languet, dernier curé de Saint-Sulpice, qui a le plus contibué à la perfection de cette église : cette chapelle est toute en marbre ; & celle de Sainte-Croix, vis-à-vis celle-ci. Il y a pour bénitiers deux coquilles rares, dont le roi a fait présent à la paroisse ; elles peuvent être regardées comme ce qu'il y a de plus curieux à Paris dans ce genre. La colonade du portail est magnifique. Saint-Symphorien ; c'est une chapelle dans l'église de l'abbaye Saint-Germain-des-Prés, qui sert de paroisse à l'enclos : le curé est un moine de l'abbaye. Saint-Louis-des-Invalides, dont le curé est un P. de Saint-Lazare, choisi par eux. Saint-Louis-du-Gros-Caillou : ce vicariat est à la nomination du curé de la paroisse de Saint-Sulpice, dont celle-ci n'est qu'une annexe.

Eglises particulières & Chapelles de Paris.

Outre les paroisses de Paris, on compte environ 80 églises ou chapelles non paroisses; comme les églises des chapitres, ou appartenant à différens corps de marchands & de metiers : ensorte que l'on peut compter à Paris, comme nous l'avons dit plus haut, environ 350 églises, y compris les paroisses & églises des couvens, communautés, hôpitaux & autres établissemens.

Abbayes d'hommes.

Les abbayes d'hommes sont celles de Sainte-Genevieve, de Saint-Germain-des-Prés & de Saint-Victor.

La communauté de chanoines réguliers auxquels on donne à Paris le nom de Ste Genevieve, à cause que leur église est dédiée à cette sainte, fut érigée en abbaye vers l'an 1148, par le pape Eugène III. C'est une des plus illustres maisons religieuses de Paris. Elle jouit d'environ soixante-dix mille livres de rente & de grands privilèges, qui lui ont été accordés par nos rois & par différens papes; entr'autres, d'être exempte de la jurisdiction de l'ordinaire, & d'avoir le droit de s'élire un abbé. Ce prélat porte la mitre & l'anneau, & confère à ses religieux la tonsure & les quatre mineurs. Il est supérieur-général & chef de toute la congrégation, qui possède 109 maisons en France.

Le chancelier de ce chapitre régulier, donne le bonnet de maître-ès-arts en l'université de Paris.

L'abbé est conservateur né des privilèges apostoliques, & député par le S. siège pour connoître & juger de toutes causes entre gens d'église.

On construit actuellement une nouvelle église pour cette abbaye. Elle aura un dôme, & formera un des plus beaux édifices de Paris.

L'abbaye Saint-Germain-des-Prés doit sa première origine à Childebert, qui y fit bâtir une église, à la prière de S. Germain, évêque de Paris, vers l'an 542, dans le même emplacement où étoient les ruines du temple d'Isis, divinité des Druides, pour y déposer les reliques qu'il avoit apportées d'Espagne. Ce prince y mit des religieux, & cette congrégation fut bientôt érigée en abbaye & dotée de plusieurs terres.

Les souverains pontifes, entre plusieurs autres privilèges, accordèrent aux abbés de ce monastère le droit de porter la mître, l'anneau & les ornemens pontificaux. La première église ayant été pillée & brûlée par les Normands, elle fut rebâtie, & consacrée par le pape Alexandre, en 1163. Le chœur en est très-bien disposé; il est orné d'une belle boiserie & de plusieurs tableaux de grands maîtres. On voit dans le sanctuaire plusieurs tombeaux de nos premiers rois, entr'autres celui de Childebert, fondateur de cette abbaye. Le maître-autel est à la romaine. La nef est aussi décorée de tableaux fort estimés, dont quelques-uns sont de M. le Moine. Le trésor de cette église renferme plusieurs reliques & des richesses fort précieuses. L'enclos de la maison est vaste, & pourroit seule former une ville. La bibliothèque, fournie d'excellens manuscrits & d'une grande quantité de bons livres, est une des plus riches de Paris.

Saint-Victor, abbaye commendataire de chanoines réguliers de l'ordre de S. Augustin, n'étoit d'abord qu'une chapelle dédiée à S. Victor, où Guillaume de Champeaux, archidiacre de Paris, & depuis évêque de Châlons-sur-Marne, se retira avec quelques-uns de ses disciples.

Louis le Gros érigea cette communauté en abbaye, en 1111, & la dota de biens fort considérables. L'église fut rebâtie en 1517, sous le règne de François I. Cette maison a été le berceau d'un grand nombre de savans théologiens; entre lesquels on peut distinguer Thomas, surnommé de *Saint-Victor;* Pierre Comestor; Eude, premier abbé de Sainte-Genevieve; Adam, Hugue & Richard de Saint-

Victor; Jacques d'Alez. Il en est aussi sorti plusieurs poètes, entr'autres le fameux Santeuil. Il y a une bibliothèque riche en bons livres, qui est devenue publique, moyennant une fondation de M. du Bouchet, conseiller au parlement, qui y fit transférer la sienne. Plusieurs autres ayant suivi son exemple, cette bibliothèque est devenue une des plus complettes, sur-tout pour la géographie & tout ce qui concerne cette science.

Abbayes de filles.

On compte sept abbayes de filles; savoir, celles de *Montmartre*, de *Saint-Antoine-des-Champs*, de *Port-Royal*, de Notre-Dame du *Val-de-Grace*; l'abbaye de *Pantemont*, celle de *Notre-Dame-des-Prés*, & l'abbaye-*aux-Bois*.

Le premier édifice qui subsista à Montmartre, fut un temple érigé en l'honneur de quelque fausse divinité, sur les débris duquel on éleva une chapelle, appellée la *Chapelle des Martyrs*, parceque S. Denis avec ses compagnons, saint Rustique & S. Eleuther, & quelques-uns de ses disciples, furent martyrisés en ce lieu, ayant refusé de rendre hommage aux divinités de ce temple. C'est même ce qui a donné lieu à la dénomination de cette montagne, *Mons Martyrum*, dont on a fait en François le nom de *Montmartre*. Cette chapelle fut d'abord donnée à des religieux de Saint-Martin-des-Champs; mais Louis le Gros & Adelaïs de Savoye, son épouse, les ayant tranférés à Saint-Denis-de-la-Chartre, ces princes y fondèrent cette célèbre abbaye de religieuses de S. Benoît. Ce fut le pape Eugène, assisté de S. Bernard, qui fit la dédidace de leur église, en 1146. Les abbesses de cette maison sont ordinairement des dames de la première qualité. Leurs revenus sont considérables : elles sont dames du lieu & en ont la justice. C'est dans cette église que la société des Jésuites prit naissance, en 1534.

L'abbaye de Saint-Antoine-des-Champs, commença par une chapelle que fit bâtir Maurice de Sully, évêque de Paris, & qu'il fit occuper par des religieuses Bernardines, en 1190; mais Eude de Sully, son successeur, leur donna la règle de S. Benoît, & l'an 1200 cette congrégation fut érigée en abbaye. Louis VIII la dota de 300 arpens de terre dans son voisinage, où l'on a bâti depuis le fauxbourg Saint-Antoine, dont l'abbesse a la seigneurie. Cette abbaye est exempte de la jurisdiction de l'ordinaire, & jouit de plus de 25000 liv. de rente.

L'abbaye de Port-Royal doit sa fondation à Marie de Médicis, mère de Louis XIII, qui y établit, en 1625, des religieuses, qu'elle fit venir de l'abbaye de Port-Royal-des-Champs; & c'est à l'extinction de cette dernière que celle-ci acquit le titre d'abbaye, dont elle ne jouissoit pas d'abord. L'église de cette maison, quoique petite, est d'une belle architecture.

Notre-Dame du Val-de-Grace ne fut d'abord qu'une petite chapelle, que la reine Anne d'Autriche fit bâtir en 1619, & occuper par des religieuses de l'ordre de S. Benoît, qu'elle y transféra du Val-Profond, ou Val-de-Grace, près de Bièvre. Cette même princesse fit commencer la belle église & le superbe bâtiment qui subsistent aujourd'hui, en actions de grâces de l'heureuse & inespérée naissance de son fils Dauphin (depuis Louis XIV) qu'elle eut après vingt-deux ans de stérilité.

Ce célèbre monument de la piété d'Anne d'Autriche, est composé de tout ce qu'il y a de plus exquis & de plus parfait en architecture. Il a été inventé & commencé par François *Mansard*, continué par *le Muet*, *le Duc* & *Duval*, & entièrement achevé en 1665. Ce superbe édifice frappe les moins connoisseurs au premier aspect; le dôme est couvert de plomb à bandes dorées; l'intérieur est orné de peintures fort estimées: elles sont de *Mignard*. Il a choisi pour sujet la félicité des bienheureux dans le ciel, & a très-bien réussi dans cette riche composition. Les saints y sont distingués chacun par quelqu'indice particulier; rois, patriarches, chefs d'ordres, pères de l'église, &c. Les bas-reliefs qui décorent les neuf arcades des chapelles, sont de *Michel Augnier;* ils représentent les attributs de la sainte Vierge. Le maître-autel est placé sous l'arc du dôme, & composé de six grosses colonnes de marbre noir, veiné de blanc. Toute l'église est pavée d'un marbre choisi, de diverses couleurs, & placé en compartimens.

Il

Il y a une grande chapelle, toujours tendue de noir, dans laquelle on conserve, dans plusieurs niches d'un caveau souterrain & revêtu de marbre blanc, les cœurs des princes & princesses de la famille royale.

L'abbaye de Panthemont, ordre de Cîteaux, est occupée par des religieuses Bernardines, qui y ont été établies en 1648. Leur maison a une très-belle façade du côté du jardin, & leur église est fort propre.

L'abbaye de Notre-Dame-des-Prés, ordre de S. Benoît, fondée à Mouzon, sur la Meuse, par les anciens seigneurs de Joyeuse, a été transférée à Paris en 1676. Ces Benédictines sont appellées les *filles du Précieux-Sang*.

L'Abbaye-aux-Bois, sous le titre de Notre-Dame, ordre de S. Bernard, est occupée par des religieuses, qui y ont été transférées de Picardie. Ce n'étoit autrefois qu'un simple couvent de religieuses des dix vertus de la sainte Vierge.

Prieurés d'hommes.

Il se trouve dans cette ville douze prieurés d'hommes; savoir, ceux de Saint-Bon, de Saint-Martin-des-Champs, de Saint Julien-le-Pauvre, de Saint-Lazare, de Saint-Barthélemi, de Saint-Denis-de-la-Chartre, de Saint-Eloy, de Sainte-Catherine-de-la-Couture, de Sainte-Croix-de-la Bretonnerie, des Blancs-Manteaux, des Billettes & de Saint-Yves.

Le prieuré de Saint-Bon fut fondé vers la fin du dixième siècle, par les religieuses de S. Martial. C'est l'archevêque de Paris qui en est le collateur, en qualité d'abbé, ou doyen de Saint-Maur.

Saint-Martin-des-Champs, autrefois abbaye, fut réduit en prieuré par S. Hugues, lorsqu'il fit supprimer les titres d'abbaye de toutes les maisons dépendantes de Cluny. Ce prieuré est en commende, à la nomination du roi: il jouit d'environ 60000 livres de rente, & il en dépend 108 bénéfices. Il y a un bailliage seigneurial pour l'enclos du cloître extérieur, où les artisans ont la franchise. On vient d'y construire un marché neuf qui est très-bien entendu. Le cloître de ce monastère est très-beau, & le bâtiment qui sert à loger les religieux forme une très-belle façade sur le jardin; on y entre par un vestibule magnifique, lequel conduit aussi à un escalier le plus majestueux que l'on connoisse à Paris.

Saint-Julien-le-Pauvre est une très-ancienne église, qui dépend aujourd'hui de l'Hôtel-Dieu.

Saint-Lazare est aujourd'hui la principale maison de la congrégation de la Mission, établie en 1625, & la résidence de son supérieur-général. C'est un des plus considérables séminaires de Paris; l'on y a établi les retraites spirituelles pour les ecclésiastiques qui doivent recevoir les ordres. Les laïcs y trouvent aussi des retraites très-édifiantes, & même gratuitement, lorsqu'ils sont hors d'état de payer.

Saint-Barthélemi étant autrefois occupé par des religieux, avec le titre d'abbaye, fut érigé en paroisse pour l'étendue du Palais, & les religieux furent transférés. Depuis ce temps cette église ne jouit plus que du titre de prieuré. L'archevêque de Paris en est le curé primitif & collateur de la cure en exercice. La confrairie du S. Sacrement qui y a été établie en 1518, est la première de Paris, & fut aggrégée à l'archiconfrairie de Rome, en 1542.

Saint-Denis-de-la Chartre, église bâtie à l'endroit où ce saint avoit été mis en prison, fut cédée, par Louis le Gros, aux religieux de Saint-Martin, sous la conduite d'un prieur.

Saint-Eloy conserve le titre de prieuré depuis que M. de Gondy, premier archevêque de Paris, y établit des religieux de la congrégation de S. Paul, nommés *Barnabites.* C'étoit autrefois une abbaye dépendante de Saint-Maur.

Sainte-Catherine-de-la-Couture fut fondée en 1229, par S. Louis, pour des chanoines réguliers de l'ordre de S. Augustin; le général de la congrégation y ayant fait une réforme en 1630, ce prieuré a été uni à la congrégation de Sainte-Genevieve. Les religieux sont aujourd'hui transférés dans la maison professe des Jésuites de la rue Saint-Antoine.

Sainte-Croix-de-la-Bretonnerie, ordre de S. Augustin, fut fondé par S. Louis, en 1250. Les chanoines sont d'une congrégation particulière; qui reconnoît Théodore de Selles pour son restaurateur.

Le prieuré des Blancs-Manteaux fut établi en 1252, par des religieux qui se qualifioient serviteurs de la Vierge, & que l'on appelloit vulgairement *Blancs-Manteaux*, parce qu'ils étoient vêtus de blanc : leur ordre ayant été éteint au concile de Lyon, sous le pontificat de Grégoire X, ce prieuré fut donné aux frères hermites de S. Guillaume. Ces derniers religieux embrassèrent la nouvelle réforme de S. Benoît, en 1618, & furent peu après unis à la congrégation de S. Maur.

Les Billettes, prieuré, à présent occupé par des Carmes mitigés, qui y ont été établis en 1631, à la place des religieux hospitaliers de la charité de Notre-Dame, qui eux-mêmes avoient été substitués à des religieux de l'ordre de S. François, occupent une église bâtie sur le terrein de la maison d'un Juif, qui, en 1290, avoit percé de plusieurs coups de canif une sainte hostie. L'histoire en est représentée dans le cloître de ce monastère.

Saint-Yves, prieuré séculier, fut bâti en 1348, sous l'épiscopat de Foulques, évêque de Paris.

Prieurés de filles.

On compte six prieurés de filles, qui sont conventuels & de Bénédictines : ce sont les Benédictines du Petit-Montmartre, ou de la Ville-l'Evêque ; du prieuré du Cherche-Midi ; celui de la Magdelaine de Trénel ; celui de Notre-Dame-de-Liesse ; celui de la Présentation de N. D. ; & enfin celui de Notre-Dame-de-Bon-Secours.

Le prieuré des Bénédictines du Petit-Montmartre (autrement dit de la Ville-l'Evêque), dépend de l'abbaye de Montmartre : il fut fondé en 1613, par Catherine d'Orléans, princesse de Longueville, & par sa sœur. Leur église est dédiée sous le titre de Notre-Dame-de-Graces.

Le prieuré du Cherche-Midi étoit autrefois de l'ordre de S. Augustin ; il fut cédé à des religieuses de l'ordre de S. Benoît, en 1669, sous la dénomination de *communauté du Bon-Pasteur*. Leur église est dédiée à Notre-Dame de Consolation.

Le prieuré de la Magdelaine de Trénel, fut transféré de la ville de Trénel, en Champagne, dans la rue de Charonne, en 1653.

Le prieuré de Notre-Dame-de-Liesse, établi en 1645, sera éteint à la mort de la dernière religieuse ; & les bâtimens seront unis à l'Enfant-Jesus, avec les revenus. Il n'y a plus que deux ou trois religieuses dans cette maison.

Le prieuré de la Présentation-de-Notre-Dame fut fondé en 1671.

On ne connoît pas l'époque de l'établissement du prieuré de Notre-Dame-de-Bon-Secours.

Couvens & Communautés d'hommes.

Outre les abbayes & prieurés d'hommes, il y a encore plusieurs couvens & communautés, qui ne sont que de simples monastères.

Les Bénédictins en ont deux; savoir, celui des Bénédictins-Anglois, rue du fauxbourg Saint-Jacques; celui des Blancs-Manteaux, rue de même nom.

Les Célestins ont une maison près de l'Arsénal; c'est la première maison de l'ordre en France, & le chef-lieu de cette congrégation, qui a vingt-un monastères dans le royaume. Charles V donna à ces religieux le titre de chapelains du roi & de ses orateurs en Dieu.

Les chanoines réguliers de l'ordre de S. Augustin ont trois maisons; celle du Petit-Saint-Antoine, rue du Roi-de-Sicile; les deux autres maisons sont occupées par des religieux Prémontrés. Ils en ont une au coin de la rue Haute-Feuille, rue des Cordeliers; l'autre à la Croix-Rouge.

Les religieux de l'ordre de Clairvaux, ou de S. Bernard, occupent plusieurs monastères, sous différentes dénominations.

Les Bernardins ont une maison, rue du même nom: c'est proprement un collège pour ceux d'entr'eux qui viennent étudier dans l'université de Paris.

Les Feuillans ont deux monastères, dont l'un est la maison professe, & l'autre le noviciat. Le premier est situé rue Saint-Honoré, sur les Tuileries; le dernier rue d'Enfer.

Les religieux de Grammont ont une maison, ou collège, rue Mignon.

Les Mathurins ont un monastère, rue de même nom.

Les religieux de la Mercy ont deux couvens; l'un fondé pour leur servir de collège, dans la rue des Sept-Voies; & l'autre dans la rue du Chaume, au Marais.

Les Théatins ont leur monastère situé sur le quai de même nom.

Les Chartreux occupent un terrein immense, au midi de Paris, & ils ont leur entrée dans la rue d'Enfer.

Les Jacobins, Dominicains, ou Frères Prêcheurs, ont trois couvens; l'un dans la rue Saint-Jacques, d'où ils ont le nom de Jacobins : (on y voit encore la salle où S. Thomas d'Aquin enseignoit la théologie, & la chaire dans laquelle il montoit; cette salle est ornée des portraits des papes, des cardinaux, archevêques, évêques, & autres illustres de leur ordre, qui ont tous professé la théologie dans ces mêmes écoles. Le second est situé rue Saint-Honoré, où ils ont une riche bibliothèque; & le troisième est situé dans le fauxbourg Saint-Germain, rue Saint-Dominique, qui en a pris son nom.

Les Augustins ont aussi trois monastères : celui des Grands-Augustins est sur le quai qui en porte le nom; celui des Petits-Augustins est situé rue de même nom; & celui des Augustins déchaussés, autrement dit, *Petits-Pères*, est situé près la place des Victoires. Ils ont une bibliothèque des plus nombreuses & des mieux choisies.

Les Carmes ont trois maisons. Le grand couvent est situé rue de la Montagne-Sainte-Genevieve, près la place Maubert; le couvent des Billettes, vers le Marais; & celui des Carmes déchaussés, dans le fauxbourg Saint-Germain. Chacun de ces couvens a son observance particulière.

On compte environ dix couvens de religieux de l'ordre de S. François, divisés en quatre réformes.

Les Cordeliers, sans compter le fameux couvent qu'ils ont rue de même nom, ont encore des religieux dans trois autres maisons, qui ne sont pas réputées monastères de l'ordre. Quelques-uns vivent en communauté dans la maison des religieuses Cordelières de la rue de l'Oursine, & dans celle des Cordelières de l'Ave-Maria, dans la rue des Barres, pour servir de directeurs à ces religieuses. Ils ont une autre maison près de ce dernier couvent, qui leur sert particulièrement pour ceux qui vont en campagne & qui en reviennent.

Les Capucins ont trois monastères; l'un rue Saint-Jacques, près la barrière; le second rue d'Orléans, au

Marais ; & le troisième, rue Saint-Honoré, sur les Tuileries. Cette dernière est leur principale maison dans le royaume. Ils y ont une manufacture de drap propre à leur usage.

Les Picpuces, ou Frères pénitens du tiers-ordre, ont deux maisons ; l'une hors la barrière du fauxbourg Saint-Antoine, & l'autre au bout de la rue du Temple, qu'occupent les religieux de cet ordre de la province de Normandie, sous le nom de *Pères de Nazareth.*

Les Recolets n'ont qu'une maison, rue du fauxbourg Saint-Martin, où ils ont une apothicairerie curieuse. Ces religieux sont des Observantins réformés.

Les Minimes ont deux couvens ; l'un à la place Royale, & l'autre au fauxbourg de Chaillot. Ces derniers sont appellés *Bons-Hommes.*

Depuis la suppression de la société des Jésuites, on ne compte plus à Paris que cinq communautés de prêtres : savoir, celle des prêtres de l'Oratoire, celle des prêtres de la Doctrine-Chrétienne, celle des Barnabites, celle des Prêtres de S. François de Sales, & celle des Nouveaux-Convertis.

Les prêtres de l'Oratoire ont trois maisons ; une dans la rue Saint-Honoré, l'autre dans la rue d'Enfer, hors la barrière ; & la troisième rue Saint-Jacques, près la paroisse de S. Jacques-du-Haut-Pas. Cette dernière maison est un séminaire considérable.

Les prêtres de la Doctrine-Chrétienne ont aussi trois maisons dans Paris ; l'une au haut de la rue des Fossés-Saint-Victor ; l'autre dans la rue Saint-Martin, sous le titre de *Saint-Julien-des-Menetriers ;* & la troisième, au bout du fauxbourg Saint-Antoine, à Bercy.

Les Barnabites ont leur couvent derrière le Palais, dans la rue de la Barrillerie. C'est une communauté de clercs réguliers.

La communauté des prêtres de Saint-François-de-Sales a été établie près l'hôpital de la Pitié, en 1702, par M. le cardinal de Noailles, pour le soulagement des pauvres prêtres infirmes.

La communauté des Nouveaux-Convertis est rue de Seine, près le jardin Royal des Plantes. Il y a aussi à Paris une communauté édifiante de plusieurs gentilshommes qui vivent en société, & qui ont leur maison rue Pot-de-Fer, près l'ancien noviciat des Jésuites.

Couvens & Communautés de filles.

Quant aux couvens & communautés de filles, on en compte environ cinquante, outre les abbayes & les prieurés.

Il y en a six de l'ordre de S. Benoît; sçavoir, les Annonciades de l'Assomption, autrement dites, *les Recolettes*, dans la rue du Bac, fauxbourg Saint-Germain.

Les Bénédictines Angloises, autrement dites, *les filles Angloises;* leur maison est située au champ de l'Allouette, rue des Angloises, fauxbourg Saint-Marcel.

Les religieuses du Saint-Sacrement, de la rue Cassette, au fauxbourg Saint-Germain, autrement dites, *les filles du Saint-Sacrement.*

Les filles du Saint-Sacrement de la rue Saint-Louis, au Marais.

Les filles du Calvaire de la rue de Vaugirard, près le Luxembourg.

Les filles du Calvaire de la rue Saint-Louis, au Marais.

On en compte treize de l'ordre de S. Augustin; savoir,

Les dames Annonciades, autrement dites les Annonciades-Célestes, ou Filles-Bleues, rue Culture-Sainte-Catherine.

Notre-Dame de Sion, couvent de chanoinesses régulières Angloises, dont la maison est située rue des Fossés-Saint-Victor.

Les filles de l'Assomption, dont la maison est située rue Saint-Honoré. On y remarque le dôme & le portail, formé de colonnes Corinthiennes. Les chapelles de l'église sont ornées de tableaux des plus habiles maîtres.

Le couvent de Bellechasse, rue de même nom, fauxbourg Saint-Germain, est occupé par des chanoinesses de S. Augustin.

Il y a un autre couvent au fauxbourg de Picpuces, où ces mêmes dames ont le titre de chanoinesses de Saint-Augustin.

Il y a dans ce même canton une troisième maison de

chanoineſſes, que l'on nomme *Chanoineſſes régulières de la Victoire.*

Les religieuſes de la congrégation de Notre-Dame, qui ont leur maiſon rue Neuve-Saint-Etienne, au fauxbourg Saint Marcel.

Les religieuſes de la Miſéricorde, de la rue du Vieux-Colombier : c'eſt une eſpèce d'hôpital où l'on reçoit les enfans orphelins. *Voyez* l'article *Hôpitaux.*

Les filles de Saint-Magloire, qui ont leur maiſon rue Saint-Denis.

La Viſitation de Sainte-Marie, dans la rue Saint-Antoine, près la Baſtille.

Ces mêmes religieuſes ont une ſeconde maiſon rue Saint-Jacques, ſous le titre de *Dames de la Viſitation*; & une troiſième rue du Bacq, au fauxbourg Saint-Germain, ſous le titre de *Filles de Sainte-Marie.*

Les Urſulines ont deux maiſons dans Paris, où leur inſtitut a pris naiſſance : la première eſt ſiſe rue Saint-Jacques; ſon égliſe eſt curieuſe par ſes ornemens en tous genres. La ſeconde eſt ſituée rue Saint-Avoye, au bas de la rue du Temple; elles ont le titre de *Dames de Saint-Avoye.* Elles dirigent une troiſième maiſon dans la rue des Fontaines, derrière le Temple, où l'on enferme des filles débauchées.

Les religieuſes de l'ordre de S. François ont huit couvens : ſavoir, l'*Ave-Maria*, rue des Barres, quartier Saint-Paul.

Les Cordelières de la rue de l'Ourſine, au fauxbourg Saint-Marcel. Ces mêmes religieuſes ont une ſeconde maiſon dans la rue du Bacq, au fauxbourg Saint-Germain : on la nomme le couvent des *Petites Cordelières*, ou la *Nativité de Jeſus.*

Les Annonciades, autrement les Dames de Pincourt, au fauxbourg Saint-Antoine.

Les Capucines de la place de Louis-le-Grand, ſituées rue des Capucines; leur égliſe fait face à celle des Feuillans : on y voit pluſieurs tombeaux remarquables.

Les religieuſes de la Conception, dans la rue Saint-Honoré, vis-à-vis l'Aſſomption. Elles ſont Cordelières du tiers-ordre de S. François.

Les Angloises de la Conception, dans la rue de Charonne, au fauxbourg Saint-Antoine.

Les religieuses de Sainte-Elisabeth, dont le couvent est situé au bout de la rue du Temple, vers les boulevards : elles sont du tiers-ordre de S. François.

Les religieuses de l'ordre de S. Bernard n'ont que deux couvens.

Nous avons fait mention de celui des Bernardines, à l'article des abbayes.

Le second, qui est celui des Feuillantines, est situé dans la rue du Fauxbourg-Saint-Jacques.

L'ordre du Mont-Carmel a trois couvens dans Paris; Celui des Carmelites du fauxbourg Saint-Jacques ; les Carmélites de la rue Chapon, au Marais; & celles de Sainte-Thérèse, dans la rue de Grenelle.

Les religieuses de l'ordre de S. Dominique ont deux couvens, l'un dans la rue Charonne, sous le nom de *Filles de la Croix* ; l'autre dans la rue Neuve-Saint-Augustin, près la place des Victoires, sous le titre de *Religieuses de Saint-Thomas d'Aquin*, autrement dites les *Filles Saint-Thomas*.

On ne compte qu'un couvent de l'ordre de Fontevrault: c'est celui des Filles-Dieu, rue Saint-Denis.

Il y a environ quatorze communautés du même sexe; savoir :

Les Nouvelles-Catholiques de la rue Sainte-Anne.

Les filles de la Providence, dans la rue de l'Arbalètre, fauxbourg Saint-Marcel.

Les sœurs de la Charité, autrement nommées les *Sœurs Grises*, à cause de leur habillement, qui est de cette couleur. Leur maison principale est dans le fauxbourg Saint-Denis, vis-à-vis les prêtres de la Mission, qui en ont toujours eu la direction.

Les filles Orphelines de Saint-Joseph, dites de l'*Etang*, dans la rue Saint-Dominique, au fauxbourg Saint-Germain.

Les filles de Sainte-Genevieve, dites *Miramiones*, sur le quai de la Tournelle.

Les dames de Saint-Chaumont, ou les filles de l'Union-Chrétienne, rue & proche la porte Saint-Denis.

Sainte-Anne, dans la rue de la Lune, au fauxbourg Saint-Denis.

Les filles de Sainte-Agnès, dans la rue Plâtrière.

La communauté de Sainte-Anne, dans la rue Neuve-Saint-Roch.

Sainte-Aubrierge, ou les filles de la Trinité, au coin de la rue de Reuilly, dans le fauxbourg Saint-Antoine.

Les filles de la Croix de la place Royale, dans le cul-de-sac de Guimené.

Les filles de la Croix, dans la rue de la Clef, au fauxbourg Saint-Marcel, autrement dites les *Filles de Sainte-Jeanne*.

Les filles de la Croix de la rue des Barres, dans le quartiet de Saint-Paul.

Commanderies.

Les chevaliers de l'hôpital de Saint-Jean-de-Jérusalem ont deux commanderies considérables dans Paris, le Temple & Saint-Jean-de-Latran.

Le Temple, situé au bout de la rue qui en a pris le nom, dans le Marais, est la résidence du grand-prieur de la langue de France. Depuis la destruction des Templiers, son enclos fait partie des biens des chevaliers de Malthe : il est privilégié, & renferme une centaine de maisons, occupées par des ouvriers de différens arts & métiers, qui ne sont pas maîtres dans leur profession, & qui ne peuvent y être inquiétés par les jurés des communautés.

Saint-Jean-de-Latran, près de la place Cambray, est la seconde commanderie des chevaliers de Saint-Jean-de-Jerusalem, autrement appellés *Chevaliers de Malthe* : elle est dépendante du grand-prieuré. L'enclos de cette commanderie est, à peu près, semblable à celui du Temple, & il jouit des mêmes privilèges.

Hôpitaux.

Parmi tant de sages établissemens qui tendent au bien des habitans de cette grande ville, nous ne devons pas oublier les hôpitaux. On en compte plus de trente pour des personnes de tout âge, de tout sexe, quelles que soient leurs infirmités.

L'*Hôtel-Dieu* est le premier & le plus considérable hôpital de la ville de Paris. On y reçoit indistinctement, nuit & jour, tous les malades, de quelque condition, état, pays, âge ou sexe qu'ils puissent être ; en observant toutefois qu'on n'y admet aucun de ceux qui sont atteints de maux vénériens, pour lesquels il y a des hôpitaux particuliers. Les malades sont enregistrés, dans cet hôpital, par noms, âges, paroisses, diocèses & pays, avec le plus grand ordre & la plus grande exactitude. Cette maison est composée de douze cents lits, distribués dans vingt-deux salles ; mais malheureusement le nombre des malades monte souvent à cinq mille & plus. Aussi règne-t-il une contagion éternelle dans cette maison, où les malades, entassés les uns sur les autres, se donnent réciproquement la peste & la mort. Ils sont servis par des religieuses de l'ordre de S. Augustin, qui ont sous leurs ordres plus de deux cents domestiques, sans compter les filles qui font le noviciat.

L'*Hôpital-Général* est composé de cinq maisons, qui sont toutes sous la même direction : ces maisons sont la Salpêtrière, le château de Bicêtre, la Pitié, le Saint-Esprit & Sainte-Marthe, ou Scipion.

La *Salpêtrière*, appellée aussi l'Hôpital-Général, parce que c'est le chef-lieu pour toutes les affaires qui pourroient concerner ces différens établissemens, est plutôt un gros bourg qu'un simple hôpital. Il est hors de l'enceinte de Paris, & renferme ordinairement dix mille personnes, au moins : il sert de lieu de correction pour les filles débauchées, d'asyle pour les fous, de retraite pour les personnes âgées, maris & femmes, au-dessus de cinquante neuf ans, à qui on donne une chambre & la nourriture ; comme ils peuvent s'occuper de petits travaux, à leur profit, cela leur procure, pour la vie, une facilité qu'ils n'avoient pas toujours avant leur retraite. Ceux qui sont en état de donner trois, six & neuf livres par mois, y sont très-bien ; on leur donne du vin, &c.

Toutes les jeunes filles que l'on y présente avec un certificat du curé de la paroisse & leur extrait baptistaire, y ſont reçues & élevées. Elles apprennent à lire, à écrire, à travailler, & elles ont une table ſéparée. Il ſort de cette maiſon de très-beaux ouvrages de linge & des broderies en ſoie, en or & en argent.

Bicêtre eſt à une demi-lieue de la ville. C'eſt un très-grand château, dans lequel on renferme les libertins, les gens ſans aveu & les mendians. Il ſert de retraite à beaucoup de vieillards. On y enferme les fous & on y guérit les maladies vénériennes. *Voyez* BICETRE.

La *Pitié*, dans l'enceinte de la ville, eſt une maiſon qui ſert de refuge à tous les petits garçons, enfans trouvés, ou autres. Ils y ſont élevés avec ſoin; on leur apprend à lire & à écrire, & on les occupe à des travaux utiles à la maiſon. On y fabrique des draps pour les habits des hôpitaux, & même pour les troupes. Il faut avoir, pour y être reçu, un certificat du curé de la paroiſſe avec l'extrait baptiſtaire. Les pères & mères en peuvent retirer leurs enfans au bout d'un temps, pourvu qu'ils ſoient en état de les nourrir & de les bien élever; c'eſt de quoi l'on s'informe exactement.

Sainte-Marthe, ou *Scipion*, dans l'enceinte de Paris, dépend de la Pitié; c'eſt la cinquième des maiſons qui compoſent l'Hôpital-Général: elle n'eſt, à proprement parler, que la boulangerie & la boucherie des quatre autres.

L'hôpital du *Saint-Eſprit*, attenant l'Hôtel-de-Ville, a été fondé pour de pauvres enfans, orphelins de père & mère, légitimes & nés à Paris. Le nombre en eſt fixé à quarante garçons & ſoixante filles. Ils y ſont très-bien élevés: on leur apprend à lire, à écrire, l'arithmetique & un métier. Il faut donner, en y entrant, cent cinquante livres, qui leur ſont rendues en ſortant, lorſqu'ils ſont en âge d'apprendre un métier.

Les *Incurables*, dans l'enceinte de Paris, ſont une maiſon fondée pour toutes perſonnes attaquées de maux où il n'y a point de guériſon, excepté les humeurs froides, le mal caduc & les maux vénériens. Il y a cinq ſalles pour les hommes & cinq pour les femmes. Elles ſont très-grandes & voûtées en pierres de taille. Les lits y ſont d'une grande propreté, & l'on y eſt parfaitement bien traité. Les malades y sont servis par des sœurs de la Charité, & des prêtres séculiers y sont chargés de la direction des ames.

L'hôpital des *Petites-Maisons*, près des Incurables, est un établissement de la ville de Paris. Cette maison sert de retraite à plus de quatre cents vieilles gens, dont la plupart sont nourris, & un petit nombre seulement paient des pensions de six cents livres. On y reçoit aussi des insensés, qui y sont enfermés dans de petites loges; on y traite les gens attaqués de la teigne; quelques-uns y sont traités de la maladie vénérienne, en payant une modique somme.

L'hôpital de *Saint-Louis*, hors de l'enceinte de Paris, est une maison fondée pour les maladies contagieuses. Elle est très-vaste & fort bien située. On y envoie les religieuses infirmes & convalescentes de l'Hôtel Dieu, pour y prendre l'air.

L'hôpital du *Saint-Nom-de-Jesus*, dans l'enceinte de la ville, est fondé pour servir de retraite à des pauvres âgés & des deux sexes.

Hôpitaux destinés pour les hommes seulement.

La *Charité* est un hôpital desservi par des religieux de l'ordre de S. Jean-de-Dieu, appellés *Freres de la Charité*. Il est le chef-lieu de toutes les maisons du même ordre, qui sont répandues dans le royaume & dans nos colonies. C'est aussi le seul noviciat & la retraite des religieux qui sont hors de service. Cette maison est administrée par l'ordre même des religieux qui s'y consacrent; en quoi elle diffère des autres hôpitaux de malades, qui ont des séculiers pour administrateurs.

On y compte deux cents lits pour les pauvres malades; ils y sont très-bien soignés, & reçoivent de grands secours de l'hôpital des Convalescens, rue du Bacq.

On n'y reçoit personne en payant, comme on le dit quelquefois, mal à propos, dans le monde; mais les fondateurs & bienfaiteurs ont, par rapport à ceux pour qui ils s'intéressent, des préférences & des facilités que leurs libéralités leur ont acquises.

L'hôpital des *Quinze-Vingts*, fondé par S. Louis, sert

d'asyle à des aveugles, dont le nombre est déterminé par la dénomination de cette maison, c'est-à-dire, à trois cents. Les places sont à la nomination de M. le grand-aumônier: son enceinte est un lieu privilégié. Il y a une communauté de prêtres pour desservir l'église, qui a titre de paroisse. Le règlement de cet hôpital est admirable; il est rapporté, *vol. II*, dans la description de ce lieu, par Piganiol de la Force.

Presque tout l'enclos vient d'être superbement rebâti à neuf; il ne reste plus que l'église à reconstruire, avec toute la partie qui donne sur la rue Saint-Honoré.

L'hôpital des *Enfans-Rouges* a été fondé pour quatre-vingts orphelins de père & mère: on les reçoit à sept ans & on les garde jusqu'à quinze. On paie, en entrant, 41 liv. & on leur remet, en sortant, 36 liv. il faut qu'ils soient fils de maîtres artisans de Paris. On leur apprend à lire, a écrire & l'arithmétique. Les administrateurs sont les mêmes que ceux de la Pitié.

La communauté des *Pauvres-Prêtres*, est un hôpital fondé pour servir de refuge aux pauvres prêtres qui ne peuvent plus faire leurs fonctions. Il étoit autrefois dans l'enceinte de Paris, mais il est aujourd'hui transféré au village d'Issy, près Paris.

Saint-Gervais est une maison où l'on donnoit l'hospitalité, pendant trois jours, à tous les hommes qui se présentoient; mais comme il provenoit de grands abus de cette facilité qu'avoient les personnes de toute espèce, une ordonnance de police, du 19 février 1768, défend aux mendians, vagabonds, gens sans aveu, coureurs de nuits, joueurs de balles sur les places publiques, oisifs & fainéans, de venir loger à l'hôpital Saint-Gervais; & enjoint aux pélerins & voyageurs de ne s'y présenter qu'après avoir fait apparoir de leurs certificats & passeports en bonne forme, à peine de prison, & d'être poursuivis & punis suivant la rigueur des ordonnances.

Hôpitaux pour les femmes & les filles.

Sainte-Pelagie, ou *le Refuge*, est un hôpital de filles, dépendant de l'Hôpital-Général: il est composé de deux communautés de femmes ou filles repenties ; la première, est de celles qui y entrent de bonne volonté : elles ont l'habit & le voile de religieuse. L'autre communauté est composée de celles qui y sont mises de force par ordre du roi, ou par l'autorité du magistrat. Ces dernières sont soumises à une très-sévère correction. Chaque communauté a son chœur & son cloître particulier.

Les *Hospitalieres de la Miséricorde de Jesus*, sous le nom de S. Julien & de sainte Basilisse, ordre de S. Augustin, ont, dans plusieurs belles salles, trente-sept lits bien entretenus, dont une partie a été fondée par des particuliers, qui ont le droit de les faire occuper *gratis*. Les malades des autres lits paient 30 livres par mois. Les femmes qui restent à l'année dans ces salles, paient 400 liv. de pension, & celles qui sont en chambre, 500 liv.

Les *Hospitalieres de Saint-Thomas de Villeneuve* forment une communauté, dont le principal objet est l'instruction de la jeunesse.

Les Hospitalières du fauxbourg Saint-Marcel desservent une maison fondée pour les malades. Ils y sont très-bien ; on ne paie rien, & le nombre des lits se monte à vingt.

La *Roquette*, est un hôpital desservi par des hospitalières de S. Joseph. Il n'y a que dix-sept lits, dans une très-belle salle. Les malades donnent 24 livres par mois. Les personnes qui y sont à demeure, paient 400 livres de pension. Cette maison est très-avantageusement située, au septentrion de Paris, hors de l'enceinte. Ses jardins sont immenses.

Les Hospitalières de la place Royale, religieuses de l'ordre de S. Augustin, ont une salle de quinze ou vingt-lits, pour de pauvres femmes ou filles malades, qui y sont reçues gratuitement & très-bien traitées.

On compte huit hôpitaux pour les filles seulement.

L'*Enfant-Jesus*, près de la barrière de Vaugirard, a été fondé par la feue reine, épouse de Louis XV, à la naissance de monseigneur le duc de Bourgogne ; pour l'éducation de vingt jeunes demoiselles de condition. Les dames qui le desservent ne sont point cloîtrées.

Dans l'hôpital de *Notre-Dame-de-Miséricorde*, ou des *Cent-Filles*, on reçoit les filles depuis quatre ans jusqu'à ſept ; on les élève & on les garde juſqu'à vingt-cinq ans. Un compagnon qui a ſon brevet, gagne ſa maîtriſe en épouſant une de ces filles.

Il y a un fonds pour faire une religieuſe tous les quatre ans, & la perſonne fait choix du couvent où elle veut entrer.

Les fonds de cet hôpital ne ſuffiſent plus que pour ſoixante-cinq à ſoixante-quinze orphelines. On y travaille pour le public, en linge & en broderies de toute eſpèce, &c. &c.

L'hôpital de *Sainte-Catherine* eſt deſtiné à ſervir de refuge, pendant trois jours ſeulement, aux pauvres filles qui ſe trouvent ſans condition.

Dans l'hôpital des *Orphelines* du S. nom de Jeſus, on élève vingt enfans juſqu'à vingt-cinq ans. Les hoſpitalières de Saint-Thomas ſecourent les ſœurs de cette maiſon, dans les fonctions dont elles ſont chargées.

La communauté des *Filles Pénitentes du Sauveur*, a été fondée pour de pauvres filles.

Celle du *Bon-Paſteur* eſt compoſée de ſoixante filles retirées du monde ; elles ont environ 10000 liv. de rente, & travaillent en commun pour le ſoutien de la maiſon.

La maiſon des *Filles Pénitentes de Sainte-Valere*, dont la fondation a été procurée par le P. Louis Dorz, Jacobin, eſt compoſée de ſoixante-dix ſœurs, qu'on reçoit à tout âge. Elles donnent, en entrant, 60 liv. pour l'habillement ; elles ſont libres de quitter la maiſon lorſqu'elles le jugent à propos. On y travaille en linge pour le public.

L'hôpital des *Filles de Saint-Joſeph*, a été fondé pour entretenir de pauvres orphelines, qu'on y reçoit dès l'âge de huit ans. On les y élève dans la piété ; & par des occupations convenables à leur ſexe, on les met en état de gagner leur vie.

Hôpitaux pour les enfans des deux ſexes.

L'établiſſement des *Enfans-Trouvés* eſt un de ceux qui font le plus d'honneur à la nation. La maiſon principale, ſituée au Parvis-Notre-Dame, vient d'être rebâtie magnifiquement, moyennant les bienfaits de la feue reine, les ſecours

ſecours de la ville & ceux qu'on a tirés d'une loterie. On y reçoit en tout temps, à toutes les heures du jour & de la nuit, ſans queſtions & ſans formalités, tous les enfans nouveaux-nés qu'on y préſente (cela va à plus de 8000 par an); la ſeule formalité qui a été preſcrite, eſt un procès verbal fait par un commiſſaire de quartier, pour conſtater le lieu, le jour & l'heure où l'enfant a été trouvé, & le nom de la perſonne qui le préſente. Elle n'eſt obligée de rien dire ſur aucune circonſtance, & le commiſſaire, doit expédier le procès-verbal *gratis*. On les y fait élever avec grand ſoin, juſqu'à ce qu'ils aient fait leur première communion, & qu'ils ſoient en état d'apprendre un métier.

Cet hôpital a une ſeconde maiſon dans le fauxbourg Saint-Antoine, qui ſert de décharge à celle-ci.

Si un pareil établiſſement étoit imité dans chaque province, & même dans chaque ville du royaume, on conſerveroit à l'état un très-grand nombre d'enfans, qu'on envoie à Paris de fort loin, & qui périſſent par les fatigues du voyage.

L'hôpital de la *Trinité* a été fondé pour cent garçons & trente ſix filles, nés à Paris, orphelins de père ou de mère; mais valides. On leur apprend à lire & à écrire, & ils ſont tous deſtinés à apprendre un métier. L'enclos de la maiſon eſt privilégié. Les artiſtes qui s'y établiſſent gagnent leur maîtriſe en inſtruiſant dans leur art un de ces enfans, qui acquiert la qualité de fils de maître.

Les maîtres ſont tenus de leur fournir la nourriture, & de donner quelque ſomme à l'hôpital, plus ou moins, ſelon la qualité de leur profeſſion. Il y a d'ailleurs des perſonnes prépoſées pour veiller aux progrès que font ces enfans. Le frère & la ſœur ne peuvent être reçus dans cette maiſon que ſucceſſivement.

Nous finirons l'article des hôpitaux par les *Filles de l'Adoration perpétuelle du S. Sacrement*, au grand Charonne; les Dames de Sainte-Genevieve, dites *Miramionnes;* & l'*hôpital des Soldats-aux-Gardes*, attaqués du mal vénérien. Les gardes doivent cet établiſſement aux bienfaits & aux ſoins de M. le duc de Biron, leur colonel. Ce même ſeigneur vient de faire conſtruire un nouvel hôpital pour les malades du régiment, au Gros-Caillou.

La maiſon des filles de l'adoration perpétuelle du S. Sacrement, fut fondée ſous le règne de Louis XIV, pour le ſoulagement des malades de la paroiſſe, & l'inſtruction gratuite des enfans. Il y a ſeize religieuſes de chœur & cinq converſes.

Celle des Dames de Sainte-Genevieve, dites *Miramionnes*, du nom de madame de Miramion, leur fondatrice, fut auſſi établie pour le ſoulagement des pauvres malades de la paroiſſe, & autres pauvres, qui doivent tous y être traités *gratis*.

Il y a pluſieurs autres communautés dans Paris où l'on diſtribue du pain & des alimens aux pauvres, comme aux Chartreux, à Saint-Lazare, aux Céleſtins, &c. &c. &c. Cette diſtribution ſe fait aux Céleſtins les mardis & vendredis, à ſept heures du matin, & monte par ſemaine à près de 600 liv. On obſervera qu'il y a encore une infinité de ſecours à tirer d'un grand nombre de maiſons particulières dans les différens quartiers de Paris, dont les unes ſont deſtinées au traitement des malades ſeulement; les autres à ſervir de retraite aux inſenſés, ou autres, qui ayant aſſez de bien pour ſe faire traiter & ſoigner, préfèrent ces maiſons particulières aux maiſons plus communes, & ſont par ce moyen dans le cas d'être beaucoup mieux.

L'établiſſement des hôpitaux & de toutes les maiſons de ſecours & de charité étant une des portions les plus intéreſſantes de l'adminiſtration, on a établi un bureau-général, appellé le *Grand Bureau des Pauvres*. Tous les commiſſaires des pauvres des paroiſſes de cette capitale y rendent leurs comptes. Il eſt ſitué près l'Hôtel-de-Ville.

Gouvernement des Finances.

La généralité de Paris eſt la plus étendue de tout le royaume; elle comprend la plus grande partie de l'Iſle-de-France & de la Brie, & s'étend dans la Picardie, la Champagne, le Gâtinois, la Beauce, le Vexin & le Nivernois. On lui donne environ cinquante-ſix lieues dans ſa plus grande longueur, ſur vingt-cinq dans ſa plus grande largeur; laquelle étendue renferme 2103 paroiſſes, diviſées en vingt-deux élections; ſavoir, celles de Beauvais,

Compiégne, Coulommiers, Dreux, Etampes, Joigny, Mantes, Meaux, Melun, Montfort-l'Amaury, Montereau, Nemours, Nogent-sur-Seine, Paris, Pontoise, Provins, Rozoy, Senlis, Sens, Saint-Florentin, Tonnerre & Vezelay. Toutes ces élections ne forment qu'une seule intendance, & dépendent du bureau-général des finances qui siège à Paris, & dont on verra les détails plus bas, à l'article des tribunaux compris dans l'enceinte de Paris.

L'élection de Paris comprend 442 paroisses, divisées en huit départemens & 11 subdélégations. On verra plus bas le dénombrement des juges qui composent sa jurisdiction.

Gouvernement militaire.

Le district de la prévôté & vicomté de Paris forme un gouvernement-général militaire, enclavé dans celui de l'Isle-de-France, qui en est tout-à-fait séparé. Ces deux gouvernemens généraux n'en formoient qu'un autrefois; mais dans la suite ils ont été divisés & réunis plusieurs fois. Ils sont séparés aujourd'hui, & Louis XIII régla, en 1631, que le gouverneur de Paris marcheroit, aux *Te Deum*, après le premier président du parlement. Une compagnie de cinquante gardes à cheval, commandée par un capitaine, un lieutenant & un cornette, lui sert de garde ordinaire. Il y a de plus douze hallebardiers Suisses. Cette troupe marche à pied devant le carosse du gouverneur de Paris, lorsqu'il se rend en céremonie au Palais ou à Notre-Dame.

L'uniforme de la compagnie est rouge, avec un galon d'argent. Les hommes qui la composent jouissent de plusieurs privilèges.

Le gouvernement-général militaire de Paris, comprend plusieurs gouvernemens particuliers ; savoir, ceux de la Bastille, de Vincennes, de l'hôtel royal des Invalides, de l'Ecole-Royale-Militaire, du vieux Louvre & du château des Tuileries. Les gouverneurs des deux dernières maisons ne sont, à proprement parler, que des concierges qui ont le titre de *gouverneur*. Les autres ne prennent les ordres que du ministre ayant le département de la guerre, & sont indépendans du gouverneur de Paris, quoique leurs gouvernemens soient compris dans le district de celui de Paris, & paroissent devoir en dépendre.

Nous avons rendu compte, dans le précis de cet article, des diverses sortes de troupes qui sont employées à Paris, pour la sureté des habitans & pour le service de plusieurs tribunaux, nous parlerons plus bas des juges qui composent leurs justices.

Le gouvernement-général militaire de Paris a un lieutenant, & cette capitale est ordinairement la résidence de vingt à vingt-deux commissaires des guerres.

Comme nous avons donné plus haut une idée de l'*administration ecclésiastique*, nous allons entrer dans le détail des tribunaux qui composent l'administration civile, ainsi que de ceux qui ont rapport à l'administration militaire & des finances, dont nous n'avons pas encore eu occasion de parler.

Administration judiciaire.

Voyez le mot CONSEILS pour ce qui regarde les premiers tribunaux du royaume qui ont leur siège à la cour, & auxquels sont évoquées les affaires des cours de parlemens & autres jurisdictions souveraines du royaume. Notre objet est de ne rendre compte ici que des tribunaux qui ont leur siège fixé à Paris, & qui ressortissent eux-mêmes aux tribunaux supérieurs de la cour.

Grand-Conseil.

Le grand-conseil, créé conformément aux vœux des états généraux pour former un corps de justice qui fût ambulatoire à la suite de la cour, sans être limité d'aucun ressort, pour exercer avec le chancelier de France, son seul & véritable chef, & les maîtres des requêtes ordinaires de l'hôtel, l'autorité souveraine dans tous les pays soumis à la domination Françoise, ainsi que l'exercent les cours supérieures dans leurs ressorts, fut établi par Charles VIII, en jurisdiction ordinaire & contentieuse, en l'année 1492.

Cette cour a été pendant quelque temps sans fonctions;

mais un édit du mois de janvier 1768, portant règlement pour la police & discipline de ce tribunal, qui est une émanation du conseil d'état, le rétablit, en supprimant néanmoins quelques-uns des officiers que les circonstances des temps y avoient fait ajouter, & en renvoyant aux juges ordinaires plusieurs affaires dont il se trouvoit chargé.

En vertu de cet édit, le grand-conseil continue d'être présidé par un conseiller d'état, attendu que M. le chancelier, qui en est le président né, ne peut y assister que rarement. Les autres juges de cette cour, sont huit présidens choisis parmi les maîtres des requêtes, pour servir par commission; quarante conseillers laïcs, quatre conseillers clercs, deux avocats-généraux, un procureur-général & huit substituts, outre quatre substituts honoraires; un greffier en chef, un premier huissier, & quatre conseillers-notaires, pour faire les fonctions de secrétaires. Le roi y accorde d'ailleurs entrée & séance à ceux des prélats & anciens magistrats qu'il juge à propos d'y admettre en qualité de conseillers d'honneur. Ils y sont ordinairement admis au nombre de quatre, & ils ont rang après les présidens.

L'édit de janvier 1768, maintient dans leurs fonctions les deux principaux commis du greffe, le greffier-garde-sacs & des dépôts, celui des présentations & affirmations, les payeurs & contrôleurs des gages, & les vingt huissiers de cette cour.

Par le même édit, la finance des offices de conseillers est fixée à 50000 livres; celle des offices de substituts du procureur-général, à 18000 livres; & la finance des autres offices, demeure fixée au même taux que par le passé.

Le surplus des offices créés pour le grand-conseil, ainsi que les deux commissions de grands rapporteurs & correcteurs des lettres du sceau, demeureront éteints & supprimés après la mort de ceux qui en sont actuellement pourvus. Sa majesté supprime aussi, par le même édit, les vingt-trois offices de procureurs postulans, & les fonctions de leur ministère sont dévolues aux avocats du conseil, qui les exerceront à l'avenir, à la charge seulement de prêter préalablement le serment accoutumé pardevant les juges du grand-conseil.

Le premier président du grand-conseil, les autres présidens & conseillers, les avocats & procureur généraux, les substituts, greffiers & huissiers y sont de service toute l'année; de manière cependant que les présidens & conseillers sont distribués en deux services égaux, composés chacun de quatre présidens & de vingt-deux conseillers, dont deux doivent être clercs & les autres laïcs; ensorte que les quatre présidens qui ont servi pendant six mois, sont dispensés de remplir leurs fonctions pendant les six mois suivans, & que les conseillers servent alternativement neuf mois de suite pendant une année, & six mois seulement pendant l'année suivante; sans néanmoins qu'en aucun cas ils puissent être exclus de leurs fonctions lorsqu'ils jugent à propos de les exercer pendant toute l'année.

La commission du président ne peut excéder trois années, & celle des huit autres présidens, quatre années.

Les fonctions de grands rapporteurs & correcteurs des lettres du sceau, sont remplies par deux conseillers du grand-conseil, lesquels sont choisis au mois de décembre de chaque année, par le chancelier, entre les conseillers de service.

Le grand-conseil connoît des contestations concernant les nominations royales aux bénéfices, à l'exception de ceux qui sont conférés en régale; des indults & autres matières dont cette cour a pris connoissance de toute ancienneté, à l'exception des attributions accordées aux ordres, congrégations, monastères, communautés ou maisons régulières, lesquelles ne peuvent plus porter au grand-conseil les évocations qu'elles auront obtenues; à l'égard des contestations concernant les privilèges, loix, statuts, régime & gouvernement, le titre & possessoire de leurs bénéfices, les réparations des églises & autres bâtimens qui leur appartiennent, le partage des manses, & de toutes demandes & prétentions qui seroient formées entre les religieux, abbés ou prieurs commendataires, ou entre les maisons & bénéficiers des mêmes ordres; entre leurs fermiers ou régisseurs, pour ce qui concerne leurs baux ou régies; & les héritiers ou représentans des bénéficiers, pour raison des répartitions de leurs bénéfices; le grand-conseil connoît, à l'exclusion de tous autres juges, de toutes ces affaires.

A l'égard des évocations des autres sujets du royaume, elles ne peuvent avoir lieu qu'autant qu'ils procéderont volontairement pardevant cette cour; sans toutefois qu'elle puisse, même du consentement des parties, prendre connoissance des matières réservées aux autres cours par les ordonnances, édits & déclarations.

C'est aussi au grand-conseil que sont portées les évocations accordées aux ordres du Saint-Esprit & de Saint-Michel, à l'ordre de Malthe, aux ordres de Notre Dame de Mont-Carmel & de Saint-Lazare de Jérusalem, à la maison royale de Saint-Cyr, & aux jurats de Bordeaux.

C'est au grand-conseil que l'on instruit & juge, suivant les derniers erremens, tout ce qui concerne l'exécution des arrêts du conseil d'état, à l'exception des taxes des dépens & de leurs revisions; le criminel incident aux instances qui sont instruites en cette cour, & le paiement des honoraires des avocats au conseil, qui étoit ci-devant de la compétence des maîtres des requêtes; les instances d'ordre & distribution de deniers provenans des ventes des offices adjugés en la grande direction des finances, ou au grand sceau; & les affaires dont la connoissance avoit été attribuée à des commissaires du conseil.

Dans les matières & affaires dont la connoissance appartient au grand-conseil, il peut connoître des appellations comme d'abus qui sont interjettées relativement à ces affaires, soit de la part des parties intéressées, soit de celle du procureur-général.

La justice est rendue gratuitement au grand-conseil, ainsi qu'au conseil d'état.

Les doyens de chaque service ont entrée & voix délibérative au conseil d'état privé; & les conseillers du grand-conseil peuvent accompagner, au nombre de quatre, le chancelier de France, dans toutes les occasions où il juge à propos de les appeller.

Le siège de cette cour est au Louvre.

Les habits de cerémonies du grand-conseil sont, pour les présidens, la robe de velours noir; les conseillers, les avocats & procureur généraux, portent la robe de satin noir.

Prévôté de l'Hôtel.

La *Prévôté de l'hôtel* est composée d'un grand-prévôt, des lieutenans-généraux civils & d'épée, d'un procureur du roi, & de plusieurs autres officiers.

Cette jurisdiction connoît des causes, tant civiles que criminelles, des officiers & marchands privilégiés qui suivent la cour; de la taxation du pain, du vin, de la viande & de toutes les denrées nécessaires pour la cour; des crimes & délits qui se commettent à la suite de la cour. Elle peut arrêter les criminels & leur faire leur procès en dernier ressort, en y appellant six maîtres des requêtes, & à leur défaut, six avocats.

Elle a dans son ressort toute l'étendue des lieux où elle réside, & à dix lieues à la ronde.

Les appellations se relèvent au grand-conseil.

Prévôté-générale de l'Isle-de-France.

La *prévôté & maréchaussée générale* de l'Isle-de-France est composée d'un prévôt, de cinq lieutenans, d'un assesseur, d'un procureur du roi, de deux greffiers, &c.

Cette jurisdiction connoît de tous les crimes commis par les vagabonds, gens sans aveu, & condamnés à peine corporelle, bannissement ou amende-honorable; des oppressions, excès, ou autres crimes commis par des gens de guerre; des désertions, assemblées illicites avec port d'armes; des levées de gens de guerre faites sans commission; des vols sur les grands chemins; des vols faits avec effraction; du port des armes & autres violences publiques; des sacrilèges avec effraction; des assassinats prémédités; des séditions; des émotions populaires, &c.

La dénomination de cette prévôté désigne son étendue.

Tribunal des Maréchaux de France.

Le *Tribunal des maréchaux de France* forme une cour composée de tous les maréchaux de France.

Les assemblées se tiennent chez le plus ancien des

maréchaux de France. Ce tribunal connoît sans appel des différends entre gentilshommes, ou personnes faisant profession des armes, pour raison de leurs engagemens de parole ou écrits d'honneur, de la chasse, de la pêche, & des droits honorifiques dans les églises. Les requêtes que l'on présente à ce tribunal, sont signées par les officiers & gardes, & mises entre les mains du secrétaire-général des maréchaux de France, qui sert de greffier.

Un maître des requêtes en fait le rapport.

Jurisdictions de l'enclos du Palais.

Les jurisdictions qui siègent dans l'enclos du Palais, sont le parlement, la chambre des comptes, la cour des aides, la cour des monnoies, la chambre souveraine des décimes, les requêtes de l'hôtel, le bureau des trésoriers de France, & la chambre du trésor & domaine, les trois sièges généraux à la table de marbre; savoir, la connétablie & maréchaussée de France, l'amirauté & les eaux & forêts. La chambre de la marée, est celle qui a été établie par l'édit sdu mois de décembre 1764 : on compte aussi dans cet enclos le bailliage du Palais, l'élection, la maîtrise particulière des eaux & forêts, la maçonnerie, la jurisdiction du prévôt-général des domaines & maréchaussée de France; la bazoche, qui est la jurisdiction des clercs du parlement; le haut & le souverain empire de Galilée, qui est la jurisdiction des clercs de la chambre des comptes.

Parlement.

Le parlement de Paris est le plus ancien des tribunaux du royaume, & celui dont le ressort est le plus étendu. C'est la cour des princes & des pairs de France, qui y viennent siéger quand il leur plaît; ainsi que des maréchaux de France & des grands officiers de la couronne, dont toutes les contestations & procès y sont commis privativement à toute autre jurisdiction. Cette cour étoit autrefois ambulatoire & n'avoit point de siège fixe : Philippe le Bel la rendit sédentaire dans son palais à Paris, en 1302.

Le parlement est aujourd'hui composé de huit chambres, qui forment autant de jurisdictions particulières; savoir, de la *Grand' Chambre*, des trois *chambres des Enquêtes*, des deux *chambres des Requêtes*, & de la *Tournelle criminelle*. La *chambre des Vacations* n'a lieu que pendant la vacance du parlement, & les juges qui la composent sont toujours tirés des chambres du parlement.

Cette cour a, outre cela, deux commissions particulières, qui font corps avec elle; ce sont la *chambre de la Marée* & la chambre établie par l'édit du mois de décembre 1764. La chambre *de la Tournelle civile*, créée par déclarations des 8 avril 1667, 15 mars 1673 & 17 novembre 1690, ne se tient plus.

On y jugeoit les appellations verbales des sentences où il ne s'agissoit que de deux mille liv. & au-dessous, ou de cent livres de rente, pourvu toutefois que l'affaire ne fût pas de nature à devoir être jugée à la grand'chambre.

La *grand'chambre* est composée d'un premier président, de neuf présidens à mortier, de deux conseillers-d'honneur nés, qui sont l'archevêque de Paris & l'abbé de Cluny; de six autres conseillers-d'honneur; de vingt-cinq conseillers laïcs & de douze conseillers clercs.

Les princes du sang, comme nous l'avons dit plus haut, les pairs de France, ont aussi séance & voix délibérative en cette chambre, ainsi que le chancelier de France, le garde des sceaux, le gouverneur de Paris, les conseillers d'état & les maîtres des requêtes; mais ces derniers ne peuvent y assister que quatre à la fois. Ils y ont séance après les conseillers-d'honneur, lesquels ont rang après les présidens à mortier.

Tous les conseillers du parlement qui, en quittant leur charge, obtiennent du roi des lettres de conseillers honoraires, ont également séance en cette chambre, selon le rang de leur ancienneté.

Le premier président & les quatre plus anciens présidens à mortier, exercent leurs fonctions toute l'année à la grand'chambre, & les cinq autres à la tournelle criminelle. Les conseillers de la grand'chambre servent chacun six mois à cette chambre, & six mois à la tournelle, pendant l'année. Cependant ils ne laissent pas que d'entrer & de rapporter en la grand'chambre, ou à la tournelle, les procès dont ils sont rapporteurs, à l'exception des conseillers clercs ; qui ne font point de service à la tournelle, même lorsque la grand'chambre est assemblée, soit à la grand'chambre, soit à la tournelle, pour matière criminelle.

La grand'chambre connoît de toutes les appellations verbales, interjettées des sentences rendues aux audiences des présidiaux, bailliages & autres jurisdictions, tant ordinaires qu'extraordinaires, dont l'appel ressortit au parlement de Paris.

Elle connoît aussi des appellations comme d'abus des juges ecclésiastiques qui sont dans son ressort ; mais pour ce qui concerne le civil seulement ; car pour ce qui concerne le criminel, les appellations comme d'abus sont portées à la tournelle criminelle.

La grand'chambre connoît, en première instance, 1.° des causes auxquelles le procureur-général est partie, pour les droits du roi ; & aussi des droits des terres qui sont tenues en apanage de la couronne : 2.° des causes des pairs de France & des crimes des pairs de France ; c'est aussi pour cela que le parlement de Paris est appellé la cour des pairs, parcequ'il n'y a que ce tribunal qui puisse connoître de leurs causes en première instance. On peut dire encore, qu'il est ainsi appellé, parceque les pairs sont les premiers conseillers de cette cour, & qu'ils y ont leur séance après les présidens. 3.° Des causes concernant les droits de régale & les droits de la couronne, privativement à tous autres parlemens. 4.° Des causes de l'Hôtel-Dieu de Paris, du grand bureau des pauvres de l'Hôpital-Général de Paris, & d'autres personnes & communautés qui ont droit d'y porter leurs causes en première instance. L'université de Paris, en corps, a le même privilège. 5.° Du crime de leze-majesté, contre toutes sortes de personnes. 6.° Des procès criminels des principaux officiers de la couronne, des présidens & conseillers du parlement de Paris, des présidens, maîtres, correcteurs & auditeurs de la chambre des comptes de Paris ; de ceux des gentilshommes & des ecclésiastiques.

On y reçoit aussi le serment des ducs & pairs, des baillifs & sénéchaux, & de tous les juges & magistrats dont les appellations se relèvent immédiatement au parlement.

La *première chambre des enquêtes* est composée de deux présidens, de vingt-trois conseillers laïcs, de deux conseillers clercs, d'un greffier & secrétaire de la cour.

La *seconde chambre des enquêtes* est composée de deux présidens, de dix-neuf conseillers laïcs & quatre conseillers clercs, outre le greffier.

La *troisième chambre des enquêtes* est composée de deux présidens, vingt-trois conseillers laïcs & un conseiller clerc, sans compter le greffier; ce qui fait en tout quatre-vingt-un juges pour les trois chambres.

Trois ou quatre conseillers de chacune de ces chambres sont de service, tour à tour, pendant trois mois à la chambre de la tournelle criminelle.

Les chambres des enquêtes connoissent des appellations des sentences rendues sur procès par écrit; c'est-à-dire, des sentences rendues, non à l'audience, sur la plaidoirie des parties, ou des avocats & procureurs, mais sur production des parties, & sur lesquelles il y a des épices. Elles connoissent aussi, en première instance, des causes dont connoît la grand'chambre, lesquelles sont renvoyées aux enquêtes par arrêt du conseil, sur les évocations de la grand'chambre & des autres parlemens, &c. ainsi que des sentences rendues sur les procès dont la condamnation n'est que pécuniaire.

Les *deux chambres des requêtes du Palais*, sont composées chacune de deux présidens & dix-sept conseillers laïcs, outre un conseiller clerc à la première, & deux conseillers clercs à la seconde.

Il y a d'ailleurs pour ces deux chambres,
Un greffier en chef des deux chambres des requêtes.
Un greffier de la première chambre des requêtes.
Un greffier de la seconde chambre des requêtes.
Un greffier du parquet.
Un greffier des décrets.
Un greffier des présentations.
Un greffier des dépôts des requêtes.
Un garde scel.
Six greffiers-à-la-peau pour les deux chambres.
Deux receveurs des consignations.
Un procureur du bureau des receveurs des consignations.
Neuf huissiers aux requêtes du Palais.

Et deux buvetiers pour les deux chambres.

Ces deux chambres connoissent, en première instance, concurremment avec MM. les maîtres des requêtes, des matières personnelles, possessoires & mixtes, entre les officiers commensaux de la maison du roi, & autres qui ont droit de *committimus;* des causes des églises de fondation royale, & de toutes celles qui ont leurs causes commises en vertu des lettres appellées *gardes-gardiennes.*

On nomme *parquet des deux chambres du Palais*, une jurisdiction, ou chambre, composée des magistrats des deux chambres, qui y servent tour à tour. On y plaide toutes les causes d'instruction, les déclinatoires, les compétences & les évocations. Les appels des sentences du parquet & des deux chambres, se relèvent directement au parlement. Le ressort des trois chambres s'étend dans tout le royaume pour les affaires qui concernent les requêtes du Palais, & pour les autres, il est le même que celui du parlement.

La *tournelle criminelle* est établie spécialement pour juger les causes & procès criminels portés au parlement par appellations verbales, ou par appellations en procès par écrit, lorsqu'il s'agit de peine afflictive.

Cette chambre est appellée *Tournelle*, parcequ'elle est composée des conseillers des autres chambres, qui y servent tour à tour, pour empêcher, dit le jurisconsulte *Bodin*, que l'habitude de condamner à des peines afflictives, n'altère la douceur des juges.

Les cinq derniers présidens à mortier de la grand'chambre, sont toujours de service à la tournelle criminelle.

Le *parquet du parlement* n'est autre chose que le lieu où messieurs les gens du roi s'assemblent pour délibérer sur les affaires qui regardent le ministère public, dans l'usage de la parole, dans les procès sujets à rapport, & dans tout ce qui est susceptible de conclusions par écrit ou à l'audience.

On y communique les affaires des grandes audiences du matin, & celles dans lesquelles le roi, l'église ou les mineurs ont intérêt.

On y décide les affaires où il s'agit d'appels, d'incompétence, de déclinatoire & de conflit entre les enquêtes & la grand'chambre.

Messieurs les gens du roi y jugent aussi plusieurs affaires que la grand'chambre renvoie à leur décision.

Gens du Roi.

Les gens du roi sont des officiers servant à toutes les chambres du parlement : ce sont,

Les trois avocats-généraux.

Le procureur-général.

Les quinze substituts du procureur-général.

Officiers.

Les officiers du parlement sont :

Le greffier en chef civil.

Le greffier des présentations.

Le greffier en chef criminel.

Le greffier des affirmations.

Le greffier des présentations au criminel.

Les quatre notaires & secrétaires de la cour.

Les trois greffiers de la grand'chambre.

Les deux greffiers de la tournelle & des dépôts du grand criminel.

Le greffier-garde-sacs de la grand'chambre.

Les deux greffiers des dépôts civils de la grand'chambre & des enquêtes.

Le greffier-garde-sacs & du petit criminel.

Les dix-sept greffiers-commis au greffe criminel.

Les trois greffiers-commis au greffe criminel.

Le contrôleur des arrêts, commis à la communication des registres & minutes criminelles du parlement.

Le contrôleur des arrêts, commis à la communication des registres & minutes civiles du parlement.

Le principal commis du greffe en chef civil pour la délivrance des arrêts.

Les vingt-sept huissiers du parlement.

Les deux receveurs des consignations pour toutes les jurisdictions, à l'exception des requêtes du Palais.

Le commissaire - receveur & contrôleur - général aux saisies réelles.

Le secrétaire du premier président.

Le trésorier payeur des gages.

Les quatre buvetiers, dont un pour la grand'chambre & trois pour les chambres des enquêtes.

Il y a, outre cela, le greffier de la conciergerie du Palais.

Le concierge.

Le médecin de la cour de parlement.

Les deux chirurgiens de la cour de parlement.

La matrone, ou maîtresse sage-femme.

Le receveur des amendes.

L'inspecteur & contrôleur des amendes.

Ce qui fait en tout près de quatre cents officiers, y compris les conseillers & présidens du parlement; mais sans compter les avocats plaidans à toutes les chambres, au grand-conseil & aux autres jurisdictions, au nombre de 508; les procureurs pour tout le parlement, au nombre de 405; les princes du sang & les ducs & pairs; les conseillers d'état, au nombre de quarante-quatre; les maîtres des requêtes, au nombre de quatre-vingts, lesquels ont séance & voix au parlement, comme nous l'avons observé plus haut.

Le président du parlement est le chef ou modérateur de la compagnie.

Les conseillers ont le droit de donner leur avis dans les affaires qui se présentent à l'audience, & sur les productions des parties.

Le conseiller-rapporteur, est celui qui se charge de voir & d'examiner les procès pour en faire le rapport.

Les avocats-généraux sont préposés pour maintenir les intérêts du roi, ceux du public & de l'église, & ils ne donnent leurs conclusions qu'après que les avocats des parties ont plaidé.

Le procureur-général donne ses conclusions dans tous les procès où le roi, le public, les mineurs, l'église & les communautés ont intérêt. Il veille à la manutention de la police générale; à ce que les ordonnances soient observées; à ce que la justice soit rendue dans l'étendue de son ressort, tant en matière civile que criminelle.

Il répond seul les requêtes qui lui sont présentées sur les affaires, qui requièrent célérité.

Il a droit de faire informer de la capacité, des vie &

mœurs de celui qui veut être reçu à un office royal de judicature.

Il donne ses conclusions sur les arrêts que la cour veut rendre en forme de règlement.

Il a droit de prendre communication de tous les édits, ordonnances & lettres-patentes, envoyées de la part du roi, pour être vérifiées en la cour.

Sa séance est au milieu des avocats-généraux.

Le plus ancien d'eux a toujours le premier rang, & le procureur-général le second. Les substituts de M. le procureur-général en font les fonctions en leur absence; c'est sur leur rapport que les conclusions du parquet sont délivrées.

Les avocats en parlement plaident, à l'exclusion des procureurs, les appellations, les requêtes civiles, les causes de régale, les questions d'état, & les autres affaires importantes, où il s'agit plus du droit que du fait & de procédures. Ils communiquent à messieurs les gens du roi les causes où ils ont à parler & qui sont sujettes à communication. Enfin, leurs fonctions se réduisent à trois principales, qui sont de plaider, de faire des écritures & de donner des consultations.

Les fonctions des procureurs au parlement, sont les mêmes que celles des procureurs au Châtelet; c'est-à-dire, qu'ils ont droit d'occuper dans toutes les juridictions de l'enclos du Palais, à l'exception de la chambre des comptes & de l'élection.

Les fonctions des greffiers sont différentes, suivant leurs différentes destinations; quelques-unes sont indiquées par leurs dénominations.

Les chambres du parlement s'assemblent pour les réceptions d'officiers, pour délibérer de quelques affaires qui regardent la compagnie, pour l'enregistrement des édits ou ordonnances.

Les séances de cette cour commencent le lendemain de la Saint-Martin, & finissent la veille de la Nativité de Notre-Dame; auquel jour se fait l'enregistrement des lettres, portant établissement d'une *chambre des vacations*, pour juger des matières sommaires & matières criminelles, jusqu'au 27 octobre.

Cette

Cette chambre, qui ne subsiste que pendant les vacances du parlement, est composée d'un président à mortier, de plusieurs conseillers laïcs & clercs, & d'un substitut du procureur-général; tous officiers tirés des chambres du parlement.

Le ressort de la cour de parlement s'étend sur toutes les provinces de l'Isle-de-France; de la Beauce, de la Sologne, du Berry, de l'Auvergne, du Lyonnois, du Forez, du Beaujollois, du Nivernois, du Bourbonnois, du Mâconnois, de l'Anjou, de l'Angoumois, du Maine, du Perche, de la Touraine, du Poitou, du Pays d'Aunis & Rochelois, de la Picardie, de la Champagne & de la Brie. Ce ressort est commun à tous les tribunaux, ou à toutes les chambres de cette cour.

Dans cette étendue du ressort du parlement de Paris, se trouvent environ 600 sièges subalternes; au nombre desquels on peut compter près de 150 présidiaux, sénéchaussées, bailliages, &c. qui ressortissent nuement & sans moyen à cette cour. Il y a un bien plus grand nombre encore de justices seigneuriales, qui ressortissent, en première instance, aux présidiaux, sénéchaussées, bailliages, &c. & par appel au parlement.

Les prérogatives du parlement sont, 1.° de connoître seul de la *régale*, & des droits de la régale.

2.° Il a nommé plusieurs fois à la régence, pendant la minorité de nos rois.

3.° Le roi lui confie le soin de veiller à la conservation des droits de sa couronne, de maintenir le bon ordre & de procurer la félicité des peuples.

4.° Les arrêts s'expédient au nom du roi. Sa majesté a la première place de la grand' chambre, qu'elle vient occuper les jours de lits de justice.

5.° On a toujours regardé ce parlement comme un des plus célèbres tribunaux. Des rois & des princes étrangers ont plusieurs fois soumis leurs différends à cette illustre compagnie; l'empereur Frédéric II & le pape Innocent IV; le roi de Portugal & le roi de Castille; Charles de Valois & le comte de Namur; le duc de Lorraine & Guy de Châtillon, &c. ont successivement pris ce tribunal pour juge de leurs contestations.

6.° Les présidens & conseillers du parlement jouissent du droit d'*indult*, c'est-à-dire, qu'ils peuvent se nommer eux-mêmes, ou tel autre qu'il leur plaît, aux collateurs ordinaires des bénéfices du royaume, lesquels sont obligés de leur conférer le premier bénéfice vacant. M. le chancelier & les maîtres des requêtes jouissent du même droit.

La *chambre de la Marée*, est une jurisdiction particulière du parlement, composée de commissaires de cette cour; savoir, du doyen des présidens à mortier & des deux plus anciens conseillers laïcs de la grand'chambre. Il y a aussi un procureur-général de la marée, autre que le procureur-général du parlement, & plusieurs autres officiers; savoir, les trois greffiers de la grand'chambre, un procureur au parlement & de la communauté des jurés-vendeurs de marée; un huissier-garde de la marchandise de marée, saline & poisson d'eau douce; & un notaire, de la communauté des jurés-vendeurs de marée : en tout dix officiers.

Cette chambre a la police générale sur le fait de la marchandise de poisson de mer, frais, sec, salé & d'eau douce, dans la ville, fauxbourg & banlieue de Paris, & de tout ce qui y a rapport, dans toute l'étendue du royaume pour raison des mêmes marchandises destinées pour la provision de cette ville, & des droits qui y sont attribués pour les jurés-vendeurs de marée, lesquels ont leurs causes commises directement en cette chambre.

La chambre établie par l'édit du mois de décembre 1764, concernant la liquidation des dettes de l'état, est composée du premier président du parlement, de deux autres présidens, de six conseillers de la grand'chambre, de quatre conseillers des enquêtes & requêtes, & de deux conseillers-commissaires pour veiller aux opérations de la caisse d'amortissement. Les gens du roi sont les trois avocats généraux & le procureur-général du parlement : le greffier est aussi un de ceux du parlement; ce qui fait en tout vingt officiers.

Les conseillers-commissaires de la chambre des comptes, nommés par lettres-patentes du 17 mai 1765, registrées en la chambre des comptes le 21 du même mois, pour l'exécution de l'édit de décembre 1764, sont un président, deux conseillers-maîtres & deux conseillers-auditeurs.

Chambre des Comptes.

La *chambre des comptes* eſt une cour ſouveraine, très-ancienne, établie pour faire rendre les comptes des deniers publics, pour veiller à la conſervation du domaine royal, ainſi que de tous les droits qui en dépendent, & pour connoître de tous les procès qui peuvent naître à ce ſujet. Ce tribunal fut d'abord compoſé de maîtres des comptes, qui avoient ſous eux des clercs, dont les uns tenoient & rédigeoient les comptes, & les autres les réviſoient & les corrigeoient.

Le premier préſident étoit toujours un archevêque ou un évêque; ce fut Louis XI qui donna le premier cette charge à un laïc. Louis XII en décora Jean de Nicolaï: ſes deſcendans ont toujours rempli cette place juſqu'à préſent, & l'occupent encore aujourd'hui avec diſtinction.

La chambre des comptes eſt actuellement compoſée d'un premier préſident, de douze autres préſidens, de ſoixante-dix-huit maîtres des comptes, de trente-huit correcteurs, de quatre-vingt-deux conſeillers-auditeurs, d'un avocat & d'un procureur-général, d'un ſubſtitut du procureur-général, de deux greffiers en chef & d'un greffier plumitif. Il y a, outre cela, un premier huiſſier, un garde des livres de la chambre des comptes, un tréſorier payeur des épices & receveur des amendes, un payeur des gages & augmentations de gages aux trois charges, trois contrôleurs du payeur des gages, trois contrôleurs du greffe, un contrôleur-général des reſtes, & vingt-neuf huiſſiers de la chambre des comptes & du tréſor. Les procureurs de cette cour ſont auſſi au nombre de vingt-neuf; outre leſquels il y a les cinq conſeillers-commiſſaires de la chambre, nommés en 1765, & dont nous avons parlé plus haut.

Les magiſtrats ſervent par ſemeſtre.

Les maîtres des comptes jugent les affaires qui ſe rapportent à la chambre.

Ils ont droit de rapporter toutes les requêtes, à l'exception de celles qui ſont du rapport des conſeillers-auditeurs.

Ils procèdent ſeuls aux informations des officiers reçipiendaires, comptables ou autres, dans l'étendue de leur ressort, & à toutes informations qui se font par ordre de la chambre.

Les correcteurs des comptes sont chargés de vérifier les comptes qui leur sont envoyés par la chambre, ou qu'ils ont droit d'examiner d'office, pour en faire le rapport à la chambre.

Les auditeurs sont les rapporteurs des comptes & de tout ce qui en dépend.

Les procureurs sont établis pour rendre & faire aputer les comptes de tous les trésoriers & receveurs qui manient les deniers du roi.

Ils font recevoir ces mêmes receveurs & trésoriers, & enregistrer les lettres-patentes qui doivent être enregistrées à la chambre des comptes.

Enfin on ne peut se passer de leur ministère dans toutes les affaires qui se présentent à cette chambre.

Les fonctions des autres officiers, sont les mêmes que dans les autres jurisdictions.

Les affaires de la compétence de ce tribunal, sont, comme nous l'avons déja dit, 1.° les comptes des deniers publics, la conservation du domaine royal & de tous les droits qui en dépendent, l'examen & clôture des comptes des officiers comptables qui se trouvent dans son ressort. 2.° Les dépenses ordinaires & extraordinaires du roi. 3.° L'enthérinement & vérification des édits & déclarations du roi, qui concernent son domaine & ses finances, & les officiers qui reçoivent des gages de sa majesté. 4.° Les lettres d'annoblissement, naturalité, légitimation, amortissement, dons & pensions. 5.° La vérification des apanages, contrats de mariages des enfans de France, & l'aliénation du domaine du roi. 6.° L'enregistrement des sermens de fidélité des archevêques & évêques, les déclarations du temporel des ecclésiastiques. 7.° La prestation de foi, & hommage que rendent les vassaux des principautés, duchés, pairies, marquisats, & autres seigneuries qui relèvent immédiatement du roi. 8.° Les baux des fermes du roi, & autres affaires de finance.

Les officiers de cette cour ont droit d'apposer le scellé, pour la sureté des intérêts du roi, chez les officiers comptables, en cas de décès ou d'absence, & de faire inventaire de leurs effets & la vente de leurs meubles.

Les vacances commencent au 21 septembre, & finissent le 10 octobre.

Cour des Aides.

La cour des aides, fondée par Philippe de Valois, est divisée en trois chambres. Les juges qui les composent, sont un premier président, toujours de service à la première chambre; neuf autres présidens, dont trois à chaque chambre, sans compter les présidens honoraires; & quarante-huit conseillers, divisés dans les trois chambres. Les gens du roi de cette cour, sont trois avocats-généraux, un procureur-général, quatre substituts du procureur-général & un substitut honoraire. Il y a outre cela, deux greffiers en chef, secrétaires du roi de la cour; un greffier civil & criminel, un greffier des audiences publiques & des décrets, un greffier garde-sacs & des dépôts, un greffier des présentations & affirmations, deux commis-greffiers, un commis des audiences publiques & des décrets, un premier huissier, cinq secrétaires du roi, servant près de la cour; un trésorier payeur des gages, trois contrôleurs du trésorier, un receveur des épices & vacations, un principal commis du greffe en chef, &c. un contrôleur des arrêts, un commis à la garde des minutes, cinq huissiers de la cour des aides, un concierge-buvetier, & commis pour la réception des officiers.

Cette jurisdiction connoît, 1.° des deniers royaux & des différends pour affaires de finances, pour exécutoires & ordonnances de la chambre, excepté celles qui concernent les domaines, &c. de debets de comptes rendus à la chambre. 2° En première instance, des contrats faits entre financiers & munitionnaires, pour raison de leurs traités, comptes de leurs commis, &c. des matières criminelles concernant les aides, gabelles & autres impositions. 3.° Des appellations des élus, des traites foraines, des maîtres des ports, concernant les aides, tailles, gabelles. 4.° De la vérification des lettres d'annoblissement. 5.° De l'examen de la validité des titres de noblesse, à l'effet de l'exemption des tailles. 6.° Des privilèges d'exemption des tailles & gabelles, dont les officiers du roi & autres jouissent. 7.° De la vérification des édits, ordonnances & déclarations concernant les matières dont la connoissance lui appartient.

Son ressort est le même que celui du parlement de Paris, à la réserve de l'Auvergne que l'on en a démembrée, mais à laquelle on a substitué les élections de Cognac, de Saint-Jean-d'Angely & des Sables-d'Olonne.

Cour des Monnoies.

La *cour des monnoies* est composée d'un premier président, de huit autres présidens, de deux chevaliers d'honneur, & de trente-six conseillers; sans compter les conseillers & présidens honoraires. Les gens du roi sont deux avocats-généraux, un procureur-général, un greffier en chef & secrétaire du roi, un premier commis du greffe, un second commis du greffe, un premier huissier & cinq autres huissiers, un concierge-buvetier, un trésorier-payeur des gages, & trois contrôleurs du trésorier.

Ces magistrats & officiers servent par semestre, excepté le premier président, le procureur-général & le greffier en chef, qui sont toujours en service.

Il y a un *prévôt-général des monnoies*, créé pour faire exécuter les arrêts de la cour; avec un lieutenant, trois exempts, un greffier & plusieurs archers.

Cette jurisdiction connoît des titres, cours & police des monnoies; des affaires qui concernent leur administration ou leur fabrication, des malversations qui se commettent par les maîtres & officiers des monnoies; des ouvriers en or & argent, pour les manufactures seulement de leurs ouvrages; des statuts & règlemens, réceptions & jurandes des orfèvres-Joailliers; des graveurs & batteurs d'or, & des saisies faites par leurs gardes & jurés.

Le ressort de cette cour s'étend sur tout le royaume, excepté ce que l'on en démembra pour former la cour des monnoies de Lyon; c'est-à-dire, sur les provinces, généralités & départemens de Lyon, le Dauphiné, la Provence, l'Auvergne, le haut & le bas Languedoc, sur Montauban, Montpellier & Bayonne, & sur les provinces de Bresse, Bugey, Valromey & Gex. *Voyez le mot* MONNOIE.

Chambre souveraine du Clergé.

La *chambre souveraine du clergé* ou *des décimes*, est établie pour juger en dernier ressort toutes les contestations qui s'élèvent concernant la répartition & le recouvrement des subsides que le clergé donne à l'état. Nous en avons parlé plus haut, page 189, sous le titre de *jurisdiction de l'archevêché.*

Requêtes de l'Hôtel.

La *chambre des requêtes de l'hôtel* est composée des maîtres des requêtes, d'un procureur & avocat-général, d'un substitut du procureur-général, de plusieurs secrétaires-greffiers, & d'un certain nombre d'huissiers.

Cette chambre connoît, en première instance, conjointement avec les requêtes du Palais, des causes personnelles, possessoires & autres, entre les privilégiés; c'est-à-dire, entre les officiers de la maison du roi, ou ceux qui ont leurs causes commises en vertu de lettres de *committimus.* Mais cette jurisdiction connoît, privativement aux requêtes du Palais, de ce qui concerne les offices. On y juge souverainement & en dernier ressort les affaires qui naissent en exécution des arrêts du conseil-privé ou d'état, des appellations, des appointemens donnés par un maître des requêtes en l'instruction d'un procès au conseil; des taxes & exécutoires des dépens, & des causes intentées pour salaires d'avocats au conseil.

Son ressort s'étend dans tout le royaume.

Les appellations des jugemens dont les maîtres des requêtes connoissent à l'ordinaire, sont portées au parlement.

Chambre du Domaine.

Il y a deux jurisdictions comprises sous la dénomination de chambre du domaine; savoir, le *bureau des trésoriers de France & des finances,* & la *chambre du trésor du domaine.*

Ces deux jurisdictions sont composées d'un premier président, d'un second président, de trente-trois trésoriers, de quatre autres présidens, d'un chevalier d'honneur, de vingt-huit trésoriers de France, sans compter quelques présidens & trésoriers honoraires ; d'un avocat du roi en la chambre du domaine, & d'un avocat du roi au bureau des finances ; d'un procureur du roi au bureau des finances, & d'un procureur du roi à la chambre du domaine ; d'un greffier en chef du bureau des finances & chambre du domaine, d'un greffier de la chambre du domaine & des présentations, d'un commis au greffe du bureau des finances, d'un commis au greffe de la chambre du domaine, d'un premier huissier au bureau des finances & chambre du domaine. Il y a, outre cela, un receveur des amendes, deux commissaires du conseil pour le département des tailles, un commissaire du conseil pour le pavé de Paris, trois commissaires du conseil pour les ponts & chaussées, un commissaire du conseil pour les bâtimens dépendans du domaine du roi, quatre commissaires de la voirie, un premier huissier-audiencier à la chambre du domaine.

Les deux receveurs-généraux de la généralité, & les officiers des élections de cette généralité ; c'est-à-dire, les receveurs des tailles, &c. ont aussi entrée & séance dans la chambre du trésor.

Le *bureau des trésoriers de France*, connoît des affaires qui concernent les finances & la voirie. On y registre les lettres de noblesse & autres semblables.

Dans la *chambre du trésor du domaine*, on juge des affaires qui concernent les domaines du roi, & qui étoient à la compétence de la chambre du trésor : on y registre les brevets de dons accordés par le roi, des droits d'aubaine, deshérence, bâtardise ; les lettres-patentes expédiées sur brevet, les lettres de naturalité & de légitimation. Enfin on y fait des baux & adjudications des domaines du roi.

Le ressort de ces deux jurisdictions s'étend dans la généralité de Paris.

On en appelle au parlement.

On observera qu'on ne peut décliner ces jurisdictions, même en faveur des lettres de *committimus*.

Les avocats & procureurs au parlement plaident & occupent en l'une & l'autre de ces deux chambres.

Table de Marbre.

Il y a trois jurisdictions différentes sous le titre général de siège de la table de marbre du Palais à Paris; savoir, la *connétablie*, l'*amirauté* & la *grande-maîtrise des eaux & forêts.* Leur dénomination commune vient de ce qu'autrefois ces tribunaux tenoient leurs séances sur la table de marbre qui étoit dans la grande salle du Palais, & qui fut détruite lors de l'incendie arrivé en 1618.

Connétablie.

La *connétablie* est composée d'un prévôt-général, de quatre lieutenans, d'un lieutenant-assesseur, d'un procureur du roi & d'un greffier. Pour ce qui est des affaires de sa compétence, *voyez* CONNÉTABLIE, *vol. II.*

Les avocats & procureurs au parlement, plaident & occupent en cette jurisdiction, ainsi qu'en l'amirauté & à la grande-maîtrise des eaux & forêts.

Amirauté de France.

Les officiers du *siège-général de l'Amirauté de France,* connoissent de toutes les actions procédantes du commerce qui se fait par mer, de l'exécution des sociétés pour raison du même commerce & des armemens, des affaires des compagnies érigées pour l'augmentation du commerce; en première instance, des contestations qui naissent dans les lieux du ressort du parlement, où il n'y a point de sièges particuliers d'amirauté établi; & par appel des sentences des juges particuliers établis dans les villes & lieux maritimes. *Voyez* AMIRAUTÉ, *Tome I.*

Eaux & Forêts.

La *grande-maîtrise des eaux & forêts*, est composée d'un grand-maître, d'un lieutenant-général, d'un lieutenant-particulier, de sept conseillers, d'un avocat & d'un procureur-général, de deux greffiers & de trois huissiers.

Les affaires de sa compétence, sont les appellations des sentences rendues par les officiers des maîtrises particulières, & par les gruyers des seigneurs particuliers, tant en matière civile que criminelle.

En première instance, tous les procès & différends qui concernent le fonds & propriété des eaux & forêts, îles & rivières du domaine du roi, & des bois tenus en gruerie, apanage, &c.

Elle a le ressort du parlement de Paris, & quelques provinces de plus. *Voyez* EAUX & FORÊTS.

Bailliage du Palais.

Le *bailliage du Palais* est composé d'un bailli, d'un lieutenant-général, d'un procureur du roi, d'un greffier, d'un premier huissier, & de deux huissiers-audienciers.

Cette jurisdiction juge en première instance des matières civiles & criminelles dans l'étendue de son ressort; c'est-à-dire, dans toutes les cours, salles & galeries du Palais.

On en appelle au parlement.

Election.

L'*Election* est une jurisdiction composée d'un président, d'un lieutenant, d'un assesseur, de vingt conseillers-élus, d'un avocat & d'un procureur du roi, de trois audienciers, & de six procureurs. On y connoît des tailles, taillons, recrues & subsistances; des aides, & de toutes les impositions & subsides; des contraventions aux règlemens faits pour la vente & distribution du parchemin & papier timbré; des rebellions commises contre les collecteurs, sergens, exécuteurs des rôles, ou contre les fermiers des aides ou leurs commis.

Toute l'étendue de l'élection de Paris est de son ressort.

On en appelle à la cour des aides.

Maîtrise particulière.

La *maîtrise particulière des eaux & forêts*, est composée d'un maître-particulier, d'un lieutenant, d'un procureur du roi, d'un garde-marteau, de deux greffiers & deux huissiers.

Elle connoît en première instance de tout ce qui concerne les eaux & forêts, pêche, chasse, &c. des appellations des gruyers du ressort. Les gardes des bois, pêches & chasses, tant du roi que des communautés & seigneurs particuliers, y doivent être reçus & y faire leurs rapports.

On en appelle à la table de marbre.

Maçonnerie.

La *jurisdiction de la maçonnerie* est composée de trois architectes, maîtres-généraux des bâtimens, tous juges; d'un greffier en chef & d'huissiers.

On y connoît des différends entre les entrepreneurs & les ouvriers employés à la construction des bâtimens, des contestations de maçons à maçons, ou à marchands, pour matériaux fournis, leurs voitures & charriages; en un mot, toute la police de la maçonnerie est de sa compétence.

Son ressort s'étend dans la ville & les fauxbourgs de Paris.

On en appelle au parlement de Paris.

Prévôté-générale des Monnoies.

La *prévôté-générale des monnoies*, est composée d'un prévôt, de quatre lieutenans, d'un assesseur, d'un procureur du roi, d'un greffier & de deux huissiers.

On y connoît des délits commis par les justiciables de la cour des monnoies, &c. des cas prévôtaux, &c. de l'exécution de l'édit des duels.

Toutes les provinces ressortissantes à la cour des monnoies sont de son ressort.

Bazoche.

La *Bazoche du Palais* eſt compoſée d'un chancelier, de pluſieurs maîtres des requêtes, d'un grand-audiencier, d'un référendaire, d'un procureur-général & d'un avocat-général, de quatre tréſoriers, d'un greffier, de quatre notaires & ſecrétaires de la cour bazochiale, d'un premier huiſſier & de huit autres; avec un aumônier, qui a voix délibérative, & ſéance après le grand-audiencier & le référendaire, tous deux maîtres des requêtes extraordinaires.

Cette juriſdiction a été établie pour connoître des différends qui naiſſent entre les clercs du parlement, & régler leur diſcipline; & à l'égard des conteſtations qui ſurviennent entre les officiers de la bazoche, elles doivent être réglées par l'ancien conſeil, c'eſt-à-dire, par le chancelier & les procureurs de la cour.

Haut & ſouverain Empire de Galilée.

Le *haut & ſouverain empire de galilée* n'eſt autre choſe qu'une juriſdiction qui appartient aux clercs de la chambre des comptes. Elle connoît des différends qui naiſſent entr'eux.

Les juges qui la compoſent, prennent le titre de chancelier, de maîtres des requêtes, &c.

Varenne du Louvre.

Il y a deux *capitaineries royales des chaſſes;* ſavoir la *varenne du Louvre* & la *varenne des Tuileries.*

La *varenne du Louvre* eſt compoſée d'un bailli-capitaine, d'un lieutenant-général, d'un lieutenant de robe-courte, de deux ſous-lieutenans, d'un avocat du roi, d'un procureur du roi, d'un ſubſtitut, d'un garde-ſcel, d'un greffier, d'un inſpecteur-général, de huit exempts & d'un huiſſier.

Elle connoît, tant au civil qu'au criminel, de toutes affaires contre les coupables & délinquans dans l'étendue de la jurifdiction, à la requête du procureur du roi de cette capitainerie, en appellant les lieutenans de robe-longue, & autres juges qui la compofent.

Les bois, buiffons, forêts & terres du royaume, confidérés relativement à cet objet, font de fon reffort.

On en appelle d'abord à la table de marbre, enfuite au parlement.

Varenne des Tuileries.

La *varenne des Tuileries* eft compofée d'un bailli & capitaine, d'un lieutenant-général, d'un fous-lieutenant, & le refte comme à la varenne du Louvre.

Elle connoît des mêmes affaires que la varenne du Louvre, & fon reffort eft de la même étendue.

On en appelle, comme à la varenne du Louvre, d'abord à la table de marbre, & enfuite au parlement.

Il y a diverfes autres jurifdictions qui ont leur fiège à Paris, hors de l'enclos du Palais; telles font l'hôtel des monnoies, le grenier à fel, le bureau de l'Hôtel-de-Ville, la juftice confulaire, le Châtelet de Paris, &c.

Hôtel des Monnoies.

Les officiers de l'hôtel des monnoies de Paris, font deux juges-gardes, un directeur & tréforier-particulier, un contrôleur, contre-garde du directeur; un receveur au change, un effayeur-particulier, un graveur-particulier, un infpecteur du monnoyage, un affineur de la monnoie de Paris, un fermier des affinages, & un payeur des gages des officiers des monnoies.

Les efpèces fabriquées à l'hôtel des monnoies de Paris, font marquées de la lettre A.

Les juges qui connoiffent, tant en première inftance que par appel, des contraventions à la fabrication des monnoies, &c. font les mêmes que ceux de la cour des monnoies. *Voyez*, plus haut, *Cour des monnoies*. Voyez auffi le mot MONNOIE.

Grenier à Sel.

Les officiers du grenier à fel ont leur jurifdiction dans la rue des Orfèvres, près du grenier à fel.

Cette juriſdiction eſt composée de deux préſidens alternatifs, de deux conſeillers-grenetiers, de trois contrôleurs, d'un lieutenant, d'un avocat du roi, d'un procureur du roi, d'un greffier alternatif, d'un huiſſier, d'un receveur, d'un inſpecteur au renverſement des ſels, & de deux inſpecteurs au grenier à ſel.

On y connoît des conteſtations qui arrivent au ſujet des gabelles, de la diſtribution du ſel, & des droits de ſa majeſté ſur leſdites gabelles; des malverſations & délits qui ſe commettent dans le débit & tranſport du ſel.

Paris & ſa banlieue forment toute l'étendue de ſon reſſort. On en appelle à la cour des aides.

Hôtel-de-Ville.

Le *bureau de l'Hôtel-de-Ville* eſt composé d'un prévôt des marchands, de quatre échevins, d'un procureur du roi & de la ville, d'un avocat du roi & de la ville, d'un ſubſtitut, de greffiers & huiſſiers, &c.

M. le prévôt des marchands eſt chef de la maiſon de ville; le roi le nomme pour deux ans, & le continue ordinairement pendant quatre prévôtés; c'eſt-à-dire, pendant huit ans.

Les échevins prêtent ſerment entre les mains du roi, & S. M. leur donne des lettres de nobleſſe.

L'on en élit deux tous les ans, le jour de S. Roch. L'on tire l'un du corps des conſeillers de ville ou de celui des quartiniers; l'autre eſt choiſi parmi les avocats ou notaires, ou dans les ſix corps des marchands. Ils reſtent deux ans en exercice. Ils doivent être nés à Paris. Ils mettent le taux aux marchandiſes & denrées qui viennent par eau. Ils ont juriſdiction ſur les rivières de Seine, Marne, Yonne, Oiſe, & autres affluentes, tant en remontant qu'en deſcendant, pour en faire tenir le rivage libre, & y faciliter l'abord & l'arrivée des denrées & marchandiſes. Ils ont la police ſur les bois, dans les ventes, à la proximité des rivières affluentes à Paris, dès l'inſtant que les arbres ſont abattus.

Le procureur du roi & de la ville en défend les intérêts.

Les affaires de ce tribunal, ſont, en matière civile, des différends entre marchands pour faits de marchandiſes arrivées par eau sur les ports; la police des rivages, les rentes constituées sur la ville, &c. immatricules & différends qui naissent entre les payeurs & les rentiers; entre officiers & leurs commis.

Et en matière criminelle, les délits commis par les marchands, leurs commis & facteurs sur le fait de la marchandise, & par les officiers de police en l'exercice de leurs charges, les querelles & disputes entres les batteliers, & autres gens d'eau, sur les ports.

Les audiences se tiennent à l'Hôtel-de-ville.

On en appelle au parlement.

Justice Consulaire.

La *justice consulaire* est composée d'un juge & de quatre consuls, tirés des corps des marchands drapiers, épiciers, apothicaires, merciers, pelletiers, orfèvres, bonnetiers, libraires & imprimeurs, & marchands de vin. Ils sont électifs & renouvellés tous les ans. On les choisit de commerces différens. Ils doivent être natifs du royaume.

Les affaires de sa compétence sont les procès pour fait de marchandises entre marchands, leurs veuves & leurs facteurs, les billets de change pour remises d'argent faites de place en place, entre toutes personnes, en dernier ressort jusqu'à la concurrence de 500 livres; en observant cependant que pour les sommes qui excèdent 500 liv. les sentences s'exécutent toujours par corps, nonobstant & sans préjudice de l'appel. On peut cependant se pourvoir au parlement & y obtenir un arrêt de défense, qui suspend toute exécution.

La ville de Paris, ses fauxbourgs & sa banlieue, sont de son ressort.

On en appelle au parlement.

On observera que dans cette jurisdiction les causes sont jugées sommairement, & que les parties y peuvent plaider sans le ministère d'avocats & procureurs.

Châtelet de Paris.

Le *Châtelet de Paris* est la justice ordinaire de cette

capitale. Le titre de *Châtelet* lui vient de ce que l'auditoire de cette jurisdiction est établi dans l'endroit où subsiste encore partie d'une ancienne forteresse, appellée le *Grand-Châtelet*, bâtie par Jules-César, lorsqu'il eut fait la conquête des Gaules.

Plusieurs de nos rois, entr'autres S. Louis, y alloient rendre la justice en personne; c'est de-là qu'il y a toujours un dais subsistant, prérogative qui n'appartient qu'à ce tribunal.

Le châtelet comprend plusieurs jurisdictions, qui ont été réunies en différens temps; savoir, la prévoté & la vicomté, le bailliage, ou conservation, & le présidial.

Les attributions particulières du Châtelet, attachées à la prévôté de Paris, & qui ont leur effet dans toute l'étendue du royaume, à l'exclusion des baillis & sénéchaux & de tous autres juges, sont:

1.° Le privilège du sceau du Châtelet de Paris, qui est attributif de jurisdiction.

2.° Le droit de suite, ou de faire continuer les inventaires par les notaires de Paris, lorsque les scellés ont été apposés par les commissaires du Châtelet de Paris.

3.° La conservation des privilèges de l'université.

4° Le droit d'arrêt que les bourgeois de Paris ont sur leurs débiteurs forains.

Les sentences du Châtelet sont exécutoires dans l'enclos du Châtelet sans *pareatis*.

Le châtelet assiste aux cérémonies & assemblées publiques auxquelles les cours assistent d'ordinaire. Il a rang après les cours supérieures, & avant toutes les autres compagnies.

Juges du Châtelet.

Les juges du Châtelet sont, le prévôt de Paris, le lieutenant civil, le lieutenant-général de police, les deux lieutenans-particuliers, le lieutenant de robe-courte, le juge-auditeur & cinquante conseillers.

Les fonctions & prérogatives du prévôt de Paris, sont de représenter le roi *au fait de justice*. C'est pour cette raison que, comme nous l'avons dit, il y a un dais au-dessus de son siège, ou de celui qui le représente en qualité de lieutenant-civil.

Il est chef de la noblesse, & il la commande au *ban* & à l'*arrière-ban*, sans être sujet aux gouverneurs.

Il est installé au châtelet par un président à mortier & quatre conseillers de la grand'chambre. L'on y plaide ce jour-là devant eux une cause dont le prononcé est un arrêt.

Il a la garde du parquet au parlement lorsque le roi y tient son lit de justice; sa place est au-dessous de celle du grand-chambellan.

Il est conservateur des privilèges de l'université.

Les sentences & les grosses des contrats sont intitulés en son nom.

Il a voix délibérative au Châtelet; mais ce sont ses lieutenans qui recueillent les voix & qui prononcent.

Le *lieutenant-civil* est le premier des lieutenans du prévôt de Paris; ce qui lui donne le droit de présider aux assemblées du Châtelet. Il est juge-conservateur des privilèges royaux accordés aux particuliers de l'université. Il tient les audiences du parc-civil & de la chambre civile, &c. il expédie les commissions rogatoires. C'est à son hôtel que l'on se pourvoit pour tout ce qui requiert célérité. Il y règle les contestations arrivées à l'occasion de scellés, inventaires, &c. Le rapport qui lui en est fait, se nomme *référé*.

Il accorde, quand il le juge à propos, des défenses d'exécuter. *Voyez tome III, page 604.*

Le *lieutenant-géneral de police* a l'administration générale de la police de Paris, pour ce qui est des hommes & des choses. *Voyez* LIEUTENANT-GÉNÉRAL DE POLICE, *tom III.* *Voyez* aussi ce que nous avons dit plus haut des principales fonctions du lieutenant de police.

Le prévôt des marchands, les échevins & le procureur du roi de la ville, ont le département de la police municipale; c'est-à-dire, la police des ports & des quais.

Le prévôt des marchands est particulièrement chargé de tout ce qui concerne les approvisionnemens de cette grande ville qui se font par eau; & il a sur cet objet la même inspection que le lieutenant de police sur les approvisionnemens qui se font par terre. Il connoît aussi de tout ce qui a rapport à la navigation & au commerce qui se fait ſur la Seine, depuis ſon embouchure, & ſur toutes les rivières y affluentes, &c. de la conſtruction, de l'entretien & de la réparation des ports, des ponts, des quais, des fontaines publiques, des égouts & de tous les autres édifices publics, ſoit d'utilité, ſoit d'embelliſſement, &c. Il gouverne les fêtes & les rejouiſſances publiques, les revenus de la ville, &c. Il connoît enfin, comme commiſſaire du roi en cette partie, de ce qui a rapport à la capitation & aux rentes créées ſur l'Hôtel-de-ville, &c.

Le *lieutenant-criminel* préſide à tous les jugemens criminels, &c. *Voyez* LIEUTENANT-CRIMINEL, *tome III.*

Les *lieutenans-particuliers* tiennent l'audience du préſidial ſucceſſivement & de mois en mois, à commencer par le plus ancien ; pendant que l'un y préſide, l'autre aſſiſte à la chambre du conſeil, où ſe jugent les procès par écrit.

Ce dernier tient, tous les mercredis & ſamedis, à la fin du parc-civil, l'audience des criées.

Ils rempliſſent les fonctions des charges de lieutenant-civil, de police & criminel, en cas de vacance, de maladie, ou d'autre empêchement.

Le *juge-auditeur* connoît des affaires purement perſonnelles, juſqu'à la ſomme de 50 liv.

Il peut ordonner des enquêtes, quand le cas y échet ; mais la ſentence doit contenir les faits particuliers, & les témoins doivent être entendus à l'audience.

Il peut auſſi connoître des matières de faux & de l'enthérinement des lettres de reſciſion.

Il juge toutes les cauſes à l'audience ſommairement, ſans le miniſtère d'avocats & ſans épices.

Les conſeillers du Châtelet ont le droit de donner leurs avis dans les affaires qui ſe préſentent à l'audience, ou ſur les productions des parties.

Quelques-uns ſe chargent de mettre en état les affaires & de référer au magiſtrat de celles qui requièrent une prompte expédition.

Les juriſdictions réunies ſous la dénomination de Châtelet, ſont le *parc-civil*, le *préſidial*, la *chambre civile*, la *chambre de police*, la *chambre criminelle*, la *chambre du procureur du roi*, la *robe-courte* & la *chambre des auditeurs*. Il y a, outre cela, une *bazoche du Châtelet* & une *chambre des vacations*, laquelle n'a lieu que pendant la vacation des autres tribunaux.

Le *parc-civil* est composé d'un certain nombre de conseillers, & le lieutenant-civil y préside.

Cette jurisdiction connoît des affaires personnelles, réelles & mixtes, à quelque somme que les demandes puissent monter; des contestations qui surviennent à l'occasion des contrats, &c. des testamens, des promesses, &c. des matières bénéficiales ou ecclésiastiques, des appositions de scellés, des confections d'inventaires, des tutelles, des curatelles, des avis de parens, des émancipations; en un mot, de toutes les matières de jurisdiction contentieuse & distributive, excepté ce qui regarde la police, ou ce qui est de la connoissance du présidial. On y connoît de l'exécution de tous les contrats qui ont été passés sous le scel du Châtelet de Paris, de la publication des ordonnances, des édits & déclarations, des arrêts & règlemens, des testamens portant substitution, de tous les actes qui doivent être publics, des certifications de criées, des acceptations de garde-noble & bourgeoise, des causes où il s'agit de l'état des personnes, des qualités d'héritiers, des femmes communes en biens ou séparées, des servitudes, des différends qui arrivent entre les commissaires, notaires, procureurs, sergens, & autres officiers, pour les fonctions de leur charge.

Cette jurisdiction a dans son ressort en général, la ville, fauxbourgs & banlieue de Paris; & en particulier, tout le royaume, pour ce qui dépend de l'exécution des contrats passés sous le scel du Châtelet de Paris.

On appelle de ses jugemens au parlement.

Le *présidial* est composé de deux lieutenans-particuliers, qui ont chacun leur secrétaire, dont l'un est en même-temps huissier-commissaire-priseur.

Cette jurisdiction connoît des appellations de jugemens & ordonnances rendus par les juges qui ressortissent au Châtelet; des causes des deux chefs de l'édit des présidiaux, & autres, dans lesquelles il s'agit de matières personnelles, réelles & mixtes.

Les demandes, tant principales qu'incidentes, n'y peuvent être que de 1200 liv. & au-dessous.

Son reſſort s'étend ſur la ville & fauxbourgs de Paris.

La *chambre civile* n'a pour juge que le lieutenant-civil. On n'y prononce point d'appointemens; & lorſqu'il plaît au lieutenant-civil ordonner de faire mettre les pièces ſur le bureau, il n'eſt dû aucunes épices ſur la ſentence qui intervient. Les défauts s'obtiennent au greffe, à l'exception de ceux où il eſt queſtion de par-corps, qui ne s'obtiennent qu'à l'audience. Il y a encore l'audience de *chambre civile aux forains*, qui ſe tient auſſi par le lieutenant-civil, les mêmes jours; on y juge les cauſes & différends entre marchands forains, & on y connoît des billets à ordre & lettres de change cauſées pour valeur reçue en marchandiſes. Les aſſignations s'y donnent à trois jours, à moins qu'il ne plaiſe au lieutenant-civil accorder la permiſſion d'aſſigner à plus brief délai, & les défauts ne s'obtiennent qu'à l'audience.

Les affaires de ſa compétence, ſont les matières proviſoires, comme les cauſes où il s'agit de vuider les lieux, &c. de paiement des loyers, ſaiſies & exécutions de meubles faites en conſéquence, &c. établiſſement de gardiens & commiſſaires, &c. réparations de bâtimens, &c. demandes en paiement de ſalaires; gages des domeſtiques, &c. &c. penſions, &c. ventes faites pour proviſions de maiſon, comme pain, vin, &c. ſalaires d'ouvriers, quand il n'y a pas de marché par écrit, &c. ports de hardes & paquets, &c. ventes de marchandiſes faites par marchands forains & autres, ſans jours, ſans termes & ſans écrit. Les demandes, tant principales qu'incidentes, n'y peuvent excéder 1000 liv.

La ville, les fauxbourgs & la banlieue de Paris ſont de ſon reſſort.

Dans la *chambre de police*, le lieutenant-général de police eſt aſſiſté d'un avocat du roi. Les greffiers de cette chambre, ſont ceux de la chambre civile. Les aſſignations s'y donnent à trois jours, & les défauts ne s'obtiennent qu'à l'audience. Le lieutenant de police tient auſſi à ſon hôtel une audience particulière, qu'on appelle l'*audience de la commiſſion*, pour différentes communautés & différens particuliers, qui y ont leurs cauſes commiſes. Les aſſignations s'y donnent à trois jours; les défauts ne s'obtiennent qu'à l'audience, & les sentences s'expédient *gratis ;* elles sont sujettes au scel, & ne le sont point au contrôle. Il n'y a point de vacances.

Nous avons déja dit plus haut que les affaires de la compétence du lieutenant-général de police étoient la netteté & la sureté de la ville, &c. l'entretien de l'abondance des denrées nécessaires à la vie, &c. l'observation des statuts des marchands & artisans, &c. la réforme des abus qui se peuvent commettre dans le commerce, &c. le retranchement des lieux de débauche, les jeux défendus, &c. les contraventions pour le fait de l'imprimerie, &c. son ressort s'étend sur la ville & les fauxbourgs de Paris.

On appelle de ses sentences au parlement.

Dans la *chambre criminelle*, le lieutenant-criminel est assisté d'un avocat du roi.

Les assignations s'y donnent à trois jours, & les défauts ne s'obtiennent qu'à l'audience.

Le lieutenant-criminel a le droit de se faire garder à son cabinet criminel, par un exempt & huit archers de robe-courte, qui y sont continuellement pour exécuter ses ordres ; avec trois huissiers, tant à verge qu'à cheval.

On y juge des matières criminelles & les cas prévôtaux.

La ville, les fauxbourgs & la banlieue de Paris ressortissent à cette jurisdiction.

On en appelle au parlement de Paris.

L'audience du *parquet* se tient par le plus ancien des avocats du roi.

On y règle les différends mus entre les procureurs pour la compétence des chambres.

Les sentences s'appellent *avis*, & ne sont sujettes à aucun droit.

La *chambre du procureur du roi* n'est composée que de lui seul.

On y juge des contestations qui naissent entre les maîtres des différens arts & métiers, & leurs apprentifs, pour raison des brevets d'apprentissage.

Les sentences sont appellées *avis*, & sont sujettes à être confirmées par le lieutenant de police.

Les assignations s'y donnent à trois jours, & les défauts ne s'obtiennent qu'à l'audience.

Ce sont les greffiers de la chambre civile qui sont greffiers de cette chambre.

La *chambre de la robe-courte* n'est composée que du lieutenant-criminel de robe-courte.

Sa compétence est la sureté de Paris contre les meurtriers, vagabonds, & autres gens de mauvaise vie; les cas royaux & délits commis par les gens sans aveux, & déja repris de justice, &c. les crimes & délits commis par les officiers de sa compagnie, par prévention & concurrence avec le lieutenant-criminel; les meurtres ou attentats à la vie des maîtres par les domestiques; les crimes de viol & enlèvemens, contre toutes sortes de personnes, excepté les ecclésiastiques.

Son ressort s'étend sur la ville & fauxbourgs de Paris.

On appelle de ses jugemens au parlement.

La *chambre des auditeurs* n'est composée que d'un juge-auditeur, qui est un conseiller au Châtelet, devant lequel plaident les clercs.

Elle n'a de compétence que pour les affaires purement personnelles, dont le fond ne se monte pas à plus de 50 livres, comme il a déja été dit.

La *bazoche du Châtelet* est composée d'un prévôt, dont l'élection se fait tous les ans en l'assemblée des clercs, le lundi avant la S. Martin; & de quatre conseillers-trésoriers, qui se nomment par le prévôt; d'un avocat-général, d'un procureur-général, d'un greffier & de plusieurs huissiers-audienciers.

Cette jurisdiction est depuis long-temps établie pour décider les différends qui surviennent entre les clercs du Châtelet. Elle jouit de plusieurs privilèges, entr'autres de celui de vérifier le temps de cléricature pour être admis aux offices de procureur, ou à toutes charges dont la réception se fait au Châtelet.

La *chambre des vacations du Châtelet* ouvre le premier lundi après la Notre-Dame de septembre, & ferme le premier lundi après la S. Simon & S. Jude.

On y connoît des affaires provisoires.

Pendant la vacation du Châtelet, on ne plaide point au

préſidial ; mais au parc-civil. L'on tient auſſi audience dans les chambres civile & criminelle.

Gens du roi ſervant au parc-civil, préſidial, Chambre civile, grande police criminelle & petite police.

Les officiers des juriſdictions du Châtelet faiſant les fonctions des gens du roi, ſont :

Le procureur du roi.

Quatre avocats du roi.

Huit ſubſtituts du procureur du roi.

Le juge-auditeur.

Le payeur des gages.

Un greffier dont l'office eſt diviſé en trois.

Quatre greffiers de l'audience, deux de l'ancien & deux du nouveau Châtelet, créés par édit de 1674, & réunis à l'ancien par autre édit de 1684. Ces quatre offices ſont poſſédés par deux officiers.

Deux greffiers des défauts aux ordonnances, un de l'ancien & un du nouveau Châtelet.

Deux offices de greffiers, un de l'ancien & un du nouveau Châtelet : ces deux offices ſont poſſédés par un ſeul officier.

Huit greffiers de la chambre civile, police & jurande, dont quatre de l'ancien & quatre du nouveau Châtelet. Il y en a un qui a deux offices.

Quatre greffiers de la chambre criminelle, dont deux de l'ancien & deux du nouveau Châtelet.

Six greffiers pour les expéditions des ſentences ſur productions, dont trois de l'ancien & trois du nouveau Châtelet. Il y en a deux qui ont deux offices.

Trente greffiers pour l'expédition des ſentences d'audiences, dits *greffiers à la peau*, dont quinze de l'ancien & quinze du nouveau Châtelet. Quelques-uns réuniſſent deux offices, un de l'ancien, l'autre du nouveau Châtelet.

Deux certificateurs des criées.

Un garde des décrets & immatricules & *ita eſt*.

Un ſcelleur des ſentences & décrets.

Un commiſſaire aux ſaiſies-réelles, qui l'eſt auſſi du parlement & autres juriſdictions.

Un receveur des consignations, qui l'est aussi du parlement & autres jurisdictions, à l'exception des requêtes du Palais, qui en ont un particulier.

Un receveur des amendes.

Deux médecins, l'un de l'ancien, l'autre du nouveau Châtelet.

Quatre chirurgiens, deux de l'ancien & deux du nouveau Châtelet.

Quatre matrones, ou sages-femmes.

Un concierge-buvetier-garde-clefs.

Trois geoliers, ou concierges des prisons du grand & petit Châtelet, & du Fort-l'Evêque.

Trois greffiers de ces prisons.

Un greffier du juge-auditeur.

Un greffier des insinuations.

Cent treize notaires gardes-notes & gardes-scel.

Quarante-huit commissaires-enquêteurs-examinateurs.

Deux cents trente-six procureurs.

Vingt huissiers-audienciers, dont deux appellés *premiers*, & dix-huit ordinaires.

Cent vingt huissiers-commissaires-priseurs-vendeurs de biens-meubles, dont six sont appellés *huissiers-fieffés*, & douze *de la douzaine*, servant de garde au prévôt de Paris.

Un grand nombre d'huissiers à cheval & d'huissiers à verges, résidans à Paris & dans tout le royaume.

On peut encore mettre au nombre des officiers du Châtelet, les soixante experts, dont trente bourgeois & trente entrepreneurs.

Les seize greffiers des bâtimens, autrement dits de l'*écritoire*.

Le *procureur du roi* du Châtelet est substitut de M. le procureur-général : il est établi pour maintenir l'ordre public, & pour intervenir dans les causes où le roi, le public, les mineurs ou l'église ont intérêt. Il donne ses conclusions dans les affaires, & poursuit d'office les criminels, sans attendre aucune dénonciation. Il assiste à la levée des scellés des biens vacans & abandonnés, en cas de banqueroute, d'absence, de minorité ou de substitution, soit qu'il s'agisse des droits & intérêts du roi, soit qu'il soit question de l'église & des hôpitaux. Il doit être appellé pour les tutelles, curatelles, inventaires, descriptions de meubles, titres, effets papiers, & ventes de meubles, en cas de banqueroute, de démence, ou de biens vacans ou abandonnés, &c. &c. &c.

Les avocats du roi ont les mêmes fonctions.

Les substituts du procureur du roi, en cas d'absence du procureur du roi, en font les fonctions.

Les fonctions des notaires du Châtelet, sont de rédiger & recevoir les actes & contrats entre les parties, & de faire les inventaires après la mort des particuliers.

Les commissaires du Châtelet sont prépcsés pour veiller à la police générale & à la sureté publique; ils ont droit par conséquent de faire exécuter les édits & règlemens concernant la police & l'ordre public, &c. Ils reçoivent les plaintes, &c. font les informations...... dressent les procès-verbaux préparatoires de justice....... font les interrogatoires d'ajournemens personnels, &c. Ils apposent les scellés dans la ville, fauxbourgs & banlieue de Paris, &c.

Les greffiers ont l'emploi d'écrire les ordonnances, sentences, &c.

Le greffe des présentations renferme deux objets, celui de présenter & celui de contrôler. Le greffe des présentations appartient à la communauté des procureurs, & ils ont celui du contrôle à ferme. Ils font les fonctions de l'un & de l'autre à tour de rôle, suivant qu'ils sont choisis & nommés par la communauté, &c.

Les procureurs sont établis pour postuler & défendre en justice les intérêts des personnes qui les leur confient.

Les huissiers sont établis pour assister les juges dans leurs fonctions, & faire tous les actes & exploits nécessaires pour mettre les jugemens à exécution.

Les huissiers-audienciers font le service tour à tour à l'audience, pour faire prêter silence. Les huissiers-priseurs ont les fonctions des autres huissiers, & ont, à leur exclusion, le droit de faire des ventes de meubles. Au reste, à l'article de la dénomination de chacun des officiers ci-dessus, on trouve un plus grand détail de leurs fonctions.

Sa majesté, par lettres-patentes en forme d'édit, données

à Compiegne au mois d'août 1768 a accordé la nobleſſe aux officiers du Châtelet, après un certain temps de ſervice de leurs fonctions.

En vertu de cet édit, les offices de lieutenant-général, civil, de police, criminel & de lieutenant-particulier, donnent la nobleſſe aux perſonnes qui en ſont revêtues, & la communiquent à leurs femmes & à leurs enfans, leſquels jouiſſent de tous les droits, privilèges, franchiſes, immunités, rangs, ſéances & prééminences dont jouiſſent les autres nobles du royaume. Les veuves des mêmes officiers, demeurant en viduité, & leurs deſcendans, jouiſſent des mêmes privilèges & prérogatives, lorſqu'ils ont exercé les fonctions de leur office pendant vingt années entières, ou qu'ils meurent revêtus de leur office.

Les conſeillers, les avocats du roi & le procureur du roi en la juriſdiction du Châtelet, acquièrent auſſi la nobleſſe, après avoir rempli les fonctions de leur office pendant dix années entières; leurs femmes & leurs enfans jouiſſent des mêmes droits & privilèges; mais ce n'eſt que pendant le temps que ces officiers demeurent pourvus de leur office, à moins qu'ils n'en aient rempli les fonctions pendant quarante années entières, ou qu'ils ne meurent après avoir été revêtus pendant vingt années entières des mêmes offices; auquel cas leurs veuves, demeurant en viduité, & leurs enfans ou deſcendans ſont réputés nobles & jouiſſent des mêmes droits & prérogatives : mais ſi un des officiers ci-deſſus venoit à quitter ſon office avant quarante années de ſervice, il demeureroit déchu de tous ſes droits, ainſi que ſa femme & ſes enfans.

Bailliages.

Les bailliages des différens enclos de Paris ſont des juriſdictions compoſées chacune d'un bailli, d'un lieutenant, d'un procureur-fiſcal, d'un greffier & de pluſieurs huiſſiers. Elles connoiſſent, chacune dans l'étendue de leur reſſort, de toutes cauſes, tant civiles que criminelles.

Les appels ſe relèvent au parlement.

Nous avons déja fait mention plus haut des divers enclos qui ont leur juriſdiction particulière; nous ne parlerons ici que du bailliage de l'Arsenal, comme de la plus importante de ces jurisdictions particulières.

Bailliage de l'Arsenal.

Le *bailliage de l'Arsenal*, ou *de l'artillerie de France*, est composé d'un bailli d'épée, d'un lieutenant-général, d'un avocat du roi, d'un procureur du roi, d'un substitut, d'un greffier & de deux huissiers.

Ce tribunal connoît de toutes les affaires civiles & criminelles de l'enclos, des fontes des canons, des poudres & de leur façon.

Son ressort s'étend dans tout le royaume pour les causes d'attribution.

On en appelle au parlement pour les affaires civiles & criminelles.

Spectacles.

L'*opéra*, ou l'*académie royale de Musique*, est sans contredit le spectacle le plus brillant. Les pièces que l'on y représente sont appellées *opéras*. Différens sujets tragiques, ou comiques, sérieux ou gais, tendres ou plaisans, quelquefois même bouffons, y sont rendus en vers, que l'on nomme *lyriques*, parcequ'ils sont faits pour être mis en chant.

Ce spectacle est composé de plus de soixante acteurs ou actrices pour le chant, de quarante danseurs ou danseuses, & de cinquante symphonistes.

La *comédie Françoise* est le spectacle que l'on peut véritablement appeller le théâtre de la nation, par la nature & par l'excellence des pièces que l'on y joue, par les talens supérieurs des acteurs & des actrices qui les représentent, & par le nombre, le goût & la sagacité des spectateurs qui les jugent.

Ce spectacle a pris une nouvelle dignité & de nouveaux charmes, depuis que l'établissement d'une garde royale y a rétabli l'ordre & la décence, & depuis que le costume rappellé dans les habillemens, & les spectateurs écartés du théâtre, ont mis en état de représenter avec plus de commodité, de vraisemblance & de majesté, les chefs-d'œuvre des Sophocles & des Euripides de la France.

Le théâtre François jouit d'un fonds de pièces considérable, & si riche anciennement par lui-même, qu'il dédommage souvent des nouveautés qui manquent ou qui ne réussissent pas. On y trouve, pour la tragédie, dans les pièces de Corneille, de Racine, de Crébillon, de Voltaire, &c. pour la comédie, dans les œuvres de Moliere, de Regnard, de Destouches, de Dancourt, &c. des ressources qui se renouvellent encore par le changement des spectateurs & par la variété des talens de ceux qui remettent les pièces sur la scène.

La grande pièce, qui est une tragédie, ou bien une comédie en cinq actes, mais plus ordinairement une pièce tragique, est toujours suivie d'une petite comédie en un acte, & quelquefois en trois, selon l'étendue de la pièce que l'on a jouée la première : & quoique la danse & le chant ne soient pas particulièrement l'apanage du théâtre François, on y donne assez souvent, à la fin des pièces, des ballets & des divertissemens.

La *comédie Italienne*, depuis la réunion de l'opéra comique, est devenue un des spectacles les plus amusans de Paris.

Le fond riche, mais peu abondant, de pièces Françoises qui étoient sur ce théâtre, se trouve aujourd'hui plus que suffisant, avec les pièces mêlées de musique & d'ariettes, pour procurer aux spectateurs François cette agréable variété qu'ils recherchent dans tous les objets.

Le *concert spirituel* est un spectacle ordinairement composé des meilleurs musiciens, établi pour être substitué aux autres spectacles les jours de fêtes.

Le *combat du taureau* est un spectacle permis, les jours où tous les autres spectacles vaquent, en faveur du peuple, à qui le concert spirituel, pur amusement de goût, ne pourroit pas procurer un divertissement suffisant ou convenable.

Nous ne devons pas oublier le *bal de l'opéra*, qui est un spectacle d'un genre particulier.

L'académie royale de musique a seule le droit, exclusivement à tout autre corps & compagnie, de donner au public des bals où l'on paie.

Ils s'ouvrent le jour de S. Martin, & continuent tous les dimanches jusqu'à l'avent. On les reprend à la fête des Rois, & on les donne deux fois la semaine pendant tout le carnaval, jusqu'au carême.

Le public jouit souvent d'autres spectacles particuliers, tels que des feux d'artifice, bals, &c.

Jardins publics.

Les jardins publics, sont les Tuileries, le Luxembourg, le jardin de l'Infante, le jardin du Roi, celui de l'Arsenal, celui du Palais-Royal, celui de l'hôtel de Soubise & celui des Gobelins.

Le jardin des Tuileries, aujourd'hui le plus fréquenté de tous, a six entrées. La garde de chacune est confiée à des portiers, excepté celle du vestibule, qui est gardée par des Suisses.

Quant à la garde de l'extérieur de toutes ces portes, elle est confiée à un détachement d'invalides.

L'entrée de ce jardin est défendue aux soldats, aux domestiques & aux gens mal vêtus. Il n'y a que le jour de S. Louis qu'elle est libre à tout le monde.

On trouve des rafraichissemens chez les Suisses & portiers; on peut même y prendre tous ses repas.

Ce jardin magnifique, & que l'on doit regarder, les grands jours de promenade, comme un des plus beaux spectacles de Paris, est continuellement arrosé dans les temps secs, afin que le public ne soit pas exposé à l'incommodité de la poussière; on y loue des chaises pour suppléer aux bancs, qu'il seroit impossible d'y construire en assez grand nombre.

Le jardin du Palais-Royal est en général un des mieux plantés & des mieux entretenus; il est arrosé les jours trop poudreux : les jours d'opéra, pendant l'été, la grande allée, qui forme un très-beau berceau, présente un des plus beaux & des plus agréables spectacles que l'on puisse voir à Paris, par le concours du beau monde qui s'y trouve en grand nombre. Ce même tableau s'y fait encore mieux observer tous les beaux jours de chaque saison, depuis midi jusqu'à deux heures.

On y loue des chaises & l'on y trouve des rafraichissemens.

Le jardin du Luxembourg est le plus vaste de la ville. Il y a trois entrées, gardées par des suisses & portiers, qui fournissent des rafraichissemens. Ce jardin est assez fréquenté, quoiqu'éloigné du centre de la ville; on y respire un air très-pur & très-sain. On y loue des chaises & on y observe les mêmes règles de police qu'aux Tuileries.

Le jardin de l'Infante, qui n'est, à proprement parler, qu'une terrasse, dépendante du château du Louvre, n'est ouvert que pendant l'été. On y entre par le pavillon de l'Infante : il est peu fréquenté, parcequ'il est petit & qu'il y a peu d'ombre.

Le jardin Royal, que l'on connoît plus ordinairement sous le nom de jardin du Roi, est remarquable par la rareté des plantes étrangères & médicales que l'on y conserve & entretient aux dépens du roi, pour l'instruction publique. On n'y loue pas de chaises & il y va peu de monde : il y a une école de pharmacie & de botanique, & un des plus riches cabinets de l'Europe en histoire naturelle. Voyez ce que nous en avons dit plus haut, sous le titre *Université*.

Le jardin de l'Arsenal, dont la vue est bornée d'un côté par la Bastille, est bien dédommagé de l'autre côté par la vue la plus étendue sur la rivière & sur tout ce qui l'environne. Ce jardin n'a qu'une entrée, & il n'y a point de chaises. On y va peu.

Le jardin de l'hôtel de Soubise est fort petit & a fort peu d'air, parcequ'il est environné de bâtimens fort hauts. Il n'est ouvert que pendant l'été, & l'on y trouve des chaises. Il n'y a qu'une entrée.

Les boulevards, ou remparts, plantés d'arbres, sablés dans les contre-allées, arrosés dans le milieu, garnis de bancs en quelques endroits, forment, depuis quelques années, l'une des promenades les plus fréquentées de la capitale, parcequ'elle est ouverte à tout le monde. L'avantage que l'on a de s'y promener en équipage, & les embellissemens qui y ont été faits par MM. les Prévôt des marchands & échevins, & par les particuliers propriétaires des maisons voisines; les cafés brillans que l'on y a construits, les rafraichissemens que l'on y vend, les chaises que l'on y loue, les jeux qui s'y rassemblent, la musique que l'on y entend dans les cafés, le concours d'un nombre infini de voitures qui peignent admirablement la magnificence & le goût de cette grande ville ; tout enfin contribue à faire de cette promenade une espèce de foire perpétuelle & l'une des plus brillantes que l'on puisse imaginer.

Le Cours-la-Reine, autrement appellé *les Champs-Elysées*, est une promenade publique, qui s'étend depuis les Tuileries jusqu'au village ou fauxbourg de Chaillot. Elle est fermée d'un côté par un beau fossé, le long duquel règne une longue allée à quatre rangs d'arbres, q'on appelle le *Petit-Cours*, & plus loin par la rivière de Seine, par-dessus laquelle on a vue sur l'hôtel & les avenues des Invalides. De l'autre côté elle est embellie par les jardins des beaux hôtels du Roule & de la rue du fauxbourg Saint-Honoré : on en découvre tous les agrémens, parcequ'ils ne sont environnés que par des fossés, afin d'en laisser la vue libre au public.

Les boulevards devenus si brillans, ont un peu fait négliger cette promenade ; mais il y a tout lieu de croire que l'on pourra y revenir un jour, lorsqu'elle aura reçu de nouveaux embellissemens par la place de Louis XV & le nouveau plan d'arbres qui commence à l'accompagner.

On pourroit encore mettre au nombre des promenades de Paris, les avenues que l'on trouve après la grille de Chaillot, le bois de Boulogne, Auteuil & Passy ; les avenues de Vincennes, le Pré-Saint-Gervais, Belleville, Mesnil-Montant, le Quinconce des Invalides, &c.

Pour le peuple, il y a au-delà des barrières, & par conséquent hors des droits d'entrée, des espèces de promenades remplies de cabarets, ou guinguettes, dans lesquels règne une joie plus vive & plus vraie, que fine & délicate. Les principales sont le Roule, la Nouvelle-France, les Porcherons, la Courtille, où se distingua si fort le fameux Ramponeau ; la Haute-Borne, le grand & le petit Charonne, la Rapée, le Port-à-l'Anglois, Vaugirard, le petit Gentilly ; les moulins hors le fauxbourg saint-Jacques, le Gros-Caillou & la Grenouillière.

Curiosités de Paris.

On observera d'abord qu'il n'y a guères d'églises, d'hôtels & de grandes maisons où il n'y ait quelques morceaux remarquables en peinture & en sculpture. Plusieurs sacristies renferment de riches trésors, entr'autres celle de la cathédrale de Paris, qui est elle-même un chef-d'œuvre de l'art & du goût. Le trésor de la Sainte-Chapelle, la sacristie des Invalides, celles de Saint-Sulpice, de Saint-Roch, de Saint-Paul, & autres paroisses; & celles enfin de plusieurs de nos plus riches abbayes, & nommément le trésor de l'abbaye de Saint-Denis, à deux lieues de Paris. Viennent ensuite les cabinets de curiosités en tableaux, en histoire naturelle, en desseins, en médailles, en estampes & en machines, tels que le cabinet du jardin du roi, l'un des plus beaux & des plus riches de l'Europe en histoire naturelle; ceux de nos académies, de quelques communautés religieuses & d'une infinité de riches particuliers amateurs.

Le Garde-Meuble de la couronne renferme, outre les meubles, beaucoup d'effets curieux & de grand prix.

Quant aux meubles, l'on y voit une prodigieuse quantité de très-riches tapisseries anciennes & nouvelles, dont les plus remarquables ont été faites sous le règne de François I. De ce nombre sont les batailles du grand Scipion, contenant, en vingt-deux pièces, cent vingt aunes de cours sur quatre aunes de haut. François I les acheta 22000 écus des ouvriers Flamans : elles sont faites sur les desseins de *Jules Romain*, ainsi que l'histoire de S. Paul, qui couta à peu près la même somme.

Celles d'après les desseins de *Raphael*, sont l'histoire de Josué, la fable de Psiché & les actes des Apôtres, en dix pièces de cinquante-trois aunes. Il y a plusieurs tentures d'après les cartons d'*Albert Durer* & de *Lucas de Leyde*, son contemporain. On estime fort de ce dernier les douze mois de l'année. Les chasses de toutes les saisons y sont représentées : c'est un très-beau travail & d'une variété infinie.

Les sept âges, en vingt-deux aunes, sont aussi du même Lucas,

Lucas, & ne ſont pas d'une moindre beauté, ainſi que pluſieurs autres de divers anciens maîtres.

Le roi Louis XIV en a fait fabriquer une très-grande quantité aux Gobelins, ſous la conduite & ſur les deſſeins de *le Brun;* la plupart ſont rehauſſées d'or & d'argent.

On remarque ſur-tout les principaux évènemens de ſon règne, en ſeize pièces, contenant environ cent aunes de cours ſur quatre aunes de haut. Louis XV a fait auſſi fabriquer aux Gobelins pluſieurs belles tapiſſeries, repréſentant pluſieurs ſujets de l'ancien teſtament, en huit pièces, d'apres les deſſeins de *Coypel;* quelques ſujets du nouveau teſtament, en huit pièces, d'après *Jouvenet;* l'hiſtoire d'Eſther, en neuf pièces, & celle de Médée & Jaſon, d'après M. *de Troy;* divers ſujets de chaſſe, en neuf pièces, d'après *Oudry;* & pluſieurs ſujets de l'hiſtoire de Dom Quichotte, d'après *Coypel fils;* le tout monte à peu près à quatre-vingt mille aunes.

Il y a auſſi pluſieurs tapis de la célèbre manufacture de la *Savonnerie,* qui ſont d'une grande beauté: on admire principalement celui qui étoit deſtiné pour la grande galerie du Louvre; il eſt en quatre-vingt-douze pièces, contenant enſemble deux cents vingt-ſept toiſes de long: ouvrage unique dans ſon genre.

Après ces riches tapiſſeries, viennent les riches broderies anciennes & nouvelles, comme des lits, des tentures de chambres & d'alcoves, qui ont appartenu aux rois François I & Henri II, dont les cartouches en ſoie plate ont été deſſinés par les premiers maîtres du temps; un manteau de velours violet, ſemé de fleurs de lys d'or, qui a ſervi au roi Henri III, pour la première cérémonie de l'ordre du Saint-Eſprit, dont il a été l'inſtituteur; & des caparaçons pour trente mulets, faits pour ſon mariage: des pièces détachées, très-riches, qui viennent du nommé *Hincelin,* où il eſt lui-même repréſenté. Un lit à fond d'argent, où l'on voit tous les rois & reines de France, avec les princes & princeſſes du ſang, en habits de leur temps; le tout en broderie, rehauſſée de quantité de perles d'un très-grand prix. Ce lit a été donné à Louis XIV, par mademoiſelle Marie de Lorraine, ducheſſe de Guiſe, par ſon teſtament du 22 mars 1688.

Le lit appellé le *lit du sacre*, parcequ'il sert à la reine au sacre des rois, est de broderie à fond d'or : il représente plusieurs sujets de l'histoire de Moïse, d'après les desseins de *Raphael*. Ce riche ameublement, le plus beau qu'il y ait en Europe, a été fait par les ordres de François I.

Parmi les effets curieux & d'un grand prix qui sont au Garde-Meuble de la couronne, on voit les langes envoyés par le pape Benoît XIII, pour M. le Dauphin : ils sont de broderie d'or, en plein, sur un fond de toile d'argent trait.

On montre quelquefois la chapelle d'or, donnée par le cardinal de Richelieu, par contrat du premier juin 1636, composée d'une croix, deux chandeliers, un calice & sa patène, deux burettes, un ciboire, un goupillon, une figure de la Vierge & une figure de S. Louis, pesant soixante-quatorze marcs, & garnie de neuf mille treize diamans, & de deux cents vingt-quatre rubis.

La nef d'or du roi, qui sert dans les grandes cérémonies, pese cent six marcs, & est enrichie de diamans & de rubis : c'est un ouvrage de *Balin*, célèbre orfèvre.

Dans une chambre particulière, on conserve quantité d'anciennes armes, entre lesquelles il en est aussi d'étrangères. On distingue particulièrement l'armure que le roi François I portoit à la fameuse bataille de Pavie : elle est de fer poli, ornée en relief de demi-ronde-bosse, de divers sujets de l'histoire de Pompée, rainceaux & animaux, travaillés en cizelure, sur les desseins de *Jules Romain* : cette armure est la plus curieuse qu'il y ait en Europe, tant par sa légèreté que par la beauté des cizelures & desseins.

L'armure de Philippe de Valois est de fer bruni, enrichie de larges bandes d'or damasquinées. On voit aussi celle que le roi Henri II portoit lorsqu'il fut blessé par le comte de Montgommeri, dans le malheureux tournois de la rue Saint-Antoine. Les armures de Henri IV & de Louis XIII; celle dont la république de Venise fit présent à Louis XIV, enrichie de gravures soigneusement travaillées, & représentant douze villes prises en Flandre par sa majesté. Celle que la ville de Paris eut l'honneur de présenter à Monseigneur, lorsqu'il étoit âgé de dix ans seulement. L'épée de bataille de Henri IV, dont le pommeau est formé par une tête d'aigle d'argent. Celle d'Henri III. avant qu'il fût nommé roi de Pologne. Enfin, celle de Casimir, V du nom, roi de Pologne, mort à Nevers le 14 décembre 1672.

On ne doit point oublier une partie des dons présentés au roi à Versailles, le 11 janvier 1742, au nom du grand-seigneur, par Saïd Mehemet, ambassadeur extraordinaire de la Porte: ils sont conservés avec soin dans une des armoires du Garde-Meuble.

Ils consistent entr'autres en deux caparaçons de cheval, l'un d'un drap écarlate, dessein arabesque, brodé en or, en argent & soie: l'autre, aussi de drap écarlate, de forme irrégulière, brodé & enrichi de pierres & de perles fines: une selle de velours cramoisi, brodée d'or & d'argent; le pommeau & l'arçon garnis de vermeil, enrichis de topases, d'émeraudes, petits diamans, & autres pierres précieuses: un poitrail, enrichi d'or émaillé de différentes couleurs, & d'espace en espace orné de diamans roses de plusieurs grosseurs. Deux étriers, deux pistolets, deux fontes de pistolets, une têtière, une cartouche, & une poire à poudre, le tout partie de vermeil & en or émaillé, & garni de pierreries: plusieurs carquois, fusils & pistolets garnis d'or.

Enfin, on conserve dans deux grandes armoires artistement ajustées, diverses pièces & vases d'agathe, jaspe, lapis, amétiste, crystal de roche & autres pierres fines, encore embellies d'or & de pierreries. En un mot, on peut considérer le Garde-meuble de la couronne, comme un assemblage de richesses & de curiosités. Tout y est précieux & magnifique: tout y est entretenu & conservé avec le plus grand soin & dans un ordre admirable.

Si l'on n'est par entré dans un plus grand détail sur l'article de Paris, c'est qu'on se propose de publier incessamment un dictionnaire de Paris & des environs, qui renfermera une description détaillée de cette grande ville & des objets intéressans qu'elle renferme: nous y renvoyons nos lecteurs.

PARISIS (le), petit pays situé vers le septentrion du territoire de Paris. Cette petite contrée est confondue avec le pays qu'on nomme *France*, ou *Isle-de-France*, & on n'en peut guères désigner les limites. D'ailleurs, c'est une dénomination dont on ne fait plus guères usage dans nos ouvrages modernes.

PARLEMENT. Les parlemens sont des compagnies souveraines établies par le prince, & dépositaires d'une partie de son autorité, pour, en son nom, maintenir les loix, juger en dernier ressort les différends des particuliers, & prononcer sur les appellations des sentences rendues par les juges inférieurs de leur ressort, tant en matière civile que criminelle; & en outre sur les appellations comme d'abus des jugemens rendus par les officiaux, vicaires des diocèses, & les juges délégués en France par le pape: mais ils ne peuvent connoître d'aucunes affaires en première instance, à l'exception de quelques causes dont la connoissance est spécialement attribuée au parlement de Paris.

Il y a en France douze parlemens, que nos rois ont successivement établis dans les différentes provinces du royaume; savoir, les parlemens de Paris, de Toulouse, de Grenoble, de Bordeaux, de Dijon, de Rouen, d'Aix, de Rennes, de Pau, de Metz, de Douay, de Besançon.

A ces douze tribunaux, on doit ajouter le parlement de la principauté de Dombes, unie à la couronne depuis 1762; & la cour souveraine de Nancy, dont les appels sont portés au conseil d'état, depuis le mois de mai 1766.

Outre ces cours souveraines, on compte en France plusieurs conseils supérieurs; savoir, ceux d'Alsace, de Roussillon, d'Artois, & les conseils supérieurs des îles Françoises. *Voyez* CONSEILS.

On peut encore compter dans le royaume environ un pareil nombre de tribunaux supérieurs, établis pour connoître des affaires de finances, sous la dénomination de chambres des comptes, de cours des aides, &c. *Voyez* CHAMBRES DES COMPTES, AIDES, COUR DES AIDES.

Dans les premiers temps de la monarchie, & jusque vers la fin du troisième siècle, le *parlement* étoit une assemblée composée de pairs de France & autres seigneurs distingués, que nos rois convoquoient annuellement pour les consulter sur les affaires qui avoient rapport à l'ordre

www.ingramcontent.com/pod-product-compliance
Ingram Content Group UK Ltd.
Pitfield, Milton Keynes, MK11 3LW, UK
UKHW021103230726
13926UKWH00004B/1984